Eike Wenzel | Andreas Haderlein | Patrick Mijnals

Future-Shopping

Eike Wenzel | Andreas Haderlein | Patrick Mijnals

Future-Shopping

Die neue Lust an der Verführung – die wichtigsten Trends

Bibliografische Information der Deutschen Nationalbibliothek
Die Deutsche Nationalbibliothek verzeichnet diese Publikation in der Deutschen Nationalbibliografie. Detaillierte bibliografische Daten sind im Internet über http://dnb.d-nb.de abrufbar.

ISBN 978-3-636-03168-6

www.mi-fachverlag.de

Lektorat: Michael Schickerling, München
Umschlaggestaltung: Jarzina Kommunikations-Design, Holzkirchen
Umschlagabbildung: Falke Flagship Store, Berlin, Falke KGaA
Satz: Jürgen Echter, Landsberg am Lech
Printed in Austria

Inhalt

Vorwort **7**

1 Future-Shopping: Traumfabrik am Scheideweg **11**
1.1 Was ist eigentlich Shopping? 13
1.2 Kleine Geschichte der Minibar 17
1.3 Shopping wird ubiquitär 19
1.4 Was kommt nach Geiz-ist-geil? 20
1.5 Shopping von morgen 28
1.6 Siegeszug des Internets 31
1.7 Marktforschung in der Shopping-Welt von morgen 33

2 Shopping-Trends von morgen **35**
2.1 Trend 1: Spaces of Identity 37
Future-Shopping 2020: Bewusster Konsum in Spaces of Identity . 57
2.2 Trend 2: Neo-Noblesse 60
Future-Shopping 2020: Unabhängiger Neo-Dandy mit hohem Anspruch ... 76
2.3 Trend 3: Social Shopping 78
Future-Shopping 2020: Eine Familie im Social-Shopping-Fieber 105
2.4 Trend 4: Stand-up-Consumer 108
Future-Shopping 2020: Auf Shopping-Tour mit einer multimobilen Jobnomadin 124

3 Elf Abschlussthesen **127**
Wie Pioniere aus Handel, Herstellung, Marketing und Vertrieb die vier Shopping-Trends umsetzen 129

Register **163**

Autoreninformation **165**

Vorwort

Aldis Umsatz auf dem Heimatmarkt Deutschland ist zum ersten Mal seit Unternehmensgründung rückläufig, hat die Unternehmensberatung Accenture in einer Studie ermittelt. Die Könige der Geiz-Gesellschaft müssen erkennen, dass sie Opfer der eigenen Philosophie geworden sind: Sparen, Billigheimerei und Preisdumping fressen die Margen ihrer Erfinder. Gleichzeitig meldet Hertie Konkurs an, Karstadt kommt einfach nicht auf die Beine und muss weiter Personalabbau betreiben, die Metro findet seit 2007 Geiz ganz offiziell nicht mehr geil und wird ihre Kaufhof-Filialen verkaufen. Die Liste ließe sich beliebig fortsetzen: Arcandor- beziehungsweise Karstadt-Chef Thomas Middelhoff schließt ein Zusammengehen von Karstadt und Kaufhof mittlerweile nicht mehr aus – aus den zwei Warenhausdinosauriern soll etwas Neues entstehen. Aber was?

Angegraute und verwechselbare Modeketten wie Sinn Leffers und Wehmeyer mussten in den letzten Wochen ebenfalls die Segel streichen, weil, so die offizielle Darstellung, die Mietpreise zu hoch seien. Tatsächlich verschlingen die Mietkosten an bestimmten Standorten bis zu einem Viertel des Umsatzes. Aber wie anachronistisch muss eigentlich ein Management sein, wenn es sich mit solch kurzgeschlossenen Begründungen zufriedengibt? Natürlich sind die Mieten ein Skandal – der größere Skandal ist jedoch, dass die Verantwortlichen offenbar schon seit längerer Zeit und mit beachtlichem Starrsinn an der bitteren Wahrheit vorbeigesehen haben, dass sich die Shopping-Gewohnheiten der Menschen verändert haben. Wer bemüht sich noch in die düsteren Waschbeton-Kaufhäuser der achtziger Jahre, wenn er im weltweiten Netz zum gleichen Preis schicke Markenklamotten bekommt?

Es stimmt, dass die Konsumenten in den nächsten Jahren ihre Budgets umverteilen werden. Ölpreis, Klimawandel und Endlichkeit der Ressourcen zwingen uns dazu. Doch wir geben schon seit Jahren immer weniger Geld für den klassischen Versorgungskonsum (Lebensmittel, Kleider) aus. Aber auch das hat zum einen damit zu tun, dass wir von hoher Preisstabilität und Discount-Hype profitiert haben. Zum anderen – und das ist das weitaus wichtigere Argument – hat das damit zu tun, dass wir neben dem Bedarfsdeckungskonsum immer mehr in Bereiche wie Gesundheit, Reisen und Genießen investieren. Allesamt Branchen, die sich über Konsumzurückhaltung in den nächsten Jahren nicht werden beklagen müssen. Was sich in Zukunft in der Konsumsphäre also verändern wird, ist, dass wir zur Bedarfsdeckung noch stärker auf den Preis schauen werden. Für das, was uns wirklich wichtig ist, werden wir jedoch gerne mehr Geld ausgeben. Die Karstadts, Kaufhofs und Woolworths sind auf diese Situation offenbar nicht vorbereitet. Noch immer möchten sie einen diffusen Durchschnittsgeschmack bedienen, den indes keiner mehr akzeptiert.

Warum haben wir dieses Buch geschrieben? Wir halten es nicht für notwendig, den plausiblen und mittlerweile kanonisierten Bestandsaufnahmen zu diesem Thema eine weitere hinzuzufügen. Was wir Ihnen, liebe Leserinnen und Leser, in »Future-Shopping« anbieten möchten, das sind Schlussfolgerungen und Perspektiven zur Zukunft des Konsums. Trends sind glücklicherweise etwas sehr Konkretes. In ihnen kristallisieren sich Veränderungen in Wirtschaft und Gesellschaft. Die vier Shopping-Trends für die Konsumzukunft der nächsten zehn bis fünfzehn Jahre tragen in sich eingekapselt ein ganzes Verweissystem an Thesen und Beobachtungen, die Ihnen helfen sollen, die Zukunft des Konsums ins Auge zu fassen. Die Shopping-Trends sollen Sie inspirieren oder kreativ irritieren.

Unsere Haltung ist klar: Die Konsumenten selbst – wir – haben die Nase voll von der gedankenlosen Nebeneinanderstapelei von Damenmiederware, Heimtierbedarf und Schrankwänden. Das veraltete Shopping-Prinzip der Hortung, der Stapelung und des Zusammenstopfens von Warenbergen wird in den nächsten Jahren unter der Wirkung der von uns identifizierten Shopping-Trends einer neuen Ordnung des Werthaltigen, des Luftigen, Für-sich-Stehenden, des Unikaten, Smarten und Intelligenten weichen.

Verabschieden wir uns doch endlich von der Vergangenheit: Das Warenhaus klassischer Prägung und der mittelgroße Supermarkt im Industriegebiet waren ein Kind der Nachkriegs- und Wirtschaftswunderkonsumkultur, in der es noch um Bedarfsdeckung und Teilhabe am massenhaften Wohlstand ging. Trotz des schönen Scheins der mit Waren vollgestopften Großkaufhäuser ging es immer noch um eine Versorgungsdienstleistung. Heute wissen wir, dass unsere Konsumkultur auf dem Weg von der Wohlstands- in die Wohlfühl-Kultur ist. Aus dankbaren Verbrauchern sind souveräne Konsumenten und manchmal ziemlich kapriziöse Geschmacksdiktatoren geworden.

Wir erleben gerade die Götterdämmerung des Massenkonsums und eines verallgemeinerbaren Mehrheitsgeschmacks. Die Kunden von morgen werden nach immer individuelleren Produkten suchen. Die Wirksamkeit eines Megatrends wie Individualisierung, der die Befreiung des Einzelnen aus den traditionellen Bezügen vollzieht, hat uns in den letzten rund zehn Jahren von der bürgerlichen Pflichtkultur in die postmoderne Multioptions- und Selbstverwirklichungsgesellschaft katapultiert. Individualisierung muss in ihrer bahnbrechenden Dimension endlich wahrgenommen werden. Doch wer Individualisierung ernst nimmt, der darf sich dabei nicht nur die Hände reiben und an Produktdiversifizierung denken. Was der Megatrend Individualisierung in den vergangenen fünfzig Jahren in unseren Konsumwelten verändert hat, ist Folgendes: In dem Maße, wie wir uns in diesem Zeitraum aus den traditionellen Bezügen von

Kleinfamilie, Staat und Kirche befreit haben, ist unter anderem eine zunehmende Bewusstwerdung des eigenen Konsumhandelns und Genießens einhergegangen.

Um es noch einmal zu sagen: Individualisierung bedeutet für uns nicht schöne neue Welt der unlimitierten Produktvervielfältigungen und Line-Extensions. Individualisierung steht für die permanente und beschleunigte Veränderung von Bedürfnissen des Individuums und verweist auf eine zukünftige Shopping-Kultur, die reflektierter, dadurch auch puristischer (Downshifting, Simplify, »Less is more«) daherkommt, aber auch zu fragen wagt, was wirklich wichtig und genussversprechend ist.

Damit sind eigentlich schon die wichtigsten Zukunftstrends angedeutet, die wir Ihnen in unserem Buch ausführlich vorstellen möchten:

- Spaces of Identity: Im Konsum der Zukunft möchten wir diejenigen Werte wieder finden, die für uns wichtig sind.
- Neo-Noblesse: Im Konsum der Zukunft möchten wir keine Verbraucher oder Zielgruppen mehr sein, wir möchten intensive Erlebnisse machen, die über den schnöden Akt des Kaufens hinausgehen.
- Social Commerce: Im Konsum der Zukunft möchten wir neue Rollen einnehmen, mit changierenden Identitäten spielen, Verkäufer, Tester und Ratgeber sein.
- Stand-up-Konsum: Im Konsum der Zukunft sind wir immer häufiger unterwegs, möchten zu jeder Zeit alles bekommen können und auf nichts verzichten müssen.

Im Gravitationsfeld dieser vier Trends, davon sind wir überzeugt, wird sich die Zukunft des Konsums abspielen. Dabei dürfen wir nicht den Fehler machen, jeden einzelnen Trend mit einer einzelnen Person oder Zielgruppe zu verbinden. Die Werte, Wünsche und Bedürfnisse, die in den Trends hinterlegt sind, treffen auf viele von uns gleichzeitig zu. Wichtig ist jedoch, dass sie von Handel und Industrie in ihrer Eigendynamik verstanden werden.

- Spaces of Identity: Spaces of Identity sind unmittelbar abgeleitet aus dem *conscious consumerism*, wie er gerne in den USA bezeichnet wird, beziehungsweise aus den bewussten Konsumenten. Zu ihnen zählen wir vor allem auch die höchst einflussreiche Bewegung der LOHAS (»Lifestyle of Health and Sustainability«), die in den vergangenen drei, vier Jahren die weltweiten Konsummärkte umgekrempelt haben.
- Neo-Noblesse: Neo-Noblesse bezeichnet die Sehnsucht nach neuen Erfahrungen, die zwangsläufig über den Akt des Konsums hinausgeht. Neo-Noblesse hat nur wenig zu tun mit dem klassischen Status-Luxus. Neo-

Noblesse verschreibt sich der Wiederverzauberung des Konsums, Neo-Noblesse ist anti-alltäglich und anti-industriell.

- Social Commerce: Social Commerce ist die kommende Form des Dialoghandels im Internet. Dort kaufen wir künftig in den Umgebungen, die wir mit Freunden und Fans selbst erzeugen. Social Commerce hat mit Ebay begonnen und ist eine Handelsform ohne Händler, aus Käufer und Verkäufer werden »Peers«, Gleichgesinnte: P2P, E-Commerce wird zum sozialen Erlebnis.
- Stand-up-Konsum: Die Stand-up-Konsumenten oder Stehgreif- oder Unterwegs-Konsumenten sind die neue Genusselite der mobilen Gesellschaft. Ihr permanentes Unterwegssein entwickelt neue Bedürfnisse. Und durch ihr Konsumverhalten entstehen neue Märkte und neue Handelsformen. Durch die Stand-up-Konsumenten werden Nicht-Orte wie Bahnhöfe und Flughäfen zu Shopping-Malls, Automaten und virtuelle Händler bekommen eine neue Bedeutung.

Vier Trends, mit denen wir die Zukunft des Konsums sichtbar und planbar machen möchten. Trends leisten etwas, was die gegenwartsverhaftete Marktforschung niemals zustande bringen wird: Sie zeichnen einen Weg von der (schlechten) Gegenwart in die Zukunft. Was wir mit unseren Trendanalysen bezwecken wollen, ist, prognostisches Marktverstehen bei unseren Lesern zu schaffen. Eine Kompetenz, die auf den veränderungsbeschleunigten Märkten von morgen überlebenswichtig sein wird. Kommen Sie mit in die Zukunft!

Dr. Eike Wenzel
Heidelberg im August 2008.

1

Future-Shopping: Traumfabrik am Scheideweg

1.1 Was ist eigentlich Shopping?

Wir erleben gerade die vielleicht dramatischste Verschiebung im Konsum seit der Erfindung der Shopping-Mall in den USA der fünfziger Jahre. Der Konsum hat definitiv seinen angestammten Ort verlassen. Aus einer »Location« ist eine Vielheit von Konsumorten und Shopping-Optionen geworden. Und auch der Konsument hat seinen Ort gewechselt, er findet nicht mehr als duldsamer und dankbarer Verbraucher statt.

Shopping ist eine Traumfabrik, ein Spiel mit Illusionen und (geheimen) Wünschen, deshalb verwundert es nicht, dass sich Retailer in ihren Inszenierungen sogar an Film- und Fernsehkulte anlehnen. Burkhard Schneider berichtet in seinem Best-Practice-Blog, dass vor kurzem zwölf Filialen der 7-Eleven-Supermarktkette zu Kwik-E-Marts umgebaut wurden. Kwik-E-Mart ist der Name der fiktiven Supermarktkette, in der die Simpsons in der gleichnamigen Fernsehserie einkaufen gehen. Hintergrund dieser Aktion war der Start von »Simpsons – Der Film« in den USA im Sommer 2007, eine fantasievolle Co-Marketing-Kampagne. Die 7-Eleven-Fillialen haben sich nicht nur optisch in Kwik-E-Marts verwandelt, auch das Sortiment entspricht dem der Serie. So findet man im Kwik-E-Mart die meisten Produkte, die es auch in der Serie zu kaufen gibt. Neben pinken Donuts gibt es die legendäre Buzz-Cola, die Homer Simpson so gerne trinkt. Auch KrustyO-Frühstücksflocken sind in den realen Regalen der Kwik-E-Marts platziert. Bis Ende Juli waren die umdekorierten 7-Eleven-Läden im Design der Kwik-E-Marts geöffnet.

Shopping mit den Simpsons zeigt uns, dass wir beim Konsumieren nach wie vor Inszenierungen und Storys lieben. Shopping ist aber auch mehr als Einkaufs-Theater. Es ist eine fundamental menschliche Tätigkeit und eine kulturelle Praxis, die es sogar dahin bringt, dass unzeitgemäß gewordene Retail-Konzepte den Betreibern von Shopping-Malls sukzessive aus der Hand gerissen werden. So geschehen bei einer veralteten amerikanischen Shopping-Mall in der Nähe von Atlanta.

Aus den ehemals so mächtigen und dominanten Malls wachsen neue multiethnische Hybridmärkte, die tatsächliche wieder Märkte, Marktplätze sind, auf denen frische Produkte gehandelt werden. Der Buford Highway Farmers Market in der Nähe von Atlanta diente einst als Shopping-Mall und wurde Stück für Stück in einen wunderbaren multikulturellen Wochenmarkt umgewandelt. Immer mehr Kleinläden von Einwanderern aus Asien, Osteuropa, Lateinamerika und der Karibik brachten das klassische Mall-Konzept zum Einsturz. Mittlerweile tummeln sich hier mehr als 700 Frischeanbieter aus der ganzen Welt, ein herrlicher Platz für exotische Geschmackserlebnisse aller Art. Die klassische Mall war ein Konstrukt für das weiße Mittelstandsamerika. Die im besten Sinne Glokalisierung der Mall war nicht das Ergebnis planerischer

Weitsicht, sondern die soziodemografischen Veränderungen haben aus der Mall einen polyglotten Marktplatz des Genusses gemacht.

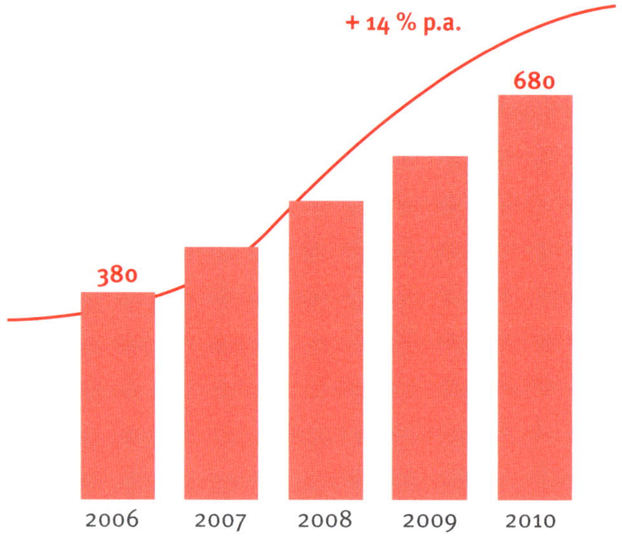

Abbildung 1: Prognose Highend-Fashion für Deutschland: Umsatz in Millionen Euro

Überzeugender lässt sich wohl nicht beschreiben, wovon wir alle seit gut drei Jahren reden: von der Machtübernahme des Konsumenten. Das Beispiel zeigt außerdem: Gesellschaftliche Trends sind mitunter stärker als Effizienzsteigerungspläne und Kundenbindungsinstrumente. Wer jedoch den Spieß umdreht und es lernt, sich den Naturgewalten von Trends anzuvertrauen, dem braucht um die Zukunft nicht bange zu sein.

- Shopping hat nichts mit Versorgung zu tun: Es geht längst nicht mehr darum, einen Mangel durch Konsum zu beseitigen. Shopping ist aber auch nicht nur Erlebnisgesellschaft pur. Immer stärker versuchen die Verbraucher, ihre Wünsche und ihren Einfluss beim Einkaufen durchzusetzen.
- Shopping bedient die Ökonomie der Wünsche: Wer kennt das nicht. Wir ziehen los, um uns ein paar Lebensmittel einzukaufen, haben uns dafür ordentlich einen Zettel geschrieben – und kommen mit ganz anderen Dingen zurück. Im Grunde ist das das Geheimnis der Märkte von morgen. Shopping bedeutet, dass wir losziehen und nach einer Wunscherfüllung streben, die jedoch niemals eine vollständige Erlösung erfährt, die Lust am Neuen und an der eigenen Verwandlung und Veränderungen treibt uns immer wieder an und macht uns zu »Shopping-Victims«. Oder wie es Norbert Bolz formuliert hat (*Das konsumistische Manifest*): »Und wer glaubt, den Markt der Zukunft erforschen zu können, indem er Kunden fragt, was sie sich wünschen, ist ein

›rational Fool‹. Wünsche können nicht erfüllt werden – wir bekommen immer etwas stattdessen. Deshalb kaufen sich Menschen Dinge und Leistungen, die sie gar nicht brauchen.«

- Shopping ist ein Moratorium des Alltags: Beim Shopping spielt unser Unbewusstes, unsere Wünsche und Träume eine wichtige Rolle, beim Shopping *darf* das so sein, Alltagsrationalität wird für diese Momente außer Kraft gesetzt. Shopping ist so gesehen ein »Moratorium des Alltags« (Odo Marquard) – ähnlich wie das Fest oder die Party, ist Shopping ein kalkulierter Ausnahmezustand, ein Kontrasterlebnis für begrenzte Zeit, legitime Realitätsflucht beziehungsweise die Flucht in eine bessere Welt.
- Shopping ist Service: Service und Einkaufsassistenz ist vor allem eine Bedürfnislage, die in den angelsächsischen Ländern stark ausgeprägt ist. Doch auch hierzulande werden wir künftig bei der Planung neuer Shopping-Landschaften vor allem über eine neue Dienstleistungskultur reden. Weltweit sind Dienstleistungen auf dem Vormarsch (natürlich nicht nur im Handel). Im Jahr 1996 waren weltweit 37,2 Prozent aller arbeitenden Menschen im Servicesektor beschäftigt. Bis zum Jahr 2015, so die konservative Schätzung von World Labour Office (2004), werden es mehr als die Hälfte aller Arbeitenden sein (53,4 Prozent).
- Shopping wird situationsabhängiger: Ständig wechselnde Lebenslagen (Berufswechsel, Scheidung, Ortswechsel, Renteneintritt et cetera) und die Beschleunigung von Wandlungsprozessen in unserem Leben führen dazu, dass wir unseren »Einkaufsstil« immer mehr der jeweiligen Lebenssituation anpassen. Es gibt keine Milieus mehr, nach denen sich unsere Shopping-Bedürfnisse planen ließen, es gibt nur noch individualisierte Lebenslagen, die individualisierte Konsumwünsche ausprägen.
- Shopping avanciert zu einem allgegenwärtigen Phänomen: Noch zu Beginn des 20. Jahrhunderts war die Privatsphäre der eigenen vier Wände heilig. In den fünfziger Jahren drangen immer stärker Radio und TV (und damit auch die Werbung) in unsere Intimsphäre vor. Seit E-Commerce und Teleshopping ist das private Reich zur Transaktionszone geworden. Umgekehrt werden wir immer mehr zu Käufern, wenn wir unterwegs auf Bahnhöfen, Flughäfen et cetera sind. Und auch die Anbieterseite treibt die Allgegenwart des Shopping voran. Vor allem Gesundheitsprodukte werden immer mehr vom konventionellen Handel aufgenommen: Gesundheitsbier holen wir uns in ausgewählten Apotheken, Bio-Kost geht bei Aldi so gut wie sonst nirgendwo über die Ladentheke. Der Drogeriemarkt Schlecker hatte Ende April 2007 in der Aachener Regionalzeitung eine Jobanzeige für ausgebildete Apotheker geschaltet (»für den Aufbau einer neuen europäischen Vertriebsstruktur«). In den USA will Wal-Mart in den nächsten zwei bis drei Jahren in Kooperation mit lokalen Krankenhäusern rund 400 Ambulanzen in seinen Filialen eröffnen. In den nächsten fünf bis sieben Jahren sollen 1.600 folgen.

Shopping hat schon immer etwas mit Illusionen, Träumen und der Lust an der Verführung zu tun. Das Kaufen schöner Dinge lässt die Welt (zumindest für Momente) etwas bunter und schöner aussehen. Shopping wertet uns auf, idealisiert uns und lässt uns (auch das hat natürlich zeitliche Grenzen) in der Regel perfekter und begehrenswerter erscheinen als wir wirklich sind. Shopping ist großes Kino, »bigger than life«, aber auch Teil der Alltagsroutine.

1.2 Kleine Geschichte der Minibar

Andreas Bernhard hat kürzlich im »Süddeutschen Magazin« die heimliche Kunst der Verführung, die Shopping für uns nach wie vor bedeutet, anhand der einschlägigen Minibars in Hotels wunderbar beschrieben. Zunächst stellt die Minibar (wie auch das Fernsehbild) für den Gast in der Fremde etwas Gewohntes und Vertrautes dar. Ihm werden bekannte Marken und Produkte angeboten, auch wenn die Flaschen und Päckchen im Miniaturkühlschrank häufig etwas anders aussehen als im Supermarkt. Ihren (trügerischen) Zauber entfaltet die Minibar jedoch dadurch, dass sie in uns die Illusion grenzenloser Verfügbarkeit weckt, und vor allem: das Gefühl unbegrenzten Kredits erzeugt.

Dabei wurde unsere Kreditwürdigkeit bereits beim Einchecken an der Rezeption überprüft. Die Rechnung unseres Minibar-Exzesses wird uns übrigens jetzt immer häufiger beim Auschecken präsentiert, seit es den E-Fridge beziehungsweise den Smartcube gibt. Diese intelligenten Minibars verfügen über Sensoren, die zuverlässig jede entnommene Flasche registrieren und an die Rezeption melden – wer die Flasche nicht nach 30 Sekunden zurückstellt, muss zahlen. Kleine Schwindeleien beim Verlassen des Hotels sind also künftig nicht mehr möglich. Und wir sind um eine Illusion des schrankenlosen Konsumierens ärmer. Die Minibars alter Prägung hatten immer auch etwas Heimliches, Verbotenes – es beobachtet einen ja keiner.

Trotzdem werden wir auch in Zeiten der Smartcubes und RFID-Technologie das Wünschen nicht aufgeben, wenn wir in die Fußgängerzonen, Kaufhäuser und Boutiquen dieser Welt aufbrechen. Shopping ist eine Illusionsmaschine, die uns von einer bunteren und besseren Welt träumen lässt. Shopping befreit uns aus der Enge des Alltags, macht eine Gegenwelt für uns greifbar, oder avanciert zum treuen Alltagsbegleiter. Wie sich unsere Präferenzen beim Einkaufen in den nächsten Jahren strukturieren werden, wann und wo wir Lustshopping machen und wo den Familieneinkauf, was für uns beim Shopping in der Zukunft wichtig wird und was nicht – das möchten wir Ihnen anhand unserer vier Shopping-Szenarien erläutern.

Noch einmal zurück zur Minibar. Sie ist ein beredtes Beispiel dafür, wie schnell sich Konsumsituationen verändern können, wenn bestimmte Konventionen wegfallen. Seit es die Smartcubes gibt, beginnen die Hotels auch das Sortiment anzupassen. In den Häusern der Ritz-Carlton-Gruppe ist aus dem verlockenden Kleinkühlschrank eine hilfsbereite Miniboutique geworden: Lippenstift, Nagellackentferner und Strumpfhosen für die Dame, schwarze Socken für den Herren.

Wie verändern sich unsere Shopping-Welten? Auf den ersten Blick hat sich in den letzten Jahren an unserer Konsumlandschaft nicht allzu viel verändert. Wir gehen nach wie vor in Kaufhäuser und Fachgeschäfte und werden das aller Wahrscheinlichkeit nach auch noch in den nächsten fünfzig Jahren tun. Wir können hierzulande auf 11.749.100 Quadratmeter Shopping-Center-Fläche einkaufen (im Jahr 1990 waren es gerade einmal 9.212.200 Quadratmeter) – viel Platz für die Träume von einem schöneren Leben. Die Mehrzahl der Shopping-Center, die 2004 und 2005 eröffnet wurden, befindet sich nach wie vor in den Innenstädten (exakt 65 Prozent), 25 Prozent befinden sich in den Stadtteilen und 10 Prozent auf der so genannten grünen Wiese. Bei allen Shopping-Centern, die seit 1964 eröffnet wurden, hat sich das Verhältnis zwischen den einzelnen Standorten nicht signifikant verändert: Innenstadt 42,2 Prozent, Stadtteil 38,8 Prozent, Grüne Wiese 19 Prozent.

1.3 Shopping wird ubiquitär

Einstweilen verteilen sich die Umsätze noch so, wie man es erwartet. Der Umsatzanteil des stationären Handels lag im 1. Halbjahr 2005 bei 85 Prozent, traditioneller Versandhandel bei 9 Prozent und der Online-Handel bei 6 Prozent. Schaut man sich jedoch seriöse Prognosen an, dann wird der elektronische beziehungsweise der Online-Handel in den nächsten Jahren kräftig zulegen. Waren es im Jahr 2005 noch 321 Milliarden Euro, die mit B2B und B2C-Onlinehandel erlöst wurden, werden es der Prognose von Bitkom/Eito (Februar 2006) zufolge im Jahr 2008 schon 694 Milliarden Euro sein, in drei Jahren also eine Steigerung um stolze 216 Prozent. Der B2C-Online-Umsatz wird in diesem Zeitraum gar von 32 Milliarden auf 114 Milliarden explodieren, eine Steigerung um gigantische 356 Prozent. Eine dramatische Veränderung kündigt sich an: Shopping wird allgegenwärtig.

Die Zeiten, als wir ungeduldig auf die Ladenöffnung morgens um 9 Uhr warten und abends um 18 Uhr in die Kaufhäuser stürmen mussten, um noch das Nötigste zu ergattern, sind vorbei. Lange Zeit wurde von einem Generation-Gap im Online-Handel gesprochen – vorbei: Seit diesem Jahr gibt es mehr Internetnutzer bei Menschen über 60 Jahre (5,1 Millionen) als bei der internetaffinen Jugend zwischen 14 und 19 Jahren (4,9 Millionen). Online, das kalte Computer-Medium, schien nur für ganz bestimmte Warengruppen in Frage zu kommen – vorbei: Im vergangenen Jahr wurde in den USA mehr Online-Umsatz mit Modeartikeln und Schuhen gemacht als mit Computer- und Telekommunikationsmitteln.

Die Mediaexperten von Goldmedia prognostizieren, dass der Umsatz im deutschen Teleshopping-Markt im Jahr 2010 insgesamt über 1,6 Milliarden Euro betragen wird. 2001, im Jahr des Web 1.0-Hypes, wurden gerade einmal 537 Millionen Euro eingenommen. Ein Teleshopping-Sender wie QVC verdoppelt seit Jahren und ungeachtet von Konsumflauten, Käuferstreiks und Anschaffungszurückhaltungen seine Umsätze um mehr als 20 Prozent. Im Jahr 2005 nahmen die vier größten Teleshopping-Anbieter in Deutschland insgesamt mehr als eine Milliarde Euro ein.

Auch der Tourismus wird zunehmend zur Umsatzquelle, zumindest für den stationären Handel: Urlauber geben jährlich 13 Milliarden Euro im deutschen Einzelhandel aus (Übernachtungsreisende, ohne Tagestouristen). Besonderen Stellenwert hat das Shopping bei Städtereisenden. Laut Einzelhandelsverband HDE geben Touristen an beliebten Reisezielen, vor allem in Großstädten, durchschnittlich rund 100 Euro in den Geschäften aus. Mehr Tages- und Wochenendreisende und Shopping-Touristen polieren schon jetzt das Image der Städte und Regionen auf. Das wiederum wird in den nächsten Jahren weitere Touristen anziehen, was dem Einzelhandel wichtige Umsatzimpulse verschaffen wird.

1.4 Was kommt nach Geiz-ist-geil?

Mit Billigangeboten kann man keine Profite machen, das klingt eigentlich logisch. Als in den Jahren 2002 und 2003 die Gesichter im Einzelhandel immer länger und die Konjunkturdellen immer ausgeprägter wurden, war »Geiz-ist-geil« jedoch die ultimative Killerapplikation. Und irgendetwas ganz Spezifisches wurde in den Deutschen damit berührt: Günstig muss es sein, das Preis-Leistungs-Verhältnis muss stimmen, »ich bin doch nicht blöd« et cetera. Alles das, nimmt man das Medienecho und die öffentliche Aufregung zum Geiz-Thema als Grundlage, schien einen großen neuen Giga-Trend in unserer Konsumwelt anzukündigen: den Preis!

In wirtschaftlich schweren Zeiten funktionieren einfache Wahrheiten besonders gut. Irgendwie schienen wir auf unsere Rolle als Europas Billigheimer und Pfennigfuchser festgelegt. Wolfgang Twardawa von der Gesellschaft für Konsumforschung (GfK), Zahlengehirn und geübter Beobachter der deutschen Konsumentenseele, zementierte das Vorurteil: »Die Franzosen lieben die Auswahl, die Briten den Service und die Deutschen den Preis.« Vergessen hat er dabei, dass wir längst in globalisierten, sozusagen post-stationären Retail-Märkten leben.

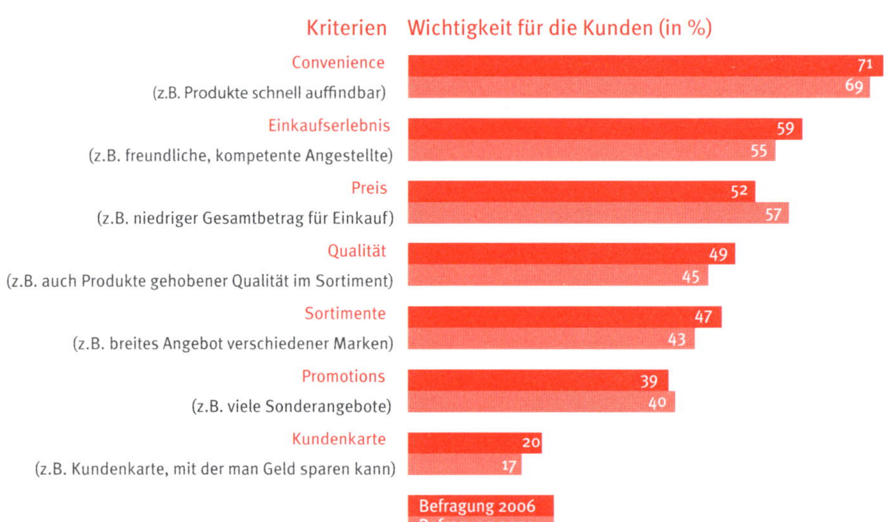

Abbildung 2: Convenience vor Preis – Veränderung der Kundenpräferenzen in Deutschland (Quelle: McKinsey, August 2007)

Als die Metro-Fachmarkttochter Saturn im Mai 2007 ihren Abschied von der Geiz-ist-geil-Werbekampagne verkündete, ging die fünfjährige Ära des Billigheimer-Paradigmas zu Ende. Nicht ohne Grund, denn längst hatten es die

Deutschen satt, immer nur auf den Preis zu starren. In der Rangfolge der meistgenannten Gründe für ihre Kaufentscheidungen rangiert einer aktuellen McKinsey-Studie zufolge der Preis nur noch auf Platz drei. Der Anteil der Konsumenten, die vor allem günstige Produkte schätzen, sank zwischen 2004 und 2006 von 48 auf 40 Prozent. Dagegen ist im gleichen Zeitraum der Anteil der Verbraucher, die auf Premiumprodukte und Qualität setzen, von 24 auf 29 Prozent gestiegen. Deutschlands Shopper legen wieder Wert auf Qualität und Service. Das bestätigt auch eine repräsentative Umfrage des Nürnberger Marktforschungsinstituts Puls. Danach entscheiden 67 Prozent der Verbraucher beim Kauf nach Qualität, nur jeder Dritte noch nach dem Preis.

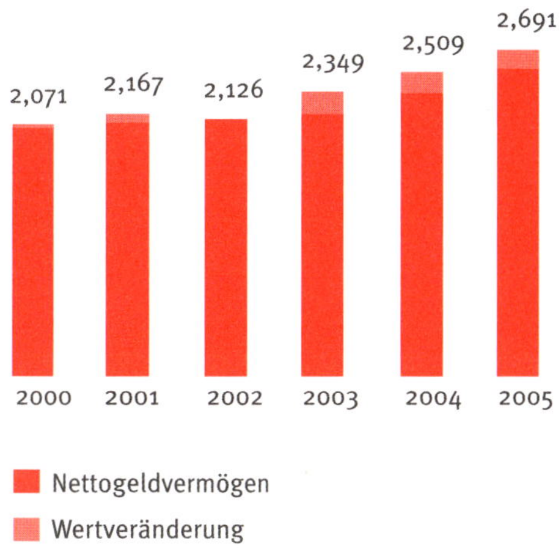

Abbildung 3: Entwicklung des privaten Geldvermögens: Nettovermögen ohne Verbindlichkeiten in Milliarden Euro

Im Grunde spricht also vieles dafür, dass wir im Konsum jetzt wieder richtig durchstarten. Die Basisdaten stimmen. So ist die Entwicklung des privaten Geldvermögens nach wie vor positiv ansteigend. Im Jahr 2003 verfügten die Deutschen über ein Nettovermögen von rund 2,3 Milliarden Euro, im Jahr 2005 waren es bereits mehr als 2,6 Milliarden Euro. Wir werden immer wohlhabender (auch wenn in dieser Statistik die Verbindlichkeiten nicht eingerechnet sind).

Thomas Middelhoff: Geiz ist geil und die neue Bedeutung von Design
Zunehmend hybride Verhaltensmuster und Kaufentscheidungen werden den »Geiz-ist-geil-Trend« ablösen. Der Konsument der Zukunft wird gleichzeitig Luxus- und Discountgüter einkaufen. Stärker als heute wird er abwägen, an welcher Stelle ihm Konsum wichtig ist und wo er verzichten kann.
Er wird für besonderen Service und außergewöhnliche Leistungen in Bezug auf Qualität, Image und Design (beispielsweise individualisierte Produkte) zunehmend bereit sein, einen höheren Preis zu bezahlen. Bei Gütern des täglichen Bedarfs und Standardprodukten wird die Bedeutung der Discounter hingegen weiter anwachsen.
Des Weiteren ist ein Trend zur Einfachheit zu erkennen. Der Kunde will weg von Produkten mit sehr unterschiedlichen Leistungen, die nur schwer zu verstehen beziehungsweise zu vergleichen sind und auch nur selten verwendet werden. Der Fokus liegt also stärker auf Design und Anwenderfreundlichkeit als auf »All-in-one-Produkten«.
Thomas Middelhoff, Vorstandsvorsitzender der Arcandor AG

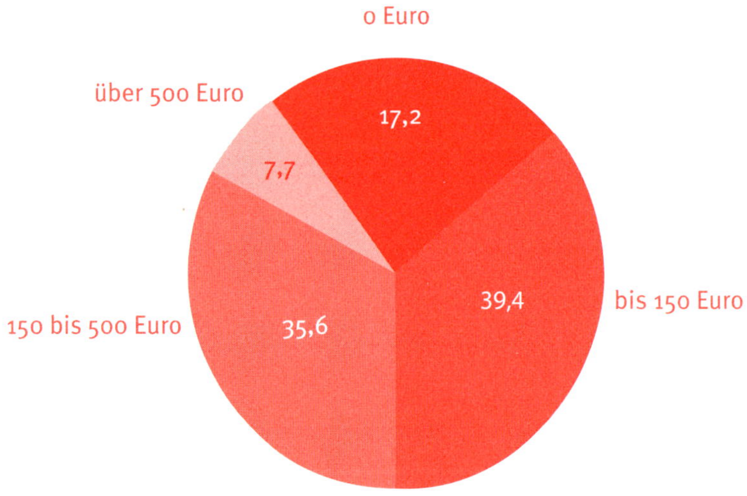

Abbildung 4: Wenig bis nichts: frei verfügbares Haushaltseinkommen 2005 in Prozent (Quelle: Verbraucher-Analyse, 2005)

Deutschland entwickelt sich vom kranken Mann Europas (*Economist*, 2004) zur Konjunkturlokomotive in Europa und der Welt (*Economist*, 2006). Die OECD sieht Deutschland mit einem Wachstum von 2,7 Prozent für 2007 und 2,8 Prozent für 2008 an der Spitze der G7-Staaten, vor England und den USA. Auch global erleben wir gerade eine bislang einmalige Wachstumsphase.

Trotzdem kaufen die Deutschen nicht so, wie es sich die Konjunkturpropheten schon seit längerem herbeiwünschen. Die Konsumausgaben steigen Jahr für Jahr moderat an. Doch der Großteil fließt in Ausgaben für Wohnung, Wasser,

Energie et cetera. Die Freizeit-, Mode- und Vergnügungsetats lassen jedoch einstweilen keinen Shopping-Boom erwarten. Dabei ist es ein mittlerweile unhaltbares Vorurteil, dass die Deutschen die Weltmeister im Sparen seien. Wie eine Untersuchung von Nielsen zeigt, legen die Deutschen europaweit vergleichsweise wenig Geld auf die hohe Kante: 30 Prozent der Deutschen sparen ihr frei verfügbares Einkommen, europaweit trifft das jedoch auf 34 Prozent zu (im Gebiet Asien-Pazifik sind es sogar 52 Prozent).

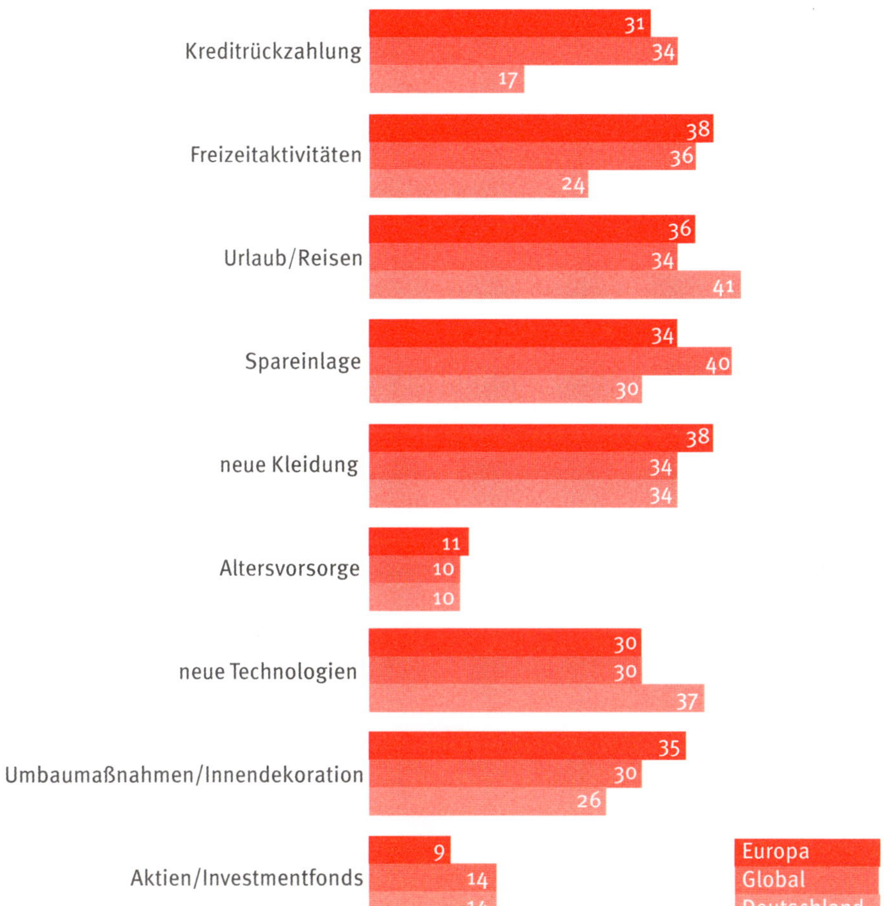

Abbildung 5: Wofür geben Verbraucher am ehesten Geld aus, abgesehen von den Lebenshaltungskosten? (Quelle: Nielsen, 2006)

Geht der Konsumstau weiter? Woran liegt es, dass wir nicht mehr kaufen wollen? Die Antwort ist eigentlich ganz simpel. Natürlich hat das damit zu tun, was jedem Einzelnen an Geld für seine Shopping-Erlebnisse zur Verfügung steht.

Aber unsere Bedürfnisse und Präferenzen haben sich auch eindeutig verändert. In den letzten zehn Jahren ist zum Beispiel die Nachfrage in den Sortimenten Textilien/Bekleidung/Schuhe, Haushaltswaren sowie Einrichtungsgegenstände jeweils um fast ein Fünftel zurückgegangen. Die mengenmäßige Nachfrage hat sich jedoch nicht in diesem Umfang verändert. Der Zugang zu globalen Beschaffungsmärkten und optimierte Beschaffungsstrukturen haben in vielen Fällen dazu geführt, dass der Preis der Produkte gesenkt werden konnte. Auf der anderen Seite verzeichneten Konsumgüterbereiche wie Consumer-Electronics und Drogeriewaren ein Wachstum zwischen 13 und 18 Prozent. Verschiebungen in den Bedürfnisstrukturen und die Erfolgsgeschichte eines Megatrends wie Wellness/Gesundheit sind hierfür verantwortlich.

Doch nach wie vor ist der Strukturwandel im Handel nicht abgeschlossen, und nach wie vor finden viele unserer Bedürfnisse nicht das richtige Produkt, den richtigen Ort oder die passende Dienstleistung. Offensichtlich ist es so, dass das, was wir oben vorläufig als Shopping-Wünsche definiert haben, von Anbieterseite bislang noch nicht in die Tat umgesetzt wurde. Das heißt: Wir Shopper verlassen die Wohlstandsgesellschaft und treten über in die Wohlfühlgesellschaft.

Und die Wohlfühlgesellschaft fußt auf einer Verschiebung in den Konsumpräferenzen, die sich von langer Hand angekündigt hat. Während die deutsche Durchschnittsfamilie vor fünfzig Jahren noch große Teile ihres verfügbaren Einkommens für Nahrungsmittel ausgeben musste, sind es heute nur noch rund zehn Prozent. Das hat nicht nur mit den gestiegenen Einkommen und der damit verbundenen größeren finanziellen Unabhängigkeit der Menschen zu tun. Denn gleichzeitig sind die realen Konsumgüterpreise kontinuierlich gesunken. Von der Versorgungs- in die Wohlfühlgesellschaft: Die Menschen können sich heute außerhalb ihrer Grundversorgung also mehr Dinge leisten als früher. Und diesen gewachsenen Spielraum werden wir künftig weniger in Produktekauf und Immer-mehr investieren, sondern in individuelles Wohlfühlen und Qualität.

Die Shopping-Szenarien, die wir gegenwärtig in unseren Innenstädten vorfinden, haben sich auf diesen Paradigmenwechsel jedoch noch nicht eingestellt. Bevor wir Ihnen im Folgenden zeigen, wie die Konsumwelten der Zukunft aussehen werden, schauen wir noch kurz auf die Konsumkrisen der vergangenen Jahre. Als der Handelsriese Karstadt im Frühherbst 2004 dem Abgrund entgegentaumelte, schien ein Stück deutsche Nachkriegs- und Konsumgeschichte zu Ende gegangen zu sein. Im *Spiegel* läutete Reinhard Mohr die Totenglocken für ein Stück alte Bundesrepublik. Und er brachte das Dilemma der damaligen Shopping-Welt wunderbar auf den Punkt:

»Den neugierigen Besucher empfängt zunächst ein ziemlich unübersichtliches Sammelsurium aus unterschiedlichsten Warenangeboten: Brillen, Billigschmuck, Handtaschen, Schuhe, Geldbörsen. Irgendwo hinter den Koffern öffnet sich die Kosmetikabteilung, auf der anderen Seite locken Flusskrebse, gehäutete Kaninchen und Straußenfilets. Ein Dschungel des Konsums. Doch die Präsentation

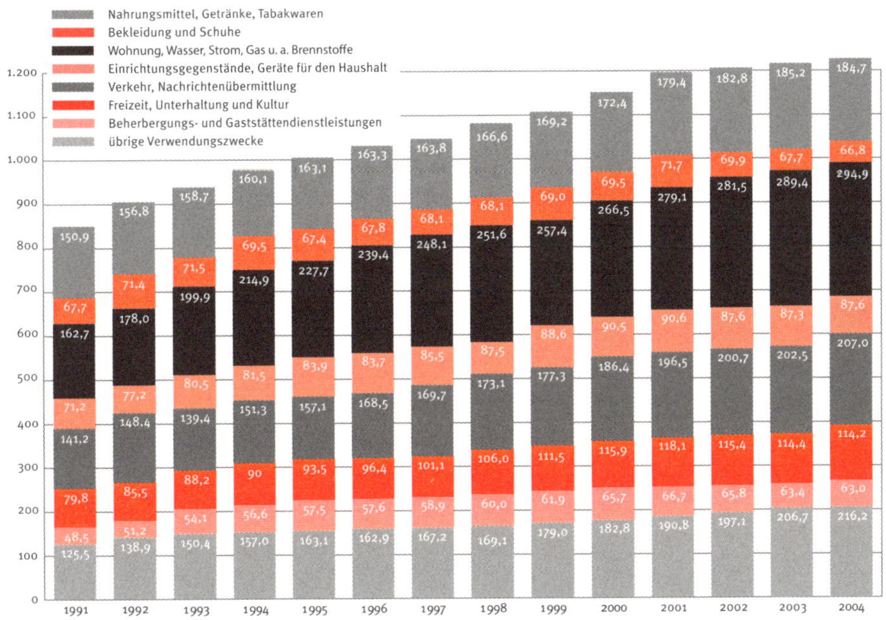

Abbildung 6: Veränderungen im Konsumverhalten: Konsumausgaben privater Haushalte nach Ausgabenbereichen 1991 bis 2004 in Milliarden Euro

erinnert auch in den anderen Stockwerken eher an ein Warenlager: Das meiste ist irgendwie aufgetürmt, gestapelt, massenhaft nebeneinander gehängt. Alles ist da, aber es fehlt die Kontur, die Linie, die Idee. Drei Meter von den Zierfisch-Aquarien entfernt (›Lebende Tiere sind vom Umtausch ausgeschlossen!‹) liegen die Haarföhne im Regal. Wärmeunterbetten stehen neben Espressomaschinen, Brotbackautomaten neben Mundduschen. In großen containerartigen Kisten fliegen tausende von CDs und Videokassetten durcheinander, und die überall herumstehenden, aber noch nicht ausgepackten rollenden Transportkisten erinnern daran, dass noch viel mehr Waren aus dem Keller herangeschafft werden könnten – wenn, ja wenn sie denn irgendjemand kaufen wollte.«

Es ist tragisch und komisch zugleich: Irgendwie ist ja alles da, alles wird in einer unendlichen Fülle angehäuft (und es gibt noch mehr vom Gleichen), aber alles wird ideenlos aneinander geklatscht, keine Wege, die den Käufer zum Träumen bringen und ins Schwärmen geraten lassen. Die Ära, in der außen Stahlbeton und innen der Wühltisch regierte, geht glücklicherweise zu Ende. Dass wir uns von der Wohlstands- in eine Wohlfühlgesellschaft bewegen, wird den Handel in den nächsten Jahren vor große Herausforderungen stellen.

Bezeichnend für diesen Umschwung: Karstadt unter der Ägide von Thomas Middelhoff hat vor allem mit Reisen und Tourismus den Sprung aus der Krise geschafft. Karstadt, *das* Symbol für die kaufwütige Nachkriegsgesellschaft, macht seine Gewinne heute ganz woanders, nämlich auf dem Zukunftsmarkt

Tourismus. Und eigentlich war bei Karstadt das Touristik-Geschäft, allen voran Thomas Cook, für die Sanierung des Konzerns verantwortlich. Nach der vollständigen Übernahme im Jahr 2007 ist Thomas Cook mit einem Jahreserlös von 7,8 Milliarden Euro zumindest die umsatzstärkste Sparte des (ehemaligen) Kaufhauskonzerns. Auch das Ergebnis vor Zinsen, Ertragssteuern und Abschreibungen (Ebitda) in Höhe von 199 Millionen Euro stellt im Vergleich zu den Warenhäusern und dem Versandhandel den Bestwert im Konzern da.

Folgende Lehren müssen aus der Geiz-ist-geil-Episode und der Karstadt-Krise gezogen werden:

- Es nutzt wenig, einer alten Kaufmanns- und Handelsherrlichkeit nachzutrauern, wenn für die Konsumenten längst andere Bedürfnisse wichtiger geworden sind. Freilich kann sich nicht jeder Retailer von der hauseigenen Reisesparte retten lassen. Allerdings sollten Trends und Veränderungen in den Bedürfnislagen der Menschen früher registriert werden. Die vier Shopping-Trends, die wir hier vorlegen, entwerfen wahrscheinliche Zukünfte auf der Grundlage von Trends und Megatrends.
- Tatsächlich sind Preis und Discount keine substanziellen Trends. Trends sind Veränderungsprozesse, die Wirtschaft und Gesellschaft in ihren Grundlagen verändern. Geiz-ist-geil hat unsere Gesellschaft jedoch nicht grundlegend verändert, noch nicht einmal den Einzelhandel. Trotzdem wird das Preisargument auch bei den Shopping-Trends der Zukunft eine Rolle spielen. Allerdings müssen wir die Trends, die uns Aufschluss darüber geben, wie wir in Zukunft einkaufen werden, woanders suchen.
- Wir verpassen den immer schneller fahrenden Zug der Zukunft, wenn wir uns nur auf den »heiligen Preis« fixieren. Die Lust am Konsum ist weltweit ungebrochen, das Internet hat uns längst zu globalen (und natürlich auch preisbewussten) Konsumenten gemacht. Allerdings haben sich die Orte des Konsums in den letzten zehn Jahren fundamental verändert.
- Wir leben immer mobiler, das Unterwegssein (ob beruflich oder in der Freizeit) wird in den nächsten zehn Jahren weiter zunehmen. Das heißt, wir kaufen immer häufiger spontan und aus einer situativen Not heraus. Andererseits hat uns »Shopping in Transition« gelehrt, dass man auch das mit großer Lust betreiben kann. Mehr noch: Aus dem Notkauf hat sich längst eine neue Erlebnisgesellschaft entwickelt: McKinsey hat in einer Studie zu den Einkaufsgewohnheiten der Deutschen herausgefunden, dass sage und schreibe 20 Milliarden Euro mittlerweile für Lebensmittelkäufe an Kiosken, Tankstellen et cetera ausgegeben werden. 14 Prozent der Umsätze des Lebensmitteleinzelhandels (insgesamt: 147 Milliarden Euro) entfallen auf die so genannten Notfallkäufe.

Ein schönes Beispiel dafür, wie sich unsere Shopping-Landschaften verändert haben. Denn wir alle wissen, dass das keine Notfallkäufe sind. Wir haben uns an die kleinen, manchmal unwirtlichen, manchmal unglaublich praktischen Einkaufsgelegenheiten unterwegs gewöhnt und planen sie bewusst in unseren Tagesablauf ein. Die ersten Anbieter beginnen zu erkennen, dass sich hier eine Revolution im Einzelhandel ankündigt. Die »Spar Express Shops« (»Günstig shoppen wie im Supermarkt«), die sich an Jet-Tankstellen, Bahnhöfen und Flughäfen angesiedelt haben, gibt es bereits in 100 Zweigstellen – überschaubares Sortiment, frisches Angebot, schnelle Bedienung. Im nächsten Jahr sollen es bereits 300 Filialen sein.

Auch Edeka reüssiert mit ähnlichen situationsadäquaten Formaten. In Bremerhaven hat ein Edeka-Aktiv-Markt seit einigen Monaten 24 Stunden geöffnet – und konnte Umsatz und Anzahl der Kunden damit um mehr als fünfzig Prozent steigern. Kamen vorher pro Woche rund 18.000 Käufer in den Laden, sind es nun bereits 28.000. Rund vierzig neue Stellen auf 400-Euro-Basis wurden geschaffen, da die Tagschicht nicht für den Nachteinsatz bereit war. Zwanzig weitere Stellen sind aufgrund der hohen Nachfrage geplant. Dabei gehört weniger der klassische Tankstellenkunde (Schnaps und Kippen) zur Klientel, sondern Arbeiter aus den umliegenden Hafengebieten, Seeleute von den Fähren, Bauern aus dem Umland, die tagsüber keine Zeit zum Einkaufen haben, ebenso natürlich andere Berufstätige. Die meisten der acht Kassen sind auch um Mitternacht besetzt und selbst da sind Schlangen üblich. Die Umsätze des Verbrauchermarktes gleichen schon fast dem eines SB-Marktes, so der Marktleiter Wolfgang Behrends.

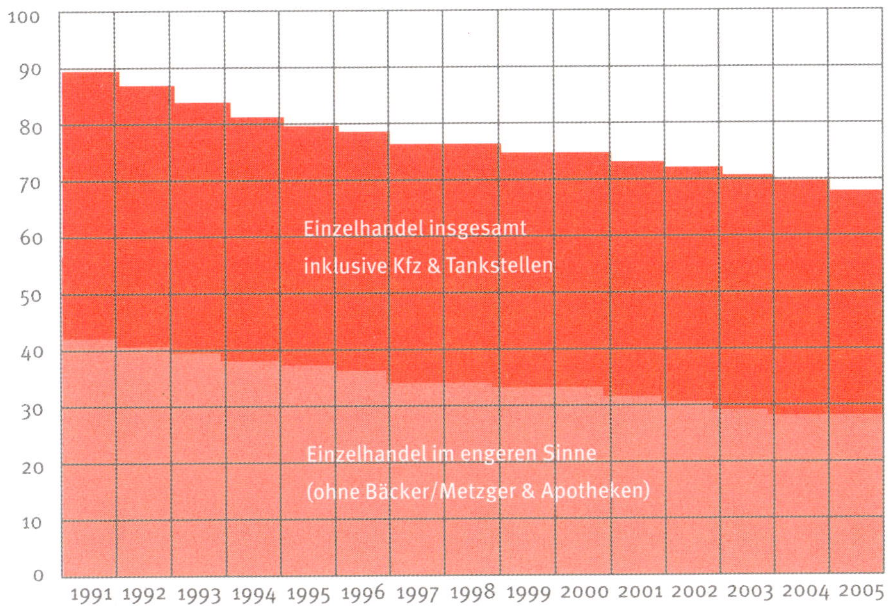

Abbildung 7: Anteile des Einzelhandels an den Konsumausgaben der privaten Haushalte 1991 bis 2005

1.5 Shopping von morgen

Die Zukunft von Shopping und Konsum ist ohne den Blick auf die Metropolen und urbane Zentren schlechterdings nicht vorstellbar. In der Verdichtung von Menschenmassen und Waren auf engstem Raum entstehen immer wieder neue Trends, werden Veränderungen zuallererst greifbar und in neue Geschäfte und Ideen umsetzbar. Die Zukunft von Wirtschaft und Gesellschaft wird deshalb noch stärker als im 20. Jahrhundert in den Städten, Metropolen und urbanen Zentren stattfinden. Lebte Mitte des 20. Jahrhunderts gerade einmal jeder dritte Bewohner der Erde in einer Stadt, sind es heute rund die Hälfte aller Menschen. Im Jahr 2030 werden weltweit voraussichtlich sechzig Prozent aller Menschen in Städten wohnen.

2007 ist das Jahr, in dem – erstmals in der Menschheitsgeschichte – die Mehrheit der Weltbevölkerung in städtischen Gebieten leben wird. Während in Europa, Nord- und Südamerika schon heute mehr als drei Viertel der Menschen in Städten wohnen, wird der Urbanisierungstrend in den nächsten Jahrzehnten überdurchschnittlich stark vor allem in Asien und Afrika voranschreiten. Allein in Asien wird 2030 über die Hälfte der weltweiten Stadtbevölkerung leben.

Unter Megacitys versteht man heute urbane Räume mit mehr als zehn Millionen Einwohnern. Sie sind die wirtschaftlichen, sozialen und kreativen Zentren der Welt. Mit der weltweit zunehmenden Urbanisierung ist auch die Einwohnerzahl dieser Riesenmetropolen in den letzten Jahrzehnten weiter angestiegen. Zählt man zusammengewachsene »mega-urbane Regionen« mit mehreren Einzelstädten wie etwa das Ruhrgebiet hinzu, gibt es heute auf der Erde 22 Megacitys, in denen insgesamt rund 300 Millionen Menschen leben. Nach den Prognosen der UN wird die Zahl der Bewohner in fast allen diesen Städten in den kommenden zehn Jahren weiter wachsen.

Allzu oft werden Megastädte jedoch mit Megaproblemen gleichgesetzt – vor allem mit Blick auf die ärmeren Länder. Die sozialen Probleme können zweifellos nicht ignoriert werden, allerdings verkennt diese einseitige Sicht auch, welche enorme Wirtschafts- und Veränderungskraft von diesen Metropolen ausgeht: Allein Sao Paulo erwirtschaftet ein Viertel des Bruttoinlandsprodukts Brasiliens, Tokio macht 40 Prozent der Wirtschaftsleistung Japans aus, in Dhaka (Bangladesch) sind es sogar gigantische 60 Prozent, in Kairo die Hälfte des Bruttoinlandsprodukts Ägyptens. Das zeigt, dass Megacitys eben nicht nur Moloch sind, sondern von zentraler Bedeutung für regionale Märkte sind und weltweiten Einfluss ausüben.

Sihlcity und Neo-Villages: in Stein gebautes Second Life

Zu den Shopping-Szenarien der Zukunft gehört, dass Städte und Metropolen sowie ein urbanes Lebensgefühl und die Sehnsucht nach Stadtkernen, nach Fokussierung und Kommunikation zentral wichtig werden. Einstweilen ist eine neue Gigantomanie auf der Suche nach Re-Zentrierung und Alternativen zum herkömmlichen Supermarkt ausgebrochen.

Das rasante Mall-Sterben in den USA hat beispielsweise dazu geführt, dass Malls auf ganz bizarre Weise umgenutzt werden. In Deutschland werden aus überflüssigen Kirchen Restaurants gemacht. In den USA mendeln sich Malls zu gigantischen Gotteshäusern. Die riesige Westchester Mall in High Point, North Carolina, wurde kürzlich geschlossen, weil eine größere und neuere Shopping-Mall dem älteren Modell den Garaus machte. Anschließend wurde die funktionslose Mall von der First Wesleyan Church aufgekauft und bildet jetzt einen »religiösen Komplex«, bestehend aus Chorraum, Buchladen und Schwesternwohnheim. Der neue Name: Providence Place, Ort der göttlichen Vorsehung.

Im März des vergangenen Jahres öffnete die Schweizer Mega-Mall Sihlcity ihre Pforten. Das Ziel dahinter: keine weitere Shopping-Meile, nicht noch ein verwechselbares Superkaufhaus, sondern ein neues Zentrum für die gute alte Bürgerstadt Zürich. Um das Projekt Sihlcity zu verstehen, sollte man wissen, dass Zürich gegen Ende des 19. Jahrhunderts seinen Mittelpunkt einbüßte. 1893 wurde durch die Eingemeindung zahlreicher Dörfer und Weiler aus der früheren Zürcher Altstadt mit 28.000 Einwohnern auf einen Schlag ein Groß-Zürich mit über 100.000 Einwohnern. Durch die zweite Eingemeindungsphase im Jahr 1934 wuchs Zürich zur jetzigen Größe heran. Mit dem Ergebnis, dass die Altstadt heute nicht mehr das Zentrum ist. Zentren gibt es in Zürich überall – beziehungsweise nirgendwo.

Sihlcity (www.sihlcity.ch) soll ein neues solches Zentrum werden. Nicht nur für den Stadtteil Wiedikon, auf dessen Grund die »Einkaufsstadt« entsteht, sondern für das kaufkräftige, 200.000 Personen umfassende Einzugsgebiet, das sich die linke Seite des Zürisees entlang zieht, bis hinunter nach Zug. Tatsächlich strebt die Shopping-Mega-Mall Sihlcity eine Re-Urbanisierung des zersiedelten Raums an. Shopping-Fläche soll das Gefühl einer urbanen Mitte, einer städtischen Öffentlichkeit wiedererwecken. Und deswegen kündigt die Website der Shopping-Mall auch fast beiläufig an, dass sich im Inneren des 100.000-Quadratmeter-Monstrums selbstverständlich eine Kirche befindet, die Sihlcity Kirche (www.sihlcity-kirche.ch): »Ein Raum der Stille erwartet die Besucher beim Kamin der früheren Sihl Papier-Fabrik. Kraftschöpfen für den Alltag, eine Kerze anzünden, ins Anliegenbuch schreiben, in einer Bibel lesen, ein Gebet tun. Diese Kapelle steht allen, unabhängig von der Religionszugehörigkeit, offen und kann diskret betreten und verlassen werden. Sie können auch ein Gespräch mit einer erfahrenen Seelsorgeperson führen.« 400 Millionen Schweizer Franken, so die Hoffnung der Investoren, soll die »kleinste Großstadt der Welt« jährlich einbringen.

Auch in den USA wächst die Einsicht, dass Shopping nicht nur aus Einkaufen besteht. Die so genannten »Neo-Villages« oder »Lifestyle-Center« sollen einen Gegentrend zu den hermetischen Einkaufszentren setzen. Der Desert Ridge

Marketplace in der Nähe von Phoenix oder das Ridge Hill Village Center in New York begrüßen die Shopper auf begrenztem Raum mit echten Straßen, echten Bürgersteigen, echten Cafés und Restaurants. Die meisten dieser Lifestyle-Zentren befinden sich in den Suburbs von Großstädten und sollen das Gefühl erzeugen, das in den entmischten Suburbs nicht vorhanden ist: Urbanität und Zentrierung. Im Grunde also moderne Marktplätze, die von Investoren wie reale Marktplätze gebaut wurden – mit dem Unterschied, dass nicht-kommerzielle Handlungen wie Straßentheater oder auch das Fotografieren strengstens verboten sind. Die Ratlosigkeit angesichts der amerikanischen Mall-Flaute führt dazu, dass Shopping-Mall-Betreiber einen öffentlichen Raum zur Verfügung stellen, der allerdings in Privatbesitz ist. Ein Paradoxon in der postmodernen Shopping-Landschaft: Das, was die Shopping-Malls in den fünfziger und sechziger Jahren zerstörten, nämlich eine urban zentrierte Handelsstruktur, versuchen sie mit den neuen Konzepten zu imitieren.

Malls wagen den U-Turn und reüssieren auch als Anziehungspunkte für konsumaffine Touristen. Das Ala Moana Center auf Hawaii wurde Ende der neunziger Jahre von einer vor sich hin dümpelnden Mall in einen Anziehungspunkt für Touristen verwandelt. Irgendwann begriffen die neuen Center-Manager, dass die Gäste (in der Regel Touristen) kaum für den täglichen Bedarf einkaufen wollten, dafür aber das besondere Geschenk suchten – und vor allem etwas erleben und schick essen gehen wollten. Investitionen in Höhe von 810 Millionen Dollar machten die ehemalige Mall wieder profitabel. Ähnliche Umnutzungen weg von der eindimensionalen Shopping-Mall glückten auch mit der Natick Mall in Massachusetts oder mit der Cottonwood Mall in Utah.

Götz Rehn: Moderner Konsum und Konsum der Veränderung

»Moderne Menschen können selbst entscheiden! Dementsprechend haben auch Alnatura-Kunden unterschiedliche Kaufmotive und sehr individuelle Erlebnisse. Wir wollen unseren Kunden die jeweils bestmöglichen Bio-Lebensmittel frisch und zum fairen Preis anbieten. Wir wollen unsere Kunden informieren und unsere Leistungen transparent machen. Wir freuen uns, wenn der Kunde erkennt, Alnatura ist Dienst am Kunden: Erst kommt der Mensch, dann der wirtschaftliche Erfolg! Sinnvolles im Wirtschaftsleben zu leisten, ist unser Ziel. Das wollen und das können wir nur für und mit unseren Kunden gemeinsam tun.

Schließlich wollen wir unsere Kunden dazu anregen, die Vielfalt nicht nur des Produkts, sondern auch der menschlichen Ausdrucksformen neu für sich zu entdecken. Das reicht vom Geschmackserlebnis bis zur Begegnung mit Kunstobjekten, von überraschenden Gedanken bis zu modernen Formen des Dialogs. Alnatura steht für einen Kulturimpuls, der sich in wirtschaftlichen Dimensionen ausdrückt. Wir wollen nicht verführen, sondern suchen die Partnerschaft auf Augenhöhe mit unseren Kunden genauso wie mit unseren Lieferanten und Bauern. Wir wollen nicht überreden, sondern evozieren, anregen und für eine neue Wirtschaftskultur begeistern.«

Götz Rehn, Gründer und CEO von Alnatura, »Entrepreneur des Jahres« 2005

1.6 Siegeszug des Internets

Wenn Shopping und Einkaufen seinen hergebrachten Ort verliert, dann liegt das zuallererst daran, dass das Internet in den vergangenen Jahren den entscheidenden Schritt von einem technoiden Männer-Spielzeug zur High-Touch-Inszenierung vollzogen hat. In den USA wurde im vergangenen Jahr mehr Geld im Internet mit Mode und Accessoires verdient als mit Informatik. Einem Bericht der *Absatzwirtschaft* zufolge wurden hier 2006 mit Hosen, Röcken, Anzügen und Schuhen 18,3 Milliarden Dollar umgesetzt. PCs, Drucker und Software erreichten hingegen nur 17,2 Milliarden Dollar. In Deutschland zeichnet sich dieser Mentalitätswandel ebenfalls ab: Wie aus einer IMAS-Untersuchung hervorgeht, wurden im Bereich Kleider und Accessoires die höchsten Zuwächse erzielt: Waren es 2005 noch 18 Prozent, die innerhalb von sechs Monaten diese Produkte im Netz nachfragten, waren es 2006 schon 26 Prozent. Ähnlich starke Zuwächse ließen sich bei Apothekenprodukten (von 9 auf 14 Prozent), Baby- und Kinderartikeln (von 5 auf 9 Prozent) und Haushaltsgeräten (von 2 auf 5 Prozent) erzielen.

Das Internet mutiert zum »Normalo-Medium«. Es entwickelt sich vom Gravitationszentrum des Geizes zur Pforte unserer neuen multilokalen Shopping-Lust. Ein Beleg dafür: Nextpractice hat in einer aktuellen Umfrage herausgefunden, dass die Geiz-ist-geil-Mentalität im Netz zu Ende geht.

- Knapp ein Drittel der Befragten nutzt das Internet nach wie vor als preisgünstige Einkaufsmöglichkeit.
- Eine sehr kleine Gruppe, die »High-Quality-Shopper«, konzentriert sich beim Interneteinkauf auf hochwertige Markenware.
- Und jetzt wird es interessant: Ein Viertel der von Nextpractice Befragten sieht sich als so genannter »virtueller Einkaufsbummler«, der das Internet zum ungestörten Einkauf nutzt. Diese User sind nicht besonders preissensitiv und kaufen deutlich häufiger als die anderen Gruppen online ein. Mit anderen Worten: Billig war gestern, E-Commerce wird zum digitalen Einkaufsbummel.

Dabei ist das Kaufpotenzial im E-Commerce längst noch nicht ausgeschöpft. Der BVDW rechnet in diesem Jahr mit einem E-Commerce-Umsatz in Höhe von 18 Milliarden Euro. Das Zukunftspotenzial schätzt der Internet-Verband auf 100 Milliarden Euro. Derzeit werden also nicht einmal zwanzig Prozent dessen erreicht, was künftig über E-Commerce verdient werden kann.

Das Internet ist normal geworden. Und das heißt: es ist selbstverständlicher Bestandteil unserer Shopping-Lust. Im Zuge dessen hat es bewirkt, dass sich ein stationärer Ramschladen zum flexiblen 24-Stunden-Kaufhaus mendeln konnte und dadurch in die schwarzen Zahlen zurückkehrte. Lange Zeit galt nämlich der amerikanische Retailer JCPenney als Ausgeburt der grauen Mitte. Irgendwie ist er das nach wie vor. Aber Penney hat das Multichanneling für sich entdeckt und perfektioniert. Dafür bietet der Retailer auf der Website wesentlich mehr Produkte an als im stationären Handel. Außerdem können die Kunden online bestellen und im Laden umtauschen. Spezialkataloge, die per E-Mail verschickt werden, funktionieren bestens. Penney gehört damit zu den erfolgreichsten Online-Verkäufern in der Branche. Sechs Prozent des Gesamtumsatzes von zwanzig Milliarden Dollar werden über das Netz generiert. Zum Vergleich: Sears mit vier Prozent und Wal-Mart mit einem Prozent rangieren deutlich hinter JCPenney (www.jcp.com).

1.7 Marktforschung in der Shopping-Welt von morgen

Blogs gelten als eines der Schlüsselmedien der Zukunft: Jeder halbwegs versierte Internetnutzer kann einen Blog starten. Kein Wunder also, dass es derzeit weltweit bereits über 50 Millionen Blogs gibt und jeden Tag kommen rund 175.000 neue hinzu. 90 Prozent der Blogs kommen aus den USA, und immer mehr Amerikaner greifen darin eines ihrer Lieblingsthemen auf: Konsumgüter. Produkte jeglicher Art werden in den Konsumenten-Blogs schonungslos kritisiert oder auch schon mal weiter empfohlen: Teenager lassen sich gern über Fernsehserien, Handys und Computerspiele aus. Techno-Geeks kritisieren die neuesten Laptops, und Hausfrauen warnen vor untauglichen Dosenöffnern oder ungenießbarem Apfelbrei.

Für die Marketingforscher stellen diese »Online-Tiraden« eine wertvolle Informationsquelle über ihre Produkte dar. Doch weil auch eine ganze Stabsabteilung von Praktikanten mit dem Lesen von 24 Millionen Blogs überfordert wäre, stellen sich jetzt einige Suchmaschinen als Blog-Spys für die tägliche Auswertung auf.

Das Ende der klassischen Marktforschung naht

Blog-Monitoring: Umbria, BuzzMetrics, Intelliseek und andere verwandeln die Web-Tagebücher in authentische Feedbacks. Viele US-Presseberichte loben vor allem den Suchdienst Umbria (www.umbrialistens.com), weil er neben anderen Anbietern wie BuzzMetrics (www.buzzmetrics.com), Web-Fountain (www.almaden.ibm.com/webfountain) oder Intelliseek (www.intelliseek.com) nicht nur effektiv, sondern auch günstig ist. Für rund 60.000 Dollar jährlich bekommen Unternehmen wie der Telefonkonzern Sprint, Gaming-Spezialist Electronic Arts oder auch der deutsche Software-Gigant SAP detaillierte Informationen, wie ihre Produkte und Services von einer onlineversierten Öffentlichkeit aufgenommen werden. Auch der Effekt von Werbekampagnen oder das Image der Konkurrenten werden auf diese Weise bereits regelmäßig analysiert. Die Vorteile von Blog-Spying liegen auf der Hand:

- Blog-Spying liefert authentischere Ergebnisse, weil es seine Erkenntnisse aus der Realität, nicht aus arrangierten Befragungssituationen gewinnt.
- Blog-Spying macht Konkurrenzbeobachtung und eine neue Bewertung von Werbekampagnen möglich.
- Blog-Spying ist (noch) günstiger als klassische Marktforschung.

Ein paar Erfolgsgeschichten hierzu. Sie beziehen sich nicht alle direkt auf Shopping-Szenarien und sind Erfolgsstorys der Firma Umbria. Was sie auf beeindruckende Weise zeigen, ist, unter welchen veränderten Bedingungen Kunden heute agieren und angesprochen werden müssen:

Ein Telefonie-Anbieter findet durch Blog-Monitoring einen neuen strategischen Ansatz. Mit Hilfe der Blogs wurde zum Beispiel etlichen Telefonie-Anbietern klar, wie besorgt viele Teenager über ihren Handy-Service sind. Da wird über die beschränkte Anzahl der Telefonminuten geklagt, die in den Verträgen ihrer Eltern vorgesehen sind, und dass sie am Ende des Monats ihr Handy abschalten müssen, um nicht für die überzogenen Minuten zahlen zu müssen. Ein Unternehmen, US Cellular, baute daraufhin seine Angebote um und schaltete umgehend diverse TV-Spots mit der Message, dass die Minuten der eingehenden Telefonate nicht mehr berechnet würden, was in der Blog-Community mit Beifall verzeichnet wurde.

Ein Süßwarenhersteller sprang in letzter Minute nicht auf den Diät-Hype auf. Ein anderes Unternehmen, das erfolgreich mit Umbria zusammenarbeitete, war ein ungenannter Süßwarenhersteller, der ein neues Produkt mit wenig Kohlenhydraten auf den Markt bringen wollte. Die Idee war eine Reaktion auf den allgemeinen Hype in der Bevölkerung, Diäten mit wenig Kohlenhydraten auszuprobieren, wie etwa die Atkins-Diät oder die South Beach Diet. Doch weil in den USA alle Jahre wieder eine neue Wunder-Schlankheitskur die Runde macht, wollte der Hersteller herausfinden, ob Atkins & Co. überhaupt noch »in« seien. Das Ergebnis war negativ: Weil inzwischen mehr Blogger darüber klagen als schwärmen, wurde das Produkt nicht weiter ausgebaut und am Ende eingestellt.

Ein Smart-Phone-Hersteller entschloss sich dank Blog-Monitoring zu geschlechtsspezifischen Produktvariationen. Auch ein Hersteller von Kommunikationsgeräten profitierte von der neuen Methode. Eingeführt werden sollte ein neues »Smart Phone«, eine Kombination aus Handy und Palm Pilot. Die Analyse ergab, dass viele Frauen über 40 diese Kombination bevorzugen und sich darüber hinaus weitere Audio-Möglichkeiten wünschten, während sich Männer gleichen Alters mehr für die Kapazitäten der Datenübertragung interessierten. Das Unternehmen bot daraufhin mehrere Modelle an und startete eine Marketingkampagne für beide Zielgruppen.

2

Shopping-Trends von morgen

2.1 Trend 1: Spaces of Identity

Einkaufen hat in Zukunft in erster Linie mit der Suche nach Identität zu tun, mit persönlichen Wünschen und Zielen. Das viel beschworene Einkaufserlebnis muss sich einordnen lassen in das große Ganze eines Lebensentwurfs, eines Lebensstils. Einkaufen wird zum Teil einer Konzeptwelt der bewussten Konsumenten: bunt, anspruchsvoll, hedonistisch, aber auch von Werten und Prinzipien durchwirkt. Die Shopping-Räume der Zukunft sind Wohlfühlräume, konkrete Utopien, auch wenn man sie nur ein, zwei Mal pro Woche zum Einkaufen betritt.

In diesen neuen Räumen funktioniert Kommunikation anders: Die Kundenansprache in den Spaces of Identity ist weniger werbig, Interaktion geht vor Transaktion. Man trifft sich nicht zum Wareneinkauf, sondern man sucht einen Lebensraum auf, in dem sich auch andere »Afficionados« aufhalten. Handel, Konsum, Genuss, Kommunikation und Information treffen hier zusammen und verleihen diesem Ort erst seine Besonderheit. Kaufen ist nicht zur Nebensache geworden, aber der Konsum ist selbstverständlicher Bestandteil eines ganzheitlichen Lebensentwurfs.

Die Konsumenten der Zukunft verlangen passgenaue Antworten auf aktuelle Lebenssituationen, Lebenslagen werden im Shopping immer wichtiger. Spaces of Identity heißt deshalb auch: sich angesprochen und wahrgenommen fühlen. Spaces of Identity sind darüber hinaus »konkrete Utopien«: Der besondere Laden, die achtsame Kundenansprache wird von den bewussten Konsumenten besonders geschätzt und garantiert eine nachhaltige Beziehungskultur.

Spaces of Identity impliziert im Grunde dann auch nichts Geringeres als die Rückeroberung des urbanen Raums. Bewusste Konsumenten sind keine Konsumaussteiger, sie sehnen sich nach urbanen Zentren, in denen sich Handel und Shopping nach den individuellen Bedürfnissen der Menschen richten. Was sie strikt ablehnen, ist der Shopping-Mall-Autismus, wie er den Einkauf auf den Massenmärkten in der zweiten Hälfte des 20. Jahrhunderts kennzeichnete.

Durch den Shopping-Trend Spaces of Identity erfährt außerdem das Prinzip Convenience in den nächsten Jahren eine Neubewertung. Convenience ist nicht mehr nur ein Fremdwort für Lebensmittel in Dosen. Convenience 2.0 ist eine neu verstandene Form von Nahversorgung, ein Vertrautheits-Markt für das 21. Jahrhundert. Die Convenience-Stores von morgen begreifen sich als Dienstleister, sie bieten in erster Linie Unterstützungsdienstleistungen an: Nähe, Einfachheit, Überschaubarkeit, authentische Kommunikation.

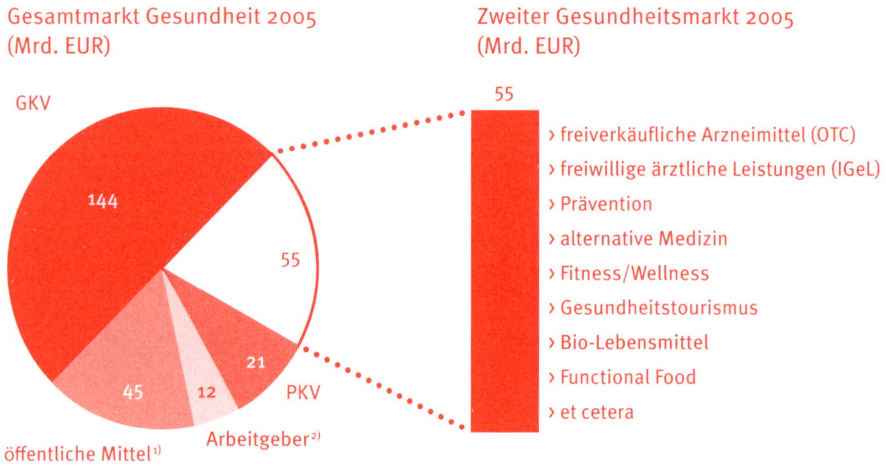

[1)] Zuschüsse aus anderen Versicherungssystemen (Rente, Arbeit) und öffentlichen Haushalten
[2)] Lohnfortzahlung bei Krankheitsfall

Abbildung 8: Konsummarkt Gesundheit: Schon heute umfasst der Gesundheitsmarkt rund 280 Milliarden Euro pro Jahr (Quelle: Statistisches Bundesamt, Roland Berger)

Convenience 1.0	*Convenience 2.0*
Zeit sparen industriell massenhafte Verfügbarkeit niedriger Preis Standard schnell	nachbarschaftlich authentisch zeit- und ortsunabhängig persönlich Qualität gesund
Supermarkt	Tante Emma Internet Supermarkt Out of Home

Abbildung 9: Convenience 2.0: Wiedergeburt von Tante Emma

Welche gesellschaftlichen Hintergründe den Shopping-Trend Spaces of Identity stützen

Man traute seinen Augen nicht. Auf dem Cover der schicken und zeitgeistsicheren Modefachzeitschrift *Textilwirtschaft* prangte im Frühjahr 2007 ein junger Mann. Sein Outfit: Lange Haare, Fusselbart, Wollsocken und Jesussandalen an den Füßen, Palästinensertuch um den Hals, kragenloses Hemd und ausgewaschene Jeans. Erleben wir gerade die Rückkehr der »Müslis«, der »Alternativen«? Ist Schmuddel und Schlabber wieder chic? Der Aufmacher der *Textilwirtschaft* ist eine bewusste Übertreibung, erklärt den Trend allerdings auch nicht richtig. Denn die Aufregungen um den Klimawandel und die große Aufmerksamkeit für den Lifestyle of Health and Sustainability (LOHAS) hat folgende Tatsache etwas in den Hintergrund gedrängt: Wir werden zukünftig nicht alle zu Neo-Ökos. Aber die Themen Nachhaltigkeit, Verantwortung und individuelles Wohlfühlen werden die Shopping-Märkte in den nächsten zehn bis zwanzig Jahren nachdrücklich umgestalten.

Heinz Pfeiffer: Bewusster Konsum und die Wohlfühlgesellschaft
Der Trend zum so genannten »ethischen Konsum« und die steigende Anzahl der »LOHAS« (Lifestyle of Health an Sustainability) zeigt jedoch deutlich, dass die Menschen intensiver über ihren Konsum nachdenken und Konsumentscheidungen zusehends stärker von Faktoren wie Nachhaltigkeit, Fairness gegenüber Produzenten und ökologischen Aspekten beeinflusst werden. Dies sind Anzeichen dafür, dass wir uns aus Sicht des Konsums in der Tat auf dem Weg in eine Wohlfühlgesellschaft befinden.
Heinz Pfeiffer, Head of Corporate Development, Metro Group

In den neunziger Jahren hat das Silizium die Computer- und Internet-Revolution eingeleitet. Und zu Beginn des 21. Jahrhunderts ist Silizium wieder die Schlüsselmetapher. Dieses Mal für die grüne Revolution mit den alternativen Energien – und eben für einen neuen und bewussteren Lebensstil. Laut einer Studie des Bundesumweltministeriums werden bereits im Jahr 2020 die Umsätze mit Umwelttechnologien diejenigen im Fahrzeugbau und der Automobilindustrie übertreffen. Grüne Technologie wird dann Deutschlands Schlüsselmarkt sein. Bis ins Jahr 2030, so die Schätzung, werden mit Umwelttechnologie 1.000 Milliarden, beziehungsweise 1 Billion Euro erwirtschaftet, mit Fahrzeugbau gerade einmal 570 Milliarden Euro. Bis dahin werden sich auch die meisten Konsummärkte in grüne Märkte verwandelt haben.

Die weltweite Wirtschaft entwickelt sich bis ins Jahr 2020 zu einer Verantwortungsökonomie. Unternehmen definieren sich nicht mehr nur über die Erarbeitung maximaler Profite, was noch bis vor kurzem die einzige gesellschaftliche Verantwortung des Business ausmachte. Die Firmen der Zukunft werden von den Konsumenten an sozialer und ökologischer Verantwortung gemessen. Eine Schlüsselindustrie wie die Automobilbranche stößt endgültig an die Grenzen des Wachstums, obwohl Mobilität in der Wirtschaft von morgen noch einmal an Bedeutung gewinnt. Doch erstmals in der Geschichte der Automobilität sind wir mit stagnierenden Abverkäufen konfrontiert. Fest steht schon jetzt: Wir werden langfristig keine neuen Rekordzahlen bei den Neuwagenverkäufen mehr erleben.

Der Präsident des Zentralverbands Deutsches Kraftfahrzeuggewerbe (ZDK), Robert Rademacher, beziffert den künftigen Bedarf in Deutschland auf nur noch rund 3 Millionen Wagen pro Jahr – die Autoindustrie konnte bislang von etwa 3,5 Millionen Wagen pro Jahr ausgehen. Verantwortung für Umwelt und Klima wird sich jedoch zumindest mittelfristig nicht auf die Entscheidungen beim Autokauf auswirken. Nehmen wir nur das Beispiel des Toyota Prius: Gegenüber dem Juli des Jahres 2006 hat das Hybridfahrzeug in diesem Jahr zwar einen Zuwachs bei den Erstzulassungen von 36 Prozent zu verzeichnen, wird seine amerikanische Erfolgsgeschichte hierzulande jedoch nicht wiederholen. Mit einem Marktanteil in der Kompaktklasse von 0,5 Prozent liegt das ökoschicke Modell weit hinter VW-Golf (25,1 Prozent), Opel Astra (9,5 Prozent) oder Ford Focus (8,1 Prozent) – etwa auf gleicher Höhe mit diversen Mazda- und Hyundai-Modellen und dem Alfa 147 G (0,5 Prozent).

Welche Wünsche hinter dem Shopping-Trend Spaces of Identity liegen

Für die bewussten Konsumenten ist Shopping in der Zukunft ein selbstverständlicher Bestandteil ihrer Lebenswelt. Das klingt banal, hat für die Anbieterseite jedoch weitreichende Konsequenzen. Denn so wie sich die bewussten Konsumenten in ihrer Lebenswelt zwischen Kita und Karriere, Job und Privatleben einrichten, so möchten sie auch in der Konsumwelt angesprochen werden: respektvoll, ohne billige Tricks und authentisch. Mit anderen Worten: Mehr denn je suchen die Konsumenten im Shopping-Erlebnis nach ihrer eigenen Identität und nach Handlungsautonomie. Shopping soll intensiver denn je die eigene Befindlichkeit und Identität spiegeln (»Ich möchte mich in den Produkten, die ich kaufe, wieder finden, ich drücke mich über diese Produkte aus.«). Die bewussten Konsumenten kaufen mit Lust, gerne auch impulsgesteuert. Sie verkörpern darüber hinaus eine neue Anspruchselite, denn sie verlangen vom Handel Erlebnisse, Individualität und Convenience. Als »Gegenleistung« lassen sie sich gerne auf eine langfristige Beziehung mit Unternehmen und Marken ein.

Aber Vorsicht! Bewusste Konsumenten sind keine wild entschlossenen Selbsterzeuger oder gar Konsumverweigerer. Weder gehen sie ausschließlich in Reformhäuser, noch tummeln sie sich stundenlang auf Wochenmärkten. Sie sind zweifellos treue Anhänger des sinnlich-kommunikativen Klein- und Innenstadt-

Shopping, lassen sich aber auch immer mehr von einer »neogrünen Konsum-Logistik« begeistern, die im Internet und via Web 2.0 stattfindet. Bewusste Konsumenten gehen mit sich und ihrer Umwelt achtsamer um. Sie wollen Erfahrungen machen und Veränderungen zulassen, statt in Routine-Handlungen zu erstarren.

Welche politischen Prozesse die Sehnsucht nach Spaces of Identity wecken

Menschen müssen in immer kürzerer Zeit immer mehr Entscheidungen treffen. Die bewussten Konsumenten möchten nicht mehr nach den Vorgaben von Gesellschaft, Staat und Kirche leben und sind in immer mehr Lebensbereichen auf sich selbst zurückgeworfen. Institutionen haben für ihre individuellen Bedürfnisse immer seltener die richtigen Lösungen parat. Sie suchen zur Orientierung bei Kaufentscheidungen und anderen Entscheidungsprozessen immer häufiger den Rat in den Peergroups und in (Internet-)Communitys.

Empirische Belege für diesen Trend gibt es zuhauf. Meinungsführer in den USA, Kanada, Großbritannien, Frankreich, Deutschland, Brasilien, China und Japan misstrauen Regierung, Wirtschaft und Medien – und setzen mehr auf persönliche Informationsquellen und individuelle Netzwerke, um Entscheidungsgrundlagen zu schaffen. Das sechste Edelman Trust-Barometer (2005) fand heraus, dass »Menschen wie du und ich« als Empfehler einen starken Glaubwürdigkeitszuwachs verzeichnen, sowohl in den USA (von 22 Prozent im Januar 2003 auf 56 Prozent im Januar 2005) als auch in Europa (von 33 Prozent im Januar 2003 auf 53 Prozent im Januar 2005).

Laut einer Forsa-Umfrage vom März 2006 haben vor allem Politiker an Vertrauen seitens der Wähler eingebüßt. 36 Prozent der repräsentativ befragten Deutschen sagten, der Vertrauensverlust in die Politik sei »sehr groß«, 43 Prozent sagten »groß« und nur 19 Prozent registrierten einen »weniger großen« Vertrauensverlust. 88 Prozent aller Deutschen empfinden einen erhöhten Vertrauensverlust jedoch nicht nur gegenüber der Politik, sondern auch gegenüber anderen Institutionen und Leistungsträgern. Dies trifft vor allem für die Manager in der Wirtschaft zu, bei denen 76 Prozent aller Bürger einen Vertrauensverlust konstatieren, 38 Prozent sehen deutliche Vertrauensverluste bei Spitzenbeamten.

Mit welcher Marketingstrategie die bewussten Konsumenten zu erreichen sind

Bewusste Konsumenten lassen sich gerne von rationalen Informationen leiten, verhalten sich ansonsten aber eher medienskeptisch. Zumindest dringen die

Botschaften der Massenmedien nur schwer zu ihnen durch. Sie vertrauen auf Erfahrungen aus erster Hand, sind entschiedene Anhänger des Face-to-Face-Kontakts mit Freunden, Bekannten, Arbeitskollegen – aber auch mit dem Händler, der Kassiererin et cetera. Mundpropaganda ist ein alt-neues Medium, mit dem sich bewusste Konsumenten erreichen lassen. Werbe- und Markenartikelindustrie reagieren darauf.

Roper Report hat in einer weltweiten Umfrage herausgefunden, dass Mundpropaganda bei den Konsumenten in den letzten dreißig Jahren enorm an Bedeutung dazugewonnen hat: 1977 waren es immerhin schon 67 Prozent, die angaben, dass Mundpropaganda als Informations- und Inspirationsquelle wichtig gewesen sei. Nur 53 Prozent schätzten Werbung als gleich wichtig ein. Dreißig Jahre später meinten bereits 92 Prozent, dass Mundpropaganda wichtig bei Konsumentscheidungen gewesen sei, und nur noch 50 Prozent bestätigten das für herkömmliche Werbung.

Die bewussten Konsumenten sehnen sich nach einer neuen Unmittelbarkeit im Marketing. Und die Digitalisierung der Medien steht dem nicht im Wege, ganz im Gegenteil. Sie hat zur Individualisierung der Kommunikation beigetragen. Mundpropaganda hat durch das Web 2.0 in den vergangenen Jahren einen beispiellosen Hype erfahren. Die bewussten Konsumenten sind auf den Trend aufgesprungen, weil sie gemerkt haben, dass sich auf diesem Wege Individualität und eine kritisch-bewusste Haltung leben lässt. Den bewussten Konsumenten geht es in der Shopping-Zukunft vor allem um zweierlei: Individualität (Autonomie) und Verantwortung.

Wichtige Trends und Megatrends, die Spaces of Identity formen

In den nächsten gut zehn Jahren erleben wir eine neue Bündelung von Trends und Megatrends. Neo-Ökologie spielt dabei die zentrale Rolle:

Der Megatrend Neo-Ökologie wird bis dahin die meisten Branchen und Märkte transferiert haben. Ökologie und nachhaltige Produktion sind Grundvoraussetzungen, die vom Kunden in den Shopping-Welten von morgen mit Selbstverständlichkeit eingefordert werden. Unser Shopping-Verhalten wird sich unter dem Eindruck des Megatrends Neo-Ökologie schon bald deutlich verändern. Hierzu einige Zahlen:

- Wie eine OECD-Studie zeigt, könnte Internet-Retailing den Neubau von 12,5 Prozent an weltweiter Handelsfläche kompensieren, ganz abgesehen von zusätzlichen Kosten für Energie, Baumaterialien et cetera.
- E-Commerce könnte schon bald dazu führen, dass 40 bis 90 Prozent weniger Benzin in Haushalten für den Einkauf verbraucht wird.
- Eine Untersuchung von Ernst & Young kommt zu der Einschätzung, dass durch den Internethandel 25 bis 35 Prozent an Lagerkosten eingespart

werden können. Berechnungen von IBM gehen sogar noch weiter und sprechen von einer Reduzierung der Lagerkosten um die Hälfte.

- Untersuchungen aus Großbritannien kommen zu dem Ergebnis, dass sich der Benzinverbrauch um 75 bis 95 Prozent reduzieren ließe, wenn Lebensmitteleinkäufe beziehungsweise Fahrten zu Restaurants durch Home-Delivery-Services ersetzt werden würden (aber wer möchte immer nur zu Hause essen?).

Zu Neo-Ökologie gesellt sich der ebenso drängende Wunsch der Konsumenten nach Individualisierung. Und zwar nicht nur nach Schein-Individualisierung. Bislang wurden die Individualisierungswünsche der Menschen von Handel und Industrie mit einer hektischen Diversifizierung der Produktpalette beantwortet. Die Kunden der Zukunft suchen jedoch Produkte, die für sie »wirklich wichtig« sind und ihnen im komplizierten Alltag zur Seite stehen beziehungsweise den Lebensgenuss erhöhen helfen.

Pleasure-Markets stellen das Individuum und seine Suche nach genussvoller Balance und Lebensqualität in den Mittelpunkt: Der zentrale Luxus-Trend lautet, Lebensqualität zu ermöglichen, statt antiquierte Distinktionsversprechen (Status, Prestige) zu verkaufen.

Glokalisierung ist ein Schlüsselbegriff für diesen Shopping-Trend. Die Mehrheit der Bevölkerung verfügt über alle Konsumkanäle, vom Zeitungskiosk um die Ecke bis zum Breitbandinternetzugang im Arbeitszimmer. Was die bewussten Konsumenten der Zukunft suchen, das ist Nähe, Vertrautheit und Identität beim Einkauf (und natürlich nicht nur dort).

Gesundheit: Die bewussten Konsumenten sind typische und begeisterte Kunden auf dem Zweiten Gesundheitsmarkt. Roland Berger hat in einer aktuellen Studie zum Zweiten Gesundheitsmarkt herausgefunden, dass sich hier nicht nur die Besserverdienenden tummeln. Gesundheit ist für die bewussten Konsumenten das zentrale Kaufargument.

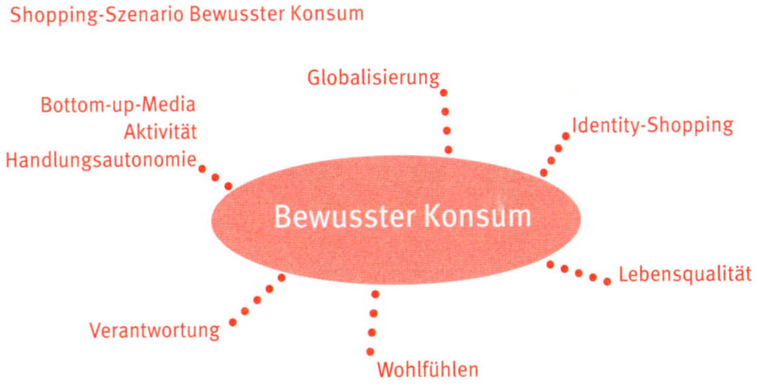

Abbildung 10: Shopping-Trend: Bewusster Konsum

Was die bewussten Konsumenten an den Spaces of Identity fasziniert

Die bewussten Konsumenten sind angetrieben von einer großen Sehnsucht nach Einfachheit und Ursprünglichkeit. Sie möchten sich auf das Wesentliche konzentrieren können, denn die Welt ist schon kompliziert genug, deshalb bitte keinen Markenschnickschnack! Sie haben beispielsweise mit Überzeugung den Designwandel bei Jack Wolfskin mitvollzogen: Outdoor wird schick und dringt als Dresscode auch in den Arbeitsalltag vor.

- Bewusster Konsum heißt: verantwortungsvoller Konsum im Sinne der Umwelt und des persönlichen und gesellschaftlichen Umfelds.
- Bewusster Konsum heißt aber auch: »Ich frage mich bewusst, was mir wichtig ist, was ich wirklich möchte und brauche.«
- Bewusster Konsum ist deshalb weder ausschließlich rational noch ausschließlich emotional. Bewusster Konsum ist eine von den Konsumenten bewusst gewählte Entscheidung und eine Werthaltung. Diese Werthaltung bestimmt auch in anderen Lebensbereichen (jenseits des Konsums) ihr Handeln.
- Bewusster Konsum hat ein klares immaterielles Ziel: Mehr Lebensqualität, Wohlfühlen statt Wohlstandsmehrung, persönliche Weiterentwicklung statt Statusgewinn.

Götz Werner: Die vierte Dimension des Marketings und der selbstverantwortliche Kunde

Ende der achtziger Jahre haben wir gesagt: Wir müssen unser Marketing verändern. Wir müssen ein Marketing machen, wo wir etwas anderes ansprechen als die Frage: »Was kann ich mir leisten?« Bisher haben sich die Kunden immer gefragt: Bekomme ich die richtige Ware zum richtigen Ort, zum richtigen Preis? Das waren lange Zeit der Menschheitsgeschichte die drei Dimensionen des Marketings. Wer das für den Kunden geleistet hat, das war dem Kunden eigentlich völlig egal. In den neunziger Jahren haben wir dann für unser Marketing die vierte Dimension hinzugefügt. Irgendwann hat der Kunde nämlich zu fragen begonnen: Wer verkauft mir denn die Ware, wen unterstütze ich dadurch, dass ich ausgerechnet dort kaufe, was übernehme ich für eine Mitverantwortung, wenn ich gerade diese Ware dort kaufe? Weitere Fragen kamen hinzu: Wie gehen die, die mir die Ware verkaufen, eigentlich mit mir um? Wie gehen die im Unternehmen eigentlich miteinander um? An diesem Punkt, Anfang der neunziger Jahre, haben wir dann auch mit einer konsequenten PR angefangen. Bis dahin galt in der Wirtschaft die Devise des schwäbischen Kaufmanns: »Wir sagen nix!« Wir haben für uns erkannt, dass der Kunde ein Recht darauf hat, dass wir ihm mitteilen, wer wir sind. Wichtig ist, dass wir weiterhin darauf bedacht sind, dass wir möglichst viel Zahncreme verkaufen. Doch wir haben für uns darüber hinaus beschlossen, dass wir ein Unternehmen sind, das sich bewusst der Gesellschaft stellt.

Götz Werner, Gründer und CEO Dm-Drogeriemarkt

Vertrautheit und Nähe als Leitwährungen in der Shopping-Welt von morgen

Spaces of Identity, das heißt, dass wir beim Shopping in Zukunft vor allem nach Vertrautheit, Authentizität, aber auch nach Einfachheit und vor allen Dingen nach maximaler Aufmerksamkeit für uns selbst suchen. Die bewussten Konsumenten sind eine Schlüsselzielgruppe, die in den nächsten Jahren den Konsum und speziell den Lebensmittelkonsum auf neue Füße stellen wird. Wo die Tagesabläufe immer komplizierter werden, Familienstrukturen sich dramatisch verändern, müssen gerade die Handelsriesen umdenken. Mehr Nähe zu den Konsumenten, zu ihren neuen und situativen Bedürfnissen ist gefragt. Neue Nähe aber auch deshalb, weil die Leute in ihrem unmittelbaren Lebensumfeld mehr höherwertige Versorgung nachfragen.

Bis vor kurzem haben wir unter Convenience eine Produktkategorie verstanden, die schlicht und einfach den Akt des Kochens erspart und bei in der Regel minderer Qualität in erster Linie Zeit sparen hilft. Convenience 2.0 definiert sich viel stärker über Lebensstil-Attribute wie Vertrautheit, Nähe zum Lebensmittelpunkt, überschaubares Angebot, hohe Qualität. Die bewussten Konsumenten werden künftig eine der Kernzielgruppen sein, für die Convenience 2.0 interessant ist. Sie verlangen von dem Laden ums Eck nicht zuerst Fertigprodukte, sondern einfache Erreichbarkeit, angenehmes Einkaufsgefühl – aber vor allem gleich bleibende Qualität, am besten zu jeder Tages- und Nachtzeit. Und natürlich sollte auch der Preis stimmen, man möchte sich schließlich vom Convenience-2.0-Händler nicht über den Tisch ziehen lassen.

Schauen wir kurz hinüber zu unseren europäischen Nachbarn. Hier konnten wir die ersten Veränderungen bereits in den Jahren 2004 und 2005 beobachten. Hier entstehen Spaces of Identity aus unterschiedlichen Richtungen, als Neuorientierung eines Retail-Riesen wie Galeries Lafayette und als Verschmelzung von Kleinhandel und Highend-Gastronomie:

- Frankreich – Handelsriesen reüssieren mit Smart-is-beautiful-Konzepten: Die neuen Mikro-Märkte des Retail-Riesen Groupe Galeries Lafayette, »Daily Monop« genannt, sind zweckmäßig von neun Uhr morgens bis Mitternacht geöffnet und nur 300 Quadratmeter groß – ein traditioneller Monoprix verkauft auf 2.000 Quadratmeter Ladenfläche. Das Sortiment ist bewusst auf frisches Gemüse, Obst und Sandwiches ausgerichtet. Außerdem gibt es warme Mahlzeiten als Take-aways oder zum Verzehr vor Ort. Eine der besonders gelungenen Design-Innovationen ist das helle, freundliche Self-Service-Bistro, in dem Mikrowellen zum Erhitzen der Gerichte sowie schicke Sitzgelegenheiten bereit stehen. Der Wochen- beziehungsweise Straßenmarkt, eine der größten Pariser Institutionen – auch er geht neuerdings auf die veränderten Bedürfnisse der Stadtbewohner ein. Musste man früher zeitig aufstehen, um dort einzukaufen, haben heute einige bis 20 Uhr am Abend geöffnet. Und das verschafft den Parisern nicht nur verbesserte Einkaufsmöglichkeiten. Das Einkaufen auf der Straße in der Abenddämmerung ist eine ganz neue soziale und atmosphärische Erfahrung.

- Großbritannien – die neue Dimension des Gourmet-Shopping: In London hat sich bereits eine neue Kultur von Delikatess-Tante-Emma-Läden etabliert, die genau die Bedürfnisse moderner »Time-poor-Money-rich«-Frauen wie -Männer ansprechen: nämlich trotz notorischen Zeitmangels etwas Leckeres und Gesundes essen zu wollen. »The Grocer on Elgin« ist ein Paradebeispiel eines solchen Feinkost-Tante-Emma-Ladens. Seit es »The Grocer« gibt, hat der Laden nur die besten Kritiken bekommen. So schrieb eine Kritikerin der *Sunday Times*: »Ich bin von vorne bis hinten begeistert von ›The Grocer‹. Es dauert zwei Minuten, bis das Essen in der Mikrowelle heiß ist – aber es schmeckt, als hätte ich dafür einen ganzen Tag am Herd gestanden.« Und während die Qualität und die Convenience des Essens allerorten gepriesen werden, sind es zweifellos das Design des Ladens und seine Verpackungen, die den Erfolg begründen. Da gibt es beispielsweise »vakuumverpacktes Gemüse, das es verdiente, im Kunstmuseum präsentiert zu werden«, so das britische *Food-and-Travel-Magazine*. Zum hochwertigen Essen gibt es edlen Rotwein in handlichen Flaschen (praktisch für Singles) sowie die geschmackvoll designten Flaschen eines Naturbrunnenwassers von den Fidschi-Inseln.

Das Zukunftsinstitut hat in seinem *Zukunftsletter* bereits im Jahr 2005 über die Wiederkehr von Tante Emma berichtet. Mittlerweile ist klar, dass nachbarschaftliches Shopping, Spaces of Identity, unsere Einkaufswelten schon in nächster Zeit verändern wird. Das gute alte Prinzip der Nahversorgung und des nachbarschaftlichen Konsums hat Zukunft. Jüngst hat die McKinsey-Unternehmensberatung eine große Untersuchung zu diesem Phänomen vorgelegt. An der McKinsey-Befragung nahmen mehr als 9.000 Verbraucher aus Frankreich, Großbritannien, Italien, Polen und der Schweiz teil. In Deutschland wurden 1.900 Konsumenten befragt. Klarer Sieger auf dem neuen Terrain Convenience 2.0 ist Aldi. Die zentralen Argumente dafür: Aldi verkauft nicht nur Zeitspar-Produkte, sondern bietet seinen Kunden hohe Qualität, was vor allem schnelle Erreichbarkeit der Läden, schnelles Auffinden von Produkten angeht. Edeka hat unter den Supermärkten am besten abgeschnitten. Die Edeka-Läden, aber auch andere Anbieter favorisieren schon seit längerem einen neuen Mix aus lokalen Produkten, guter Erreichbarkeit, hoher Qualität und Übersichtlichkeit. Beispiele hierfür:

Eine aktuelle Untersuchung von A. T. Kearney prognostiziert sogar einen Verlust von acht Millionen Kunden, der bis zum Jahr 2020 drohe, wenn der klassische Lebensmitteleinzelhandel sich weiterhin innovationsresistent zeige und nicht auf neue Bedürfnisse wie zum Beispiel Nachbarschaftsläden eingehe. Die Berater errechneten einen finanziellen Verlust von rund 18 Milliarden Euro. Auch in Deutschland beginnt sich die Handelslandschaft, besonders der Lebensmitteleinzelhandel, an diesem Trend zu orientieren. Shopping stellt Vertrautheit und Nähe zu den Konsumenten her und bietet sich als treuer Alltagsassistent an. Einkaufen in den Spaces of Identity wird in Zukunft so oder ähnlich aussehen:

- Tegut ist mit City-Märkten (500 bis 600 Quadratmeter) in der Rhein-Main-Region äußerst erfolgreich. Unter den 7.500 Artikeln befinden sich 1.200 Bio-Produkte. Fleisch, Käse und Backwaren gibt es ausschließlich in Selbstbedienung. Jahresumsatz: rund vier Millionen Euro, vorgefertigte Produkte spielen eine zentrale Rolle.
- Kaiser's Tengelmann plant ein Format für rund 300 Quadratmeter und möchte an Verkehrsknotenpunkten vor allem mit Frischeprodukten und Convenience die zeitgestresste Laufkundschaft erreichen. Insgesamt zwölf Läden in bundesdeutschen Metropolen werden an den Start geschickt.
- Mit dem »Mein-Laden-Konzept« setzt Edeka auf kleine Flächen (300 bis 400 Quadratmeter), ohne Tiernahrung, Babyartikel und Drogeriewaren, dafür jedoch mit den Top 100 der Markenartikel und einem Frischeanteil von fünfzig Prozent.
- Convenience 2.0 funktioniert jedoch auch auf dem flachen Lande. Jörg Hieber betreibt acht Edeka-Läden (1.000 bis 4.000 Quadratmeter) und setzt neuerdings ebenfalls auf reduzierte Fläche. 500 Quadratmeter ist der Laden groß, den er seit 2005 im badischen Grenzach-Whylen betreibt. Wurst und Käse gibt es nur in Selbstbedienung, für frische Backwaren und Obst kommen jedoch viele Kunden täglich. Hieber hat 2006 die Grenze von 2,5 Millionen Euro Jahresumsatz überschritten.

(Quelle: *Lebensmittelzeitung-Spezial:* Shop-Konzepte, März 2007)

Convenience 1.0	*Convenience 2.0*
Zeit sparen industriell massenhafte Verfügbarkeit niedriger Preis Standard schnell	nachbarschaftlich authentisch zeit- und ortsunabhängig persönlich Qualität gesund
Supermarkt	Tante Emma Internet Supermarkt Out of Home

Abbildung 11: Convenience 2.0: neue Convenience-Konzepte für individuellere Lebensstile

Orte: Wo das Shopping der Zukunft stattfindet

Shopping-Malls waren eine hermetische Welt des Konsumierens, organisiert für die bürgerliche Mittelstandsfamilie der zweiten Hälfte des 20. Jahrhunderts. Wenig Individualität, Shopping primär als Warenverkauf, Teilhabe am massenhaften Wohlstand und Mangelbeseitigung. Die bewussten Konsumenten möchten sich, wenn sie einen Supermarkt betreten, in einer Welt bewegen, die ihnen Entlastung vom nervösen Alltag, Entschleunigung und sinnliches Erleben bietet.

Bewusste Konsumenten sind höchst anspruchsvolle Kunden. Sie verlangen von ihrem Einkaufserlebnis mithin das Eintauchen in eine andere Welt: »Shopping (sei es in der Boutique, im Supermarkt oder im Einkaufszentrum) gibt mir Gelegenheit, etwas Gutes für mich und meine Familie zu tun.« Stimulierende Kommunikation und ausführliche Produktinformationen sind dabei ebenso wichtig wie das Gefühl, für einen Moment ganz auf die eigenen Wünsche und Bedürfnisse hören zu können.

Während der Alltag für jeden von uns chaotisch, komplex, zeitknapp, ritualisiert und nach festgelegten Protokollen verläuft, soll Shopping ein Gefühl der Dauer verleihen. Entschleunigung und Kommunikation tragen dazu bei, dass sich der Einzelne bewusster wahrnimmt. Der Alltag zwingt uns, für die meiste Zeit des Tages wie ein Motor zu funktionieren. In der Kontrastwelt der Themen- und Erlebnisparks suchen wir nach Zerstreuung und nach beschleunigten Erlebnissen, die unser Ich eher künstlich aufwerten. In der Shopping-

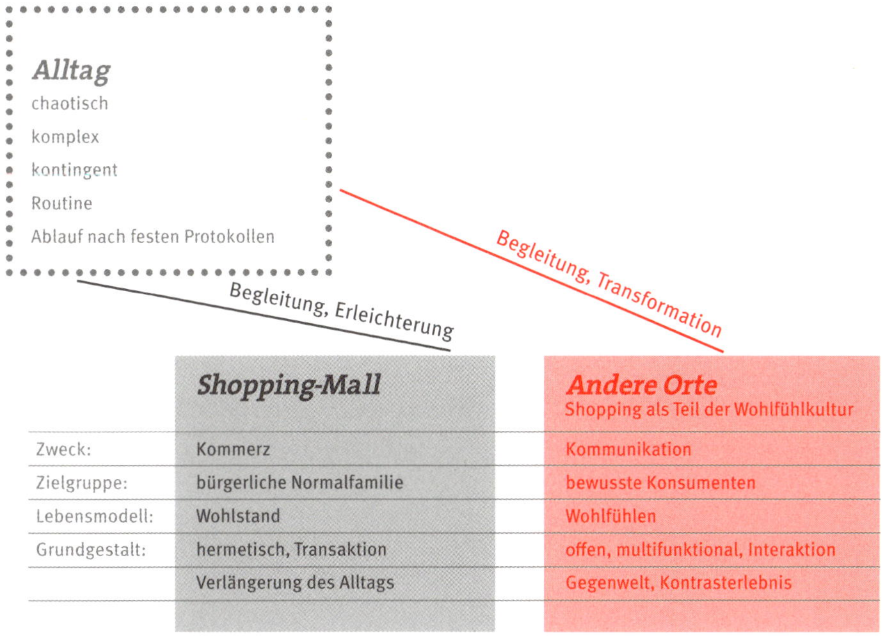

Abbildung 12: Von der Mall zu den »anderen Orten«

Situation sucht der Konsument nach gesteigerter Selbstwahrnehmung und natürlich auch nach Aufmerksamkeit. An die Stelle der Routine (den Einkaufswagen volladen) tritt die bewusste Handlung: »Was ist mir wichtig, was möchte ich haben, was brauche ich wirklich ...«.

Und während uns im hektischen Alltag häufig der tiefere Sinn dafür abhanden kommt, was wir gerade tun, beschwören die »anderen Räume« des Konsums eine konkrete Utopie von Genuss, Verantwortung und Identität herauf. Shopping bedeutet für die bewussten Konsumenten mehr als nur Wareneinkauf. Sie möchten sich mit den Marken und Produkten identifizieren. Umgekehrt sollen die Marken und Produkte ihr Lebenskonzept spiegeln.

Händler und Produzenten reagieren bereits darauf und bieten das Einkaufserlebnis als eine Gegenwelt an, in die der bewusste Konsument lustvoll eintauchen kann.

Alltag	
Realitätsbezug	chaotisch, komplex, kontingent, Tagesablauf nach Protokollen
Wertebezug	Invisibilität der Werte
Ich-Bezug	Sinnknappheit, Verlangen nach Sinn
Selbstwahrnehmung	verminderte Selbstwahrnehmung

Erlebnisgesellschaft, Themenparks et cetera	
Realitätsbezug	Ereigniskaskaden, virtuelle Welten (»more than real«)
Wertebezug	Sinnersatz durch Attraktionen
Ich-Bezug	Zerstreuung
Selbstwahrnehmung	Selbstwahrnehmung über Attraktionen
Heterotopos/Gegenwelten	
Realitätsbezug	Erlebniskontinuum: Dauer, Kommunikation, konkrete Erfahrung
Wertebezug	Orientierung durch zustimmungsfähige Werte
Ich-Bezug	Genuss durch Verantwortung
Selbstwahrnehmung	hohe Selbstwahrnehmung durch Kommunikation

Abbildung 13: Gegenwelten des Konsums

Diese Gegenwelten werden sich in teils spektakulären, teils denkbar unspektakulären Innovationen manifestieren:

- Shopping in der Online-Boutique: Wer einen Laden des amerikanischen Outdoor-Labels Nau betritt, lernt eine Shopping-Welt von morgen kennen. Er betritt keinen Laden, auch keinen hypermodernen Kauftempel, sondern wird Teil eines »neo-ökotechnologischen Einkauferlebnisses«. Und das unterscheidet sich von dem normalen Ladenkauf dadurch, dass keine Taschen und Pakete hinausgeschleppt werden, die Kaufentscheidung zwar vor Ort stattfindet, der Kauf jedoch via Internet und Nachhauselieferung vollzogen wird. Also eine neuartige Mischung aus Online-Shopping und Boutiquen-Erlebnis. »Webfront« heißt die Vision von Nau. Multimedia-Touchscreens, mit denen sich der Einkauf abwickeln lässt, befinden sich zahlreich in den »Webfront-Geschäften«. Der Vorteil: Nau spart damit Ladenfläche und Lagerkosten. Als Anreiz für das »In-Shop-Online-Shopping« bekommt der Kunde zehn Prozent Rabatt auf die Produkte inklusive kostenloser Warenlieferung. Weitere fünf Prozent des Umsatzerlöses gehen an das unternehmenseigene »Partners-for-Change-Programm«, über das mit zehn Nonprofit-Organisationen kooperiert wird.
- Norintra – Glamour-Shopping mit neuer Moral, made by Karstadt: Karstadt hat unter dem Namen Norintra seine globale Offensive gestartet und in Hongkong ein Designcenter eröffnet, das Eigenmarken zu Premiummarken umgestalten soll. Herzstück des Designansatzes: In den Marken und Produkten sollen Verantwortung und Vergnügen, Mode und Moral, grünes Denken und Glamour, Stil und Standpunkt, Werte und Wunschwelten in Einklang gebracht werden. Wir werden uns daran gewöhnen müssen, dass Marken und

Unternehmen angesichts dieser neuen Konsumbedürfnisse reden wie politische Aktivisten aus der 68er-Begegnung. Ein Beispiel: Alexandra Hildebrandt, Leiterin des Bereichs Kommunikation Gesellschaftspolitik bei der Arcandor AG (der neue Name der Konzernmuttergesellschaft von Karstadt-Quelle), geht im Interview mit ChangeX noch weiter: »Norintra ist für uns ein wichtiger Vorreiter und steht symbolisch für das, was im Konzern möglich ist: Politik zum Anziehen! … Das Konsumverhalten ist mittlerweile so etwas wie ein politischer Stimmzettel geworden. Der Kunde erwartet, dass Umwelt- und Sozialstandards eingehalten werden.«

- Wohlfühl-Shopping statt Preis-Stress – die Dm-Philosophie: Tatsächlich werden die neuen Shopping-Welten nicht nur grün und moralisch einwandfrei daherkommen. Sie werden Konsum und Handel neu interpretieren, dem Wunsch des Einzelnen Rechnung tragen, als Individuum und Erwachsener angesprochen zu werden. Götz Werner, Gründer und Chef der Dm-Drogeriemarktkette, hat den bewussten Konsum zum Mittelpunkt seiner Unternehmensphilosophie gemacht. Ein Schwerpunkt dabei: Bereits in den neunziger Jahren, lange vor Geiz-ist-geil, ist Dm-Drogeriemarkt aus dem Marketing mit Sonderangeboten ausgestiegen. Werner wollte keine punktuellen Umsatz-Peaks, sondern eine treue Stammkundschaft aufbauen. Sonderangebote flogen raus, dafür wurden die Preise durchgängig und deutlich gesenkt.
- Vom Erzeugermarkt zur erweiterten Genusszone: Wochenmärkte sind natürlich ein Eldorado der bewussten Konsumenten. Aber Vorsicht! Die Handelsform Wochenmärkte stagniert seit Jahren. Dabei zeigt sich, dass fast die Hälfte aller erfassten Besucher (49,1 Prozent) im Markt einen sozialen Treffpunkt sehen. Für die Kunden des niederländischen und des spanischen Marktes ist diese Funktion sogar noch wichtiger. 61 beziehungsweise 58 Prozent suchen dort den Markt auf, um Leute zu treffen und zu kommunizieren, während dies auf den untersuchten deutschen Märkten nur für 42,8 Prozent der Befragten als Grund für einen Marktbesuch relevant ist (www.dssw.de/downloads/dl_hd_dssw_05.pdf). Marketing-Guru Seth Godin schreibt in einem seiner Blogs (sethgodin.typepad.com/seths_blog/2007/07/death-of-the-fa.html) über den Angriff von so etwas wie Local Convenience auf den guten, alten Erzeugermarkt … Überall auf den New Yorker Wochenmärkten preisen Händler vorgefertigtes Essen, Takeaway-Food et cetera an. Der Einkaufs- und Erzeugermarkt wird zur Genusszone. In dieser Form nähert sich der klassische Wochenmarkt tatsächlich den von uns oben beschriebenen Convenience-2.0-Märkten an. Die Veränderung des Wochenmarkts, der nicht nur zum Einkaufen da ist, sondern auch zum Bleiben und Verweilen, ist jedoch durchaus eine positive Entwicklung, die sehr viel mit Spaces of Identity zu tun hat.

Shopping wird zum integralen Bestandteil eines bewussten und nachhaltigen Lebenskonzepts

In aller Welt entstehen schon jetzt urbane Zentren, die sich in den nächsten Jahren zur Avantgarde des bewussten Konsums entwickeln werden. Spaces of Identity sind keineswegs nur ländliche Rückzugsorte, sie finden auch in den Metropolen dieser Welt statt. Sie entstehen dort (und werden nachgefragt), wo Kreativität, Handel, Wissensproduktion und moderne Genusskultur gefragt sind. Städtebauliche Ansätze dafür gibt es bereits:

Die erste Öko-Stadt der Welt ist wahrscheinlich Dongtan City in der Nähe von Shanghai. Hier wird die Idee der grünen Stadt öko-technologisch auf den neuesten Stand gebracht. Aus dem Zentrum der 500.000-Einwohner-Stadt, die etwa drei Viertel so groß ist wie Manhattan, sind Autos verbannt. Fortbewegen kann man sich im Grunde nur zu Fuß, per Rad, Wassertaxi oder mit öffentlichen Verkehrsmitteln (mit Elektro- und Wasserstoffantrieb). Öko heißt in Dongtan vor allem »zero emission«: Bis zu 100 Prozent der benötigten Energie sollen aus erneuerbaren Ressourcen gewonnen werden. Der erste Bauabschnitt wird bis 2010 fertiggestellt sein – pünktlich zur Expo, die nicht zufällig unter dem Motto »Better City – Better Life« stehen wird.

Die Öko-Kampagne »Future London – Footprints of a Generation« fördert und fordert den Green-Lifestyle der wichtigsten Finanzdrehscheibe Europas. Neben ökologischen Fakten und mahnenden Szenarien zum umweltschädlichen Verhalten weist ein »Ecological City Guide« den Londonern den Weg zu Läden mit ökologischen Lebensmitteln und Modelabels, Fair-Trade-Produkten und -Dienstleistungen, alternativ-medizinischen Angeboten sowie anderen umweltfreundlichen Unternehmungen. Wichtiger Nebeneffekt: In den sechs Future-London-Bezirken werden die kreativen Köpfe der Stadt zusammengeführt und gleichzeitig zu Clubbing und Wissensaustausch eingeladen.

Konzepte, die Spaces of Identity in einem urbanen Umfeld vor Augen haben, erleben momentan einen Boom. Sie werden immer mehr zum medialen Topthema unter dem Label »Creative Cities«. Die bewussten Konsumenten spüren, dass Shopping und Kaufen auf Märkten schon immer etwas mit Selbstdarstellung und Interaktion in einer städtisch geprägten Öffentlichkeit zu tun hatten. Für sie ist Kaufen in besonderem Maße ein Akt der Kommunikation und des Community-Buildings. Sie machen keinen grundsätzlichen Unterschied zwischen Kaufen und Lebensgenuss, zwischen Konsum, Kultur und Vergnügen. Spaces of Identity suspendieren die Grenzen, die sich der Handel in der zweiten Hälfte des 20. Jahrhunderts selbst auferlegt hat.

Für die bewussten Konsumenten der Zukunft müssen jedoch Produkt- und Dienstleistungsketten geknüpft werden, die die Lebensbereiche Einkauf und Freizeit, Entspannung und Horizonterweiterung integrieren. Das klingt auf den ersten Blick wie ein riesiges Disneyland für Ökos und Intellektuelle. Das

Gegenteil ist jedoch damit gemeint: Menschen wollen sich nicht auf ihr Funktionieren als »Konsumpersönlichkeit« reduzieren lassen. Sie verlangen von den Shopping-Welten der Zukunft, als ganzheitliche Individuen angesprochen zu werden. Wie das aussehen könnte?

Die Naturfabrik GmbH eröffnete im Frühjahr 2008 im Mannheimer Stadthaus das erste Bio-Center in Deutschland. Die Mannheimer Innenstadt gehört zu einer der am stärksten frequentierten Lagen in Deutschland. Das Konzept basiert auf vier Säulen: Bio-Supermarkt, Vollwert- oder Bio-Gastronomie, trendige Naturtextilien sowie Ökodienstleister wie Alternativstrom-Anbieter, Öko-Bau, Öko-Bank et cetera. Hinzu kommen meist regionale »Trabanten«, zum Beispiel Wellness-Reisebüros, Naturspielzeug-Anbieter oder Bio-Bäcker und -Metzger. Insgesamt entsteht so ein Branchenmix ökologischer und nachhaltiger Anbieter und Dienstleister. Das Konzept ist für Flächen von 2.000 bis 8.000 Quadratmeter ausgelegt. In Mannheim werden 20 Einheiten etwa 4.000 Quadratmeter belegen. Der Bio-Supermarkt mit integriertem »Kompetenzzentrum Gesundheit« wird von der Naturfabrik GmbH selbst betrieben.

In den kommenden fünf Jahren sollen deutschlandweit zehn bis fünfzehn Öko-Einkaufszentren entstehen. Um das nötige Kapital zu gewinnen, bietet die Naturfabrik GmbH interessierten Unternehmen Beteiligungen für Investoren oder Kommanditisten ab 10.000 Euro an. Umfangreiche Umbaumaßnahmen sollen den diskreten Charme der lieblosen Nachkriegsimmobilie »aufhübschen« und für ein neues Einkaufsgefühl sorgen.

Götz Werner: Niedrigpreisstrategien, Werte und Authentizität

Werte und Authentizität sind Grundbestandteil unseres Geschäftes. Wenn Sie jedoch Ihre Werte-Botschaft eins zu eins zum Kunden tragen, werden Sie zum Sektierer. Ein Sektierer gibt Ihnen Antworten auf Fragen, die er gar nicht gestellt bekommen hat. Wir haben 1993 ein Dauerpreissystem eingeführt, wir haben einfach keine Sonderangebote mehr gemacht. Wenn ich Sonderangebote mache, dann möchte ich dem Kunden diktieren, wann und wie er kauft. Wenn ich Dauerpreise habe, dann kauft der Kunden, wann er will, aber auch wo er will. Wir stehen für ihn immer zur Verfügung. Wir haben damit also bewusst auf eine Stammkundschaft gezielt, die weiß, dass sie das Richtige tut. Wir möchten keine Kunden haben, die sich anschließend ärgern und sagen: Verdammt noch mal, hätte ich doch noch eine Woche gewartet, hätte ich das Rasierwasser zwei Euro günstiger bekommen. Das war unsere Verwandlung, dass wir gefragt haben, was möchte der Kunde, was hat er für ein Bedürfnis über die Ware hinaus. Alles das, was wir in die Sonderangebote investiert haben (und das sind Riesensummen), haben wir in die Senkung des Preisniveaus investiert, und das hat uns einen enormen Umsatzpush gebracht.

Ich darf den Kunden nicht als Bedürfniswesen ansprechen, sondern als Entwicklungswesen. Philosophisch ausgedrückt appelliere ich nicht an sein niederes Ich, sondern an sein höheres Ich. Natürlich sind wir auch Bedürfniswesen, aber wir sind auch Entwicklungswesen. Wenn ich den Menschen nur persuasiv anspreche, dann appelliere ich an seine tierischen Instinkte: Wauwau, Geiz-ist-geil. Und wenn ich ihn als Mensch anspreche, dann muss ich ihn so ansprechen, wie er sein könnte, nicht wie er im schlechtesten Fall ist, nämlich instinktgetrieben.
Die Kunden wollen ernst genommen werden, sie wollen nicht wie Unmündige behandelt werden. Sie müssen den Kunden als Partner betrachten. Und so wie wir die Mitarbeiter behandeln, sollen die Mitarbeiter auch die Kunden behandeln. Im Grunde behandeln wir unsere Mitarbeiter nicht anders als unsere Kunden: Wir stellen sie in den Mittelpunkt, nehmen sie ernst.
Götz Werner, Gründer und CEO Dm-Drogeriemarkt

Zunft AG

Die ersten Spaces of Identity der Zunft AG entstehen gerade und werden 2008/2009 fertiggestellt. Unter anderem in der 1881 erbauten Mannheimer Kauffmannmühle und in der 1885 erbauten Alten Baumwollspinnerei in St. Ingbert bei Saarbrücken. Bei den neusten Projekten werden in den nächsten Jahren Teile der Kokerei des UNESCO-Weltkulturerbes Zollverein in Essen zu einem Zunft(viertel) Zollverein umgewidmet, der erste Zunft(hof) wird zurzeit in Burg in der UNESCO-Biosphäre Spreewald geplant. Flächendeckend sollen weitere Standorte in Städten wie Berlin, Bremen, Hamburg, Hannover, Bielefeld hinzukommen.

Eine »Zielgruppe« wie die der bewussten Konsumenten, so die Macher der Zunft AG, wächst beständig, es fehlen jedoch relevante Angebote und Orte guter Nachbarschaften, die zu fairen Bedingungen kleinen und mittelständischen Herstellern und Dienstleistern zur Verfügung gestellt werden können. Die Zunft AG möchte mit ihren Aktivitäten Shopping und die Sehnsucht nach Identität und Authentizität in Einklang bringen. Mit guten »dritten Orten«, den Zunft(orten), für wertige, regional und nachhaltig hergestellte Produkte und Dienstleistungen in der realen und der virtuellen Welt wie auch durch den Aufbau der Zunft(werk)-Kooperation geht es ihnen um die Schaffung von realen, aber auch virtuellen Orten für wertige, regionale und manufakturelle Produkte.

Die Konsumenten der Zukunft sind grenzenlos anspruchsvoll. Am besten sollte alles jederzeit an jedem Ort verfügbar sein. Allerdings bleibt fraglich, ob sich diese Bedürfnislage auch künftig mit Erfolg durch die weitere Steigerung der Multifunktionalität von Malls und Supermärkten befriedigen lässt. In dem schweizerischen Mall-Koloss Sihlcity spiegelt sich auf bizarre Weise die Vielgestaltigkeit der Bedürfnisse, die moderne Menschen dem (Lifestyle-)Konsum gegenüber an den Tag legen: Natürlich soll hier Konsum stattfinden, aber eigentlich ist daraus eine Stadt in der Stadt geworden, ein überdachter Mikrokosmos – in die Sihl-Kirche eine Etage höher, in die Sauna bitte nach rechts, in den Supermarkt immer geradeaus. Ob eine solche Mega-Mall jedoch der Masterplan für die Shopping-Zukunft ist, bleibt mehr als fraglich. Sihlcity kommt eher wie ein wucherndes Geschwür daher, das versucht, den Verlust eines öffentlichen Lebenskerns in der Stadt durch ein kommerzielles Surrogat zu ersetzen.

Mit Spaces of Identity meinen wir etwas grundsätzlich anderes: Orte, die kein Ersatz für etwas sind, was schon einmal da war, sondern neue Erfahrungsräume aufschließen. Orte, die Kommunikation anregen und Fundamente für Communitys abgeben können, eine eigene »Sprache« zwischen Käufer und Produkt kultivieren, zwischen Käufer und Verkäufer. Sihlcity hat auf den ersten Blick alles, was einmal ein vitales urbanes Zentrum ausmachte. Aber es versammelt alles in einem additiven Nebeneinander, wie es klassische Kaufhäuser schon immer gemacht haben. Früher die Hemden-Wühltische neben das Hundefutter und die Kosmetikabteilung, heute die Shopping-Mall-Kirche neben den Supermarkt oder den Spa. Mit Spaces of Identity meinen wir jedoch nicht Räume, die vorgeben, alles verfügbar zu haben, sondern Räume, die unsere Erfahrungen stimulieren und für uns benutzbar, gestaltbar und veränderbar sind. Spaces of Identity sind in einem mehrfachen Sinne Orte der Aneignung und der Präsenz, nicht nur beliebige Räume des Konsums.

Spaces of Identity werden die Räume der Zukunft sein. Ulrich Beck hat, angesprochen auf den Lifestyle of Health and Sustainability (LOHAS) und die bewussten Konsumenten, durchaus von einer gesellschaftspolitischen Motivation gesprochen, die die bewussten Konsumenten antreibt. Der kritische und souveräne Konsument, der sich bewusst entscheidet, aber auch bewusst Nein sagt, ist, so Beck, kein Konsumverweigerer (wie noch in den siebziger und achtziger Jahren) – er akzeptiert den Markt, versucht ihn aber auch nach seinen Wünschen und Werten zu gestalten: »Die Figur des aktiven Konsumenten steht in keinerlei Gegensatz zu den Anforderungen des Kapitalismus, im Gegenteil, sie wird von ihm sogar gefordert – auch der Kapitalismus will, dass wir uns ständig mit Produkten auseinandersetzen.«

Grundkoordinaten: Was bei den Spaces of Identity wichtig ist

Passgenaue Antworten auf aktuelle Lebenssituationen: Lebenslagen werden im Shopping immer wichtiger. Spaces of Identity heißt auch: sich angesprochen und wahrgenommen fühlen.

Spaces of Identity sind »konkrete Utopien«: Der besondere Laden, die achtsame Kundenansprache wird von den bewussten Konsumenten besonders geschätzt und garantiert eine nachhaltige Beziehungskultur.

Rückeroberung des urbanen Raums: Bewusste Konsumenten sind keine Konsumaussteiger, sie sehnen sich nach urbanen Zentren, in denen sich Handel und Shopping nach den individuellen Bedürfnissen der Menschen formen. Was sie strikt ablehnen, ist der Shopping-Mall-Autismus, wie er den Einkauf auf den Massenmärkten in der zweiten Hälfte des 20. Jahrhunderts kennzeichnete.

Das Prinzip Convenience erfährt eine Neubewertung: Es ist nicht mehr nur ein Fremdwort für Lebensmittel in Dosen. Convenience 2.0 ist eine neu verstandene Form von Nahversorgung, ein Vertrautheits-Markt für das 21. Jahrhundert. Die Convenience-Stores von morgen begreifen sich als Dienstleister, sie bieten in erster Linie Unterstützungsdienstleistungen an: Nähe, Einfachheit, Überschaubarkeit, authentische Kommunikation.

Future-Shopping 2020: Bewusster Konsum in Spaces of Identity

Samstagmorgen, 17. Oktober 2020, 9.15 Uhr: Jan B. begibt sich, wie fast an jedem Samstag, mit seiner Tochter Elisa auf die größte Einkaufsmeile Frankfurts, die Zeil. Fast jeden Samstag, denn Jan B., Mitte 30, ist als Berater und Workshop-Experte für die Themen Web 3.0 und neue Arbeitswelten im Internet mittlerweile ein gefragter Mann. Jan B. liebt es eigentlich nicht, an seinem einzigen richtig freien Tag (am frühen Sonntagabend beginnt die gedankliche Vorbereitung auf die Arbeitswoche) in die Innenstadt zu gehen. »Bitte Papa, lass uns zu Pebbles gehen.« Pebbles ist ein Kleiderladen für Kinder, der zum Stil-Imperium von Hess Apparel gehört. Elisa liebt die netten Verkäufer und lustigen Kinderbetreuer, und findet hier immer interessante Geschichten zum Downloaden. Jan lässt sich gerne überreden, weil er den minimalistischen Schick der Hemden von Hess Apparel mag und sich für eine anstrengende Woche belohnen möchte.

11.30 Uhr: Da seine Frau auf einem Seminar ist, muss Jan B. den gesamten Wochenendeinkauf übernehmen. Er geht zu Alnatura in die Landgrafenstraße. Der gute, alte Alnatura-Supermarkt. Im vergangenen Jahr hat der Discounter, der 1984 als so genanntes Bio-Lebensmittel-Unternehmen gegründet wurde, sein 35-jähriges Jubiläum gefeiert. Anschließend schaut er noch in der Bäckerei Schmidt vorbei. Hier hält Familie B. ein Abonnement für frische Backwaren. Herr Schmidt, der seinen kleinen Laden vor gut zehn Jahren dadurch rettete, dass er den Bewohnern des Frankfurter Viertels rund um den Sandweg »Frische-Abonnements« anbot, lässt Elisa immer in die Backstube vor, die 6-Jährige hat hier schon beim Streuselkuchenbacken geholfen.

13.00 Uhr: Gleich wird er sich mit Elisa im Fastgood-Restaurant »Glocal Gusto« niederlassen. Elisa bekommt wie immer ihren Bornheimburger, die Zutaten der erfolgreichen Restaurant-Kette dürfen nicht mehr als 50 Kilometer Transportweg zurücklegen. Jan verzichtet angesichts seines Wohlstandsbauchs und trinkt lediglich einen doppelten Espresso. Von hier aus ordert er per Handy das wöchentliche Standardprogramm an Wurst, Käse, Gemüse, Jogurt, Getränken et cetera. Zu Beginn seines Studiums, das Jan B. im Jahr 2011 an der Internationalen Fachhochschule für nachhaltige Business-Intelligenz Frankfurt/Berkeley abgeschlossen hat, fuhr er noch regelmäßig die Supermärkte auf der grünen Wiese an. Mittlerweile ist Frankfurts »grüne Weise« wieder eine richtige grüne Wiese – wer verkaufen will, der preist seine Waren in der autofreien Innenstadt an.

14.00 Uhr: Weil Elisa nicht zu quengeln aufhört, lässt sich Jan B. doch noch überreden und besucht den Multimarkt auf der Zeil. In dem Gebäude, das bis 2005 von dem Reisekonzern Karstadt betrieben wurde, haben sich mittlerweile rund 200 Ethno-Märkte angesiedelt. Hier verkaufen Südamerikaner ebenso ihre Lebensmittel wie die große Emigrantengemeinde der Rumänen und Bulgaren. Jüngst hat hier der erste mazedonische Spezialitätenmarkt eröffnet, wo es die leckeren Schopska-Salate und für Elisa vor allem das kreischend süße Baklava zu probieren gibt. Elisa mag die vietnamesischen Computerspiele so gerne, und sie sucht nach neuen Merchandisingprodukten wie den lustigen Puppen aus der Zeichentrickserie »Haiku« von Panasia-TV. Der Ausländeranteil in Frankfurt liegt seit einigen Jahren über 16 Prozent (deutschlandweit bei 14 Prozent). Frankfurt wurde bereits im Jahr 2007 zu einem von sieben Lebensqualitäts-Clustern gekürt, die von der EU für »lebenswerte Urbanität« und die geglückte Integration von Emigranten ausgezeichnet wurden.

15.00 Uhr: Jan B. nutzt die Gelegenheit, schnell in den FAZ/Amazon-Store zu springen und das bestellte Buch über transnationales Marketing abzuholen. Seit Amazon stationäre Info-Book-Shops eröffnet hat, geht er wieder gerne Bücher vor Ort einkaufen. Anschließend wirft er einen Blick in die Global News der traditionsreichen deutschen Content-Plattform, die im Jahr 2013 ihr Erscheinen als Tageszeitung eingestellt hat.

16.00 Uhr: Danach geht es endlich hinaus auf den Dottenweiler Hof. Zu Beginn des 21. Jahrhunderts nannte sich der Hof noch Bio-Bauernhof, um sich gegenüber den konventionellen Landwirten abzuheben. Heute ist alles Bio. Elisa kann es kaum erwarten, einmal im Monat besucht die Familie ihr »Anwesen«, wie sie es stolz nennen. Jan genießt es, auf dem Hof kein Kunde zu sein und nicht mit dem üblichen professionellen Service abgespeist zu werden. »Wenn ich Service brauche, dann sage ich das schon. Aber das aufgesetzte ›Kunde-ist-König‹-Getue ist absolut kontraproduktiv«, versucht Jan B. auch immer seinen Kunden beizubringen. Die Ankunft auf dem Hof »erdet« ihn innerhalb weniger Minuten. Er und seine Familie sind Teil dieser Community. Sie sind Kollaborateure des Genusses und des gesunden Lebensstils. Sie kaufen am liebsten dort ein, wo sie auch sonst gerne sind, also hier.

Vor zwei Jahren hat Familie B. die Patenschaft für einige Streuobstwiesen in der Wetterau übernommen, die zum Besitz des Dottenweiler Hofs gehören, und damit günstige Konditionen für andere Produkte des Hofguts erworben. Mittlerweile beziehen sie mehr als ein Drittel der Lebensmittel über den Bio-Hof. Elisa nennt die regelmäßigen Einkaufsausflüge ihren »kleinen Urlaub auf dem Bauernhof«. Sie hat sich mit den Kindern der Besitzer angefreundet und liebt es, auf dem weitläufigen Gelände auf Entdeckungsreise zu gehen.

Teil des Angebots des Bio-Bauernhofs sind zwei Mal pro Jahr ein großes Hoffest (im Mai und im Herbst zu Beginn der Apfelernte), bei dem mehr als hundert »Paten«, Freunde und Kunden zusammenkommen. Keine Land-Kommune, wie es noch die Eltern von Jan anfangs der achtziger Jahre praktizierten, sondern eine bunte Ansammlung geneigter Bio-Genießer, die sich zu einem fröhlichen Beisammensein treffen, aber spätestens am nächsten Tag wieder ganz unterschiedlichen Geschäften nachgehen.

Vom naturverbundenen Notfallarzt mit fünfköpfiger Familie, der aufgrund seines Schichtdienstes nur selten ins Grüne kommt, bis zum gesundheitsorientierten Junior-Analysten der Bank of New Zealand, der für fünf Jahre in Europa Erfahrungen mit dem P2P-Banking sammeln soll, ist hier alles vertreten. Eine Community umweltbewusster und genussorientierter Menschen – keine sektiererische Kommune. Und für einen neu Hinzukommenden wird es auf den ersten Blick gar nicht erkennbar sein, wer hier »Käufer« und wer »Verkäufer« ist. Die Leute fühlen sich wohl an diesem bestimmten Ort, hier vor den Toren des Global Hubs Frankfurt am Main.

21.00 Uhr: Jan B.s in die Jahre gekommenes Nano-iPhone klingelt. Seine Frau ruft an, der Workshop ist gut gelaufen. Sie freut sich auf das Wochenende, das für sie in letzter Zeit immer am Sonntag beginnt, dafür aber bis Montagnachmittag dauert. Ihre erste Frage: »Wie geht es Elisa?«. Ihre zweite Frage: »Wart ihr draußen und habt diese wunderbaren Bratwürste eingekauft? Darauf habe ich jetzt so richtig Appetit!«

2.2 Trend 2: Neo-Noblesse

Luxus ist längst nichts Ungewöhnliches mehr. Highend-Luxusgüter nach dem Ebay-Prinzip gibt es längst beim Online-Auktionshaus www.exklusivwaren.de. Neben Angeboten wie einer Yacht für 4.200.000 Euro und Diamanten für 420.000 Euro bietet sich die Seite als Rundum-Betreuer in Sachen Luxusgüter an – von der Objektbeschaffung bis hin zum Luxus-Weblink.

Ein Montblanc-Füller mit 1.273 weißen und 127 blauen Diamanten auf Korpus und Kappe kostet 380.000 Euro. Das Edelwasser »Paris Pink« von bling-h2o kostet den Schnäppchenpreis von 480 US-Dollar für 12 Flaschen und dürfte damit wohl das exklusivste Wasser der Welt sein (www.blingh2o.com). Super-Highend-Wellness gibt es auch:

Von der Anti-Aging-Kosmetik aus dem Hause La Mer Essence kosten 1,5 cl eines Wundermittels mehr als 2.000 Euro (der Preis für eine Nasenkorrektur). Und RéVive verlangt für 4 cl seines klinisch erprobten und mit Stammzellen angereicherten Produkts Peau Manifique über 1.000 Euro (www.revivecosmetics.com).

Die luxuriösen Shopping-Welten von morgen sind indes nicht nur teuer, edel und exklusiv. Auf der einen Seite gibt es den florierenden und offenbar auch konjunkturneutralen Markt der Luxusartikelhersteller. Auf der anderen Seite beobachten wir einen signifikanten Bedeutungswandel unserer Vorstellungen und Wünsche von einem luxuriösen Lebensstil. Beide Welten (die individuellen Konsumentenwünsche und der Status quo des globalisierten Luxusmarktes) sind definitiv nicht deckungsgleich. Aber freilich berühren sie sich an vielen Punkten:

- Luxus wird immer mehr in Erfahrungen und Lebensstilen gesucht, weniger in teuren Produkten.
- Luxus ist ein Gefühl und beinhaltet eine bestimmte Haltung zur Realität (und nicht nur zu bestimmten Produkt-Fetischen).
- Luxus koppelt sich immer stärker vom Haben-wollen ab und zentriert sich um uns selbst, unseren Körper, unsere Befindlichkeit und unsere Balance.

Neo-Noblesse feiert jedoch nicht nur die Demokratisierung des Luxus à la Philippe Starck, sondern weckt eine neue Lust am Besonderen, Seltenen und Einzigartigen. Mit Neo-Noblesse macht sich der Luxus bereit für eine Gesellschaft, die sich um individuelle Wünsche und Befindlichkeiten des Einzelnen sorgt. Wohlfühlen statt Wohlstand, Selbstkompetenz statt Statusdenken.

Der Shopping-Trend Neo-Noblesse möchte Konsum in Lebenskunst überführen. Neo-Noblesse bedeutet die Zerstörung und Überschreitung des klassischen Konsumraums. Die entscheidende Botschaft beispielsweise der Prada Epicenter lautet: Die Marke und der Store müssen über sich hinausweisen und

Kopplungen mit der gesellschaftlichen Realität und dem Lebensgefühl des Einzelnen herstellen. Das überredende Marketing ist durchschaut, die Konsumenten der Zukunft verlangen von einem Global Brand nicht nur Glamour, sondern Authentizität und eine Haltung zur Welt.

Das Luxus-Shopping der Zukunft versetzt den Konsumenten in ein schwebendes, geradezu träumerisches Verhältnis zu den Dingen und vor allem: zu sich selbst. In einem alltagsenthobenen Konsum-Szenario wie Neo-Noblesse erinnert fast nichts mehr an Abverkaufszwang. Die Uhren gehen anders: Neo-Noblesse lädt ein zum zweckfreien Schweifen und Flanieren. Neo-Noblesse feiert den Luxus der Individualisierung. Luxus ist in den Shopping-Welten von morgen angesagter denn je, wenn er sich um die individuellen Bedürfnisse der Kunden bemüht. Die Frage, auf die der neue Luxus künftig eine Antwort geben muss: »Was ist für meine momentane Befindlichkeit, für meine individuelle Balance und für mein inneres Wachstum am wichtigsten?« Der Shopping-Trend Neo-Noblesse beschreibt so gesehen den Übergang vom Lebenskünstler zu einer neuen Lebenskunst. Die Neo-Dandys sind die zukünftigen Akteure des Shopping-Trends Neo-Noblesse. Sie streben nach maximaler Unabhängigkeit (von Routinen, vom Alltag, vom Materiellen, vom Konsum) und optimierter Eigenzeit. Neo-Dandys destillieren aus Kultur, Kunst und Kommerz eine neue Lebenskunst.

Was die Neo-Dandys von den klassischen Status-Konsumenten unterscheidet

Bei den Anhängern von Neo-Noblesse geht es nicht um die Beschreibung eines neuen Jetsets. Neo-Noblesse beschreibt nicht die Edelboutiquen, in denen Boris Becker oder Hugh Grant künftig ihre Poloshirts kaufen werden. Der Luxus-Shopper der Zukunft ist kein demonstrativer Konsument. Er oder sie sucht in erster Linie nach einer besonderen Intensität des Erlebens. Sie sind keine Prasser oder Protzer.

Markenanbetung ist den Neo-Dandys völlig fremd. Sie unterwerfen sich keinem Geschmacksdiktat, ebenso wenig brauchen sie Orientierung oder den »Fremdglamour« eines Labels. Der neue Luxus ist ein Luxus der Substanz und des Wertigen. Die Neo-Dandys sind die Romantiker des modernen Konsums. Sie sehnen sich nach einem Ausbruch aus der Normalität, nach Wiederverzauberung und Überschreitung. Gleichzeitig sind sie Wissende in der weiten Welt des Genusses. Oder besser: Bewusstsein und bewusstes Genießen sind ihnen wichtiger als formales Wissen. Sie möchten das, was ihnen wirklich wichtig ist, mit besonderer Intensität goutieren.

Die Neo-Dandys streben nach Selbstvervollkommnung und bewusstem Genuss. Shopping-Szenarien sollen Teil ihres quasi-künstlerischen Lebensentwurfs sein. Luxus-Shopping ist für sie idealerweise ein Aufbruch, eine Reise zu neuen Ufern und neuen Erfahrungen. Der neue Luxus à la Neo-Noblesse ist im Grunde gleichbedeutend mit dem Entwurf einer individualisierten Lebenskunst: »Ich begreife mich als einmalig und individuell und gebe meinem Leben dadurch eine besondere Bedeutung. Die Shopping-Welten von morgen sollen mich in diesem Bestreben unterstützen.«

Lust auf Luxus ist konjunktur- und krisenneutral

Das US-Magazin *Forbes* hat jüngst beeindruckende Zahlen zur neuen Lust auf edlen Konsum vorgelegt. So ist 2006 der Luxusgüter-Index, der »Cost of living extremely well index«, weltweit um 7 Prozent gestiegen. Eine neue Lust aufs Edle und Teure kündigt sich an. Wer als Normalsterblicher am Luxus-Hype teilhaben möchte, zeichnet die neuen Luxusfonds von Banken wie Merrill Lynch oder Goldman Sachs. Sie bieten ihren Kunden an, in Luxusindices zu investieren, welche Porsche, Bulgari oder Hermès auf der Liste stehen haben. Merrill Lynchs Luxusfonds ist mit 23 Prozent 2005 und mit immerhin noch 12,5 Prozent in 2006 gestiegen. Morgan Stanleys Index wuchs 2005 um 14 Prozent und 2006 um 7 Prozent. Auch Versace strebt an die Börse, ebenso der Edel-Schuhfabrikant Gerragamo. In Zeiten des nachhaltigen Aufschwungs und einer stetig wachsenden Anzahl von Millionären weltweit sicherlich keine schlechte Wahl.

Die Luxusdachmarke LVMH konnte 2005 ihren Vorsprung als Marktführer mit einem Gesamtumsatz von 13,9 Milliarden Euro weiter ausbauen. Allein die Modesparte des weltweit größten Luxuskonzerns erzielte ein Plus von zwanzig Prozent.Weit vor Marc Jacobs, Céline, Donna Karan, Loewe, Givenchy, Pucci, Kenzo und Fendi, die ebenfalls zum Firmenkonglomerat gehören. Gerade kletterte Louis Vuitton von Platz 44 auf Platz 18 der Rangliste der »Best Global Brands«.

Gut gelaunt ist auch LVMHs ärgster Rivale, die französische PPR Group. Die Umsätze ihrer Luxussparte Gucci Group (dazu gehören neben Gucci Yves Saint Laurent, Bottega Veneta, Balenciaga, Alexander McQueen und Stella McCartney) stiegen in den ersten sechs Monaten des vergangenen Jahres um satte zwanzig Prozent auf 1,6 Milliarden Euro (Gesamtumsatz PPR: 17,7 Milliarden Euro). Eine Studie aus dem Hause Roland Berger schätzt den deutschen Luxusmarkt auf ein Volumen von 380 Millionen Euro und erwartet für die nahe Zukunft ein Wachstum von zwölf Prozent pro Jahr. Weltweit wird der Luxusmarkt auf 138 Milliarden Euro geschätzt. In den vergangenen Jahren ist der Luxusmarkt weltweit um drei Prozent gewachsen. Für dieses Jahr wird ein ähnliches Wachstum prognostiziert.

Trotz dieser beeindruckenden Zahlen wird sich der Luxusmarkt, so unsere Beobachtung, in den nächsten Jahren noch stärker auf die immateriellen Selbsterfahrungswünsche seiner Kunden einstellen müssen. Unter welch komplizierten Voraussetzungen Neo-Noblesse in Zukunft stattfinden wird, bringt

Tyler Brulé, Gründer des britischen Design-Magazins *Wallpaper*, auf den Punkt: »Luxury is about having things that are unique, that are not ubiquitous. Legitimacy is important; people are looking for legitimate experiences. The hollow brand is dead.« Neo-Noblesse weckt die Sehnsucht nach dem Einzigartigen, aber vor allem nach dem einzigartigen Erlebnis. Und dieses Erlebnis sollte in Zeiten der bewussten Konsumenten am besten auch ein seriöses, korrektes Erlebnis sein. Die schiere Anbetung des Markenfetisch lässt solche Erlebnisse nicht zu.

Neo-Noblesse löst sich vom Charakter des Nur-Elitären und Protzigen

Im März meldete das eher zurückhaltend-seriöse *Handelsblatt*: »Luxus ist geil«. Die anhaltende Konjunktur des Luxuriösen – trotz Terrorbedrohung, trotz Konjunktureinbrüchen und Klimawandel – zeigt, dass Luxus in unserer Gesellschaft grundsätzlich immer und zu jeder Zeit einen Sehnsuchtsort bildet. Neo-Noblesse weist jedoch auf einen Luxuskonsum hin, der sich nicht mehr durch das Ausstellen und das Performing von Konsum definiert, sondern über Genuss und Selbstverwirklichung. Wenn wir uns von einer Wohlstandsgesellschaft in eine Wohlfühlgesellschaft bewegen, dann verändert das auch den Luxuskonsum. Neo-Noblesse ist der neue Luxus des Erlebens (von Konsum).

Ingeborg Harms hat in der *Textilwirtschaft* von einem Luxus des Understatements gesprochen: »Während die Nouveaux Riches von Kiew, Moskau und London ihren Reichtum exhibitionistisch zur Schau stellen, besinnt sich das verarmende Mittelland auf den Luxus des Understatements. Man schwärmt von der Nachhaltigkeit der Hermès-Lederwaren, kennt sich bei Maßschneidern aus, bezieht seine Oberhemden aus New York und seine Cashmere-Pullis aus Italien. In Frankreich huldigt man Balenciaga, dem Couturier, der es als Erster verstand, dass sich die hohe Schneiderkunst nicht als Theater aufspielen soll, sondern durch Diskretion jene viel größeren Effekte erzielt, die die Frau und nicht das Kleid zur Wirkung kommen lassen.« Understatement-Luxus ist interessant, weil es ein Widerspruch in sich selbst ist. Worauf Ingeborg Harms abzielt, ist eine neue Bewertung von Formen und von Handwerklichkeit. Eine gesteigerte oder neu entdeckte Aufmerksamkeit für Details, für Ornamente, aber auch für einfache Linien. Wie wir den Trend Neo-Noblesse definieren, hat das jedoch wenig mit einem neuen Puritanismus oder einer neuen Kargheit zu tun. Neo-Noblesse steht tatsächlich für eine gesteigerte Aufmerksamkeit für Wesentliches, aber auch für die richtige Form und die Bedeutung der Produkte für unsere eigene Seligkeit. Diese Funktion wird das Luxus-Shopping der Zukunft bestimmen.

Individualisierung, Personalisierung: Kommunikation mit Neo-Dandys

LMVH hat 2005 für Werbung 1,4 Milliarden Euro ausgegeben. Bei der Präsentation ihrer Jahreszahlen haben sowohl LVMH, PPR als auch Hermès die Steigerungen ihrer Werbeausgaben zwischen 20 und 30 Prozent beziffert.

Potenzielle Luxuskunden scheinen über klassische Kommunikationsmaßnahmen zu erreichen zu sein. Zumindest lohnt es sich, für Tageszeitungen und Magazine, das Thema Luxus breitflächig den Anzeigenkunden aus der Edel-Branche zur Verfügung zu stellen. Die *Financial Times Deutschland* (»How to spend it«), *Welt am Sonntag* (»ICON«), *Wirtschaftswoch*e (»9 to 5«) und viele andere mehr haben mitunter mit hohem Aufwand ihr nahe liegendes Interesse am Luxusmarkt bekundet. Ob damit tatsächlich die Neo-Noblesse-Klientel erreicht wird, ist eine ganz andere Frage. Denn ausgeprägte Individualisten wie die Neo-Dandys tendieren stark zu mobilen und persönlichen Medien wie Handy, Laptop et cetera. Gegenwärtig wird der Großteil der luxuriösen Werbe-Spendings in Publikumszeitschriften investiert: Mit durchgängig mehr als 80 Prozent investieren wichtige Luxuslabels wie Boss (85,6 Prozent), Dior (84,7 Prozent), Joop (84 Prozent) und Escada (89 Prozent) ihre Werbegelder in Anzeigen in Publikumszeitschriften. Laut Nielsen Media Research (2005) steckt Prada 47,6 Prozent in Publikumszeitschriften und 52,4 Prozent in Zeitungen. Das ehemalige Leitmedium Fernsehen kommt hier fast gar nicht vor.

Die Luxuskunden der Zukunft sind hedonistische Individualisten, sie kommen nicht zu den Medien, die Medien müssen ihnen orts- und zeitunabhängig zur Verfügung stehen. Mediennutzung wird sich deshalb in den nächsten Jahren in einem weiteren Schub noch einmal individualisieren. Die Zahl der regelmäßigen Internetnutzer wird binnen zehn Jahren die 70-Prozent-Grenze überschreiten. Keine Frage, dass die Neo-Dandys hauptsächlich mit One-to-One-Marketing zu erreichen sind. Medien dienen der Kommunikation und der Informationsbeschaffung, je individueller das geschehen kann, umso besser. Massenmedien spielen deshalb im Lebensstil der Neo-Noblesse eine untergeordnete Rolle. Exklusivität und Personalisierung sind die entscheidenden Werkzeuge, um die Aufmerksamkeit der Neo-Noblesse zu erheischen. Mit seiner Kundenzeitschrift *Centurion* demonstriert American Express, wie der Luxuskunde der Zukunft angesprochen werden sollte: Hohe redaktionelle Qualität, edle Aufmachung, Themen, die über den üblichen Produkte-Kanon hinausgehen – selbstverständlich exklusiv für die Kunden von American Express.

Wichtige Trends, die den Shopping-Trend Neo-Noblesse beeinflussen

Individualisierung: Luxus ist Individualisierung par excellence. Neo-Noblesse feiert nicht die tausendfache Individualisierung von Produkten, sondern den Einzelnen als bewusst genießendes Individuum. Individualisierung beschreibt in einer allgemeinen Definition die Herauslösung des modernen Menschen aus den schicksalhaften Bezügen der Tradition, des orthodoxen Glaubens und der staatlichen Obhut. Neo-Noblesse ist insofern also eine extreme Verfeinerungsstufe des Megatrends Individualisierung.

De-Branding: Die Anbetung der Markengötter ist für die Luxus-Shopper der Zukunft definitiv vorbei. Marken sollen ihre Kunden nicht von ihrer grandiosen Vergangenheit überzeugen, sondern einfach und authentisch kommunizieren. Amerikas Jugend liebt einfache und ehrliche Marken. Das belegt eine Studie von Outlaw Consulting, San Francisco, die 100 Trendsetter zwischen 21 und 27 Jahren nach ihren Markenpräferenzen befragte. Der »lean-and-clean-style«, also einfach, klar und simpel, das sei es, was die jungen Hipster anspricht. Ihre Top-5-Marken: Apple (Computer), Trader Joe's (Lebensmitteleinzelhandel), Jet Blue (Airlines), In-N-Out Burger (Fastfood) und Ben & Jerry's (Eiscreme). Kein übergriffiges Marketing, sondern authentisch, umweltbewusst und mit Witz, so stellt sich Amerikas junge Konsumentenelite eine perfekte Marke vor.

Selfness: Neo-Noblesse ist eine intensive Erfahrung der eigenen Bedürfnisse, Wünsche und Emotionen. Luxus in dieser neuen Form zentriert sich deshalb stärker um uns selbst, unseren Körper und unsere Befindlichkeit. Der Selfness-Trend ist eine Reaktion auf die gestiegenen Anforderungen in unserer Gesellschaft angesichts von Individualisierung und radikaler Modernisierung. Selfness spiegelt drei Kernbedürfnisse der Konsumenten von morgen:

- Körperliche Kompetenz: der Wunsch, sich gesund zu ernähren, Sport zu treiben, fit zu bleiben.
- Emotionale Kompetenz: die Sehnsucht nach Work-Life-Balance und nach einem positiv emotionalen Umgang mit der sozialen Umwelt, mit Partnerschaft, Familie, Beruf et cetera.
- Individuelle Handlungskompetenz: die Fähigkeit, selbstständig Entscheidungen in komplexen Lebenssituationen zu treffen.

Neo-Spiritualität: Es klingt paradox, aber der Luxus der Zukunft hat einen spirituellen und kontemplativen Kern. Für den wahren Freund des Luxus gibt es keine Kompromisse: In einer Welt, die an keine Götter mehr glaubt, ist das Bedürfnis nach Wiederverzauberung und Transzendierung der Normalität jedoch umso größer.

Luxus 1980	Neo-Noblesse 2015
Haben	Sein
Prestige	Bewusstsein
Exklusivität	Aura/Geheimnis
Demonstrativer Konsum	Wiederverzauberung
Marken	Erlebnisse
Erfolg	Lebenskunst

Abbildung 14: Shopping-Szenario Neo-Noblesse

Authentic: Die Sehnsucht nach dem Einzigartigen, Besonderen und Ursprünglichen ist ein Kernbedürfnis der Neo-Dandys. Die Rückführung der Produktwelten auf Handwerkliches und Manufakturielles antwortet auf den Vertrautheitsverlust in unserer Welt. Globalisierung und Massenkonsum lassen uns nach dem Unverwechselbaren und Bleibenden Ausschau halten. Der Authentic-Trend definiert sich nicht über »Zurück zu« oder »Früher war alles besser«, sondern ist Ausdruck der Sehnsucht nach Wertigkeit, Glaubwürdigkeit und Ursprünglichkeit.

Thomas Middelhoff: Luxus und die Märkte der Zukunft
»Den Status-Konsum wird es weiterhin geben. Weltweit gewinnt dieser sogar an Bedeutung. In Ländern mit beispielsweise wenig Wohnraum für den Einzelnen wie in Japan oder China spielt Status-Konsum schon heute eine herausragende Rolle. Es ist für die Menschen vielfach die einzige Möglichkeit, ihren Wohlstand zur Schau zu tragen.«
Thomas Middelhoff, Vorstandsvorsitzender der Arcandor AG

Wie die zukünftigen Shopping-Welten der Neo-Noblesse aussehen

Luxus, wie wir ihn in Zukunft erleben werden, setzt zunächst am Kern unserer Shopping-Definition ein:

- Neo-Noblesse hat nämlich von allen Shopping-Trends am meisten mit ungebremster Lust und dem Drang zu edlen und besonderen Dingen zu tun.
- Neo-Noblesse ist Erotik und Begehren: Natürlich ist dieser Shopping-Trend nah an erotisch-sexuellen Fantasien. Hersteller von Luxus tun gut daran, die Nähe zu sexuellem Begehren zu wahren. Denn im Grunde ist es ein erotisches Verhältnis zur Welt, das den Luxuskunden der Zukunft antreibt.
- Neo-Noblesse hat mitunter etwas ausgeprägt Asoziales: Die Einzigartigkeit des Produkts adelt uns als Individuen.

- Neo-Noblesse ist anti-alltäglich, anti-industriell, anti-maschinell: das Versprechen des Einzigartigen und Einmaligen ist wichtiger denn je – aber auch immer schwieriger aufrechtzuerhalten.
- Neo-Noblesse ist die Lust am Überflüssigen, das bewusste Verzichten auf Zwecksetzungen, kausale Logiken und den gesunden Menschenverstand.
- Neo-Noblesse ist eine neu entdeckte Aufmerksamkeit für Oberflächen und Design. Formen sind normalerweise das, was hinter Substanz und Inhalt verschwindet. Neo-Noblesse leistet sich den Luxus, die Unabhängigkeit und Souveränität, das eigentlich Substanzlose mitunter zur Hauptsache zu erklären.

Shopping-Szenario Neo-Noblesse

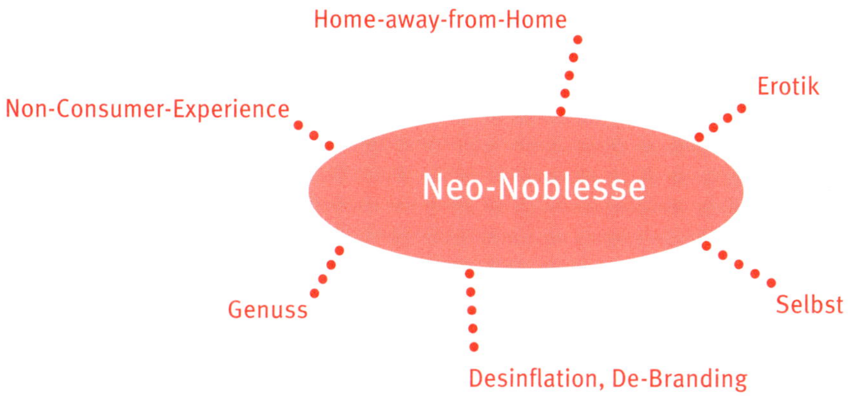

Abbildung 15: Shopping-Trend Neo-Noblesse

Mit anderen Worten: Luxus-Shopping und luxuriöser Lebensstil verschmelzen zukünftig auf unterschiedlichen Ebenen mit Kunst: der eigene, individuelle Lebensstil definiert sich als Lebenskunst. Darüber hinaus wird Luxus-Shopping Teil einer quasi-fiktionalen Inszenierung. Weder Statusdenken noch schnöde Transaktion spielen hier eine herausgehobene Rolle. Luxus wird zu einem idealen Lebensentwurf, zu einem intensiven Ich-Zustand (wenn auch nur für Momente, für begrenzte Zeit und in bestimmten Situationen). Wie sagte Oscar Wilde, der Ur-Vater aller Dandys: »Ich lebe hoffnungslos über meine Verhältnisse, aber immer noch nicht standesgemäß.«

History-Glamour statt Branding: Sehnsucht nach Aura in einer entzauberten Welt

Luxus bedeutet in Zukunft also keineswegs Immer-mehr-haben- oder Etwas-Besseres-sein-wollen. Es bedeutet Teilhabe an einer ganz besonderen Erfahrung, Teilhabe an einer außergewöhnlichen Tradition oder auch Teilhabe an einer ganz einmaligen Biografie, eine ganz besondere Form des Starkults. Und es gibt tatsächlich einen Markt für edle Dinge, die in einer ganz besonderen Mischung aus Nostalgie, Personenkult und Glamour auftreten. Ein Beispiel hierfür: Der Ferrari von Hollywood-Legende Steve McQueen erzielte im vergangenen Jahr bei einer Auktion in Monterey 2,3 Millionen Dollar. Jahrelang war der berühmte Hollywood-Schauspieler Steve McQueen mit seinem metallic-braunen Ferrari 250 GT Berlinetta Lusso unterwegs. Jetzt wurde der Luxus-Flitzer von 1963 für stolze 2,3 Millionen Dollar (das entspricht umgerechnet 1,72 Millionen Euro) versteigert. McQueen, der sich in Hollywood wegen seiner lakonischen Heldendarstellung den Beinamen »King of Cool« erwarb, war selbst ein Autosammler und liebte Autorennen. Bei Autojagden in einigen seiner Filme – darunter 1968 in »Bullitt« – saß er mitunter selbst am Steuer.

Was ist hieran neuer Luxus, was ist Neo-Noblesse? Zum einen: Die Sehnsucht nach Luxus verbindet sich mit der Traumfabrik Hollywood und mit einem idealen Ich, mit McQueen, einem authentisch gelebten Leben. Das Gefühl, an einer solchen personalisierten Erfahrung teilhaben zu können, macht den Luxus aus. Luxus ist ein Gefühl und keine Produktkategorie, und dafür gibt man heute sehr gerne sehr viel Geld aus. Luxus wird sich in Zukunft immer stärker von Branding und Markenverehrung wegbewegen. Die Neo-Dandys suchen den Schulterschluss mit zeitlosen Werten, die vor allem in der Kunst und in modernen Kulten wie im Steve-McQueen-Ferrari gefunden werden.

So werden wir auch in den nächsten zehn bis zwanzig Jahren das große Andocken der Luxusklasse des Shopping (und derjenigen, die sich dafür halten) an Werte wie Zeitlosigkeit, Historie, Authentizität et cetera erleben. Der siebte Stock des Pariser Louis Vuitton Flagship Stores ist eine Kunsthalle und Teil des Stores, wird aber mittlerweile unabhängig vom Store vor allem von Kunstinteressierten aufgesucht.

Bei dem neuen Hermès-Store in Seoul wird ebenfalls ganz bewusst eine Schnittstelle zu Kultur und Bildung gesucht. Auch hier geht es um »Non-Consumer-Experience«: Der 7.745 Quadratmeter große Shop beherbergt neben den eigentlichen Verkaufsflächen Büros, einen Raum für Ausstellungen, ein Café, eine Bibliothek und ein Museum: Ein Wald von lederbezogenen Baumstämmen steht in dem koreanischen Hermès-Museum, deren vertikale Fenster Einblicke in die alten Kollektionen geben.

Was bedeutet »Non-Consumer-Experience«

Konsum, Kunst und Kultur: bilden eine neue hybride Erlebnisebene.

Transzendierung des Konsums: Wohnzimmer beziehungsweise »Home away from Home«.

Dekonstruktion klassischer Konsumparameter: Mall-Design, POS-Design, Kundenmanagement et cetera.

Die Luxus-Shopping-Welten von morgen entkommen natürlich nicht den aktuellen Trends und werden sich deshalb auch immer mehr mit Begriffen wie Moral und Verantwortung anreichern. Auch wenn das einer der Grundeigenschaften des klassischen Luxus, nämlich der Provokation und Gewissenlosigkeit, widerspricht. Die Neo-Noblesse-Kunden werden ihren Luxuskonsum künftig stärker mit Moral und Verantwortung koppeln. Einige Beispiele, die zeigen, wie beim Cause-Marketing die Mischung von Moral und Highend-Konsum schon heute funktioniert:

- Tue Gutes, kaufe bei Cartier: Bei den »Love-Charity-Bracelets« von Cartier wurde jedem Star eine bestimmte Diamantenfarbe zugeordnet. Wer beispielsweise ein weißes Armband kaufte, konnte sicher sein, dass 10 Prozent des Kaufpreises an das von Selma Hayek unterstützte Human Rights Watch abgeführt wurde.
- Das kleine Schwarze wird zum kleinen Grünen: Ökoschicke Mode, allen voran die Entwürfe von Stella McCartney, sorgen nicht mehr nur für mitleidiges Grinsen, sondern für Umsatz. »Elfengleiche Models in Röcken aus Ananas-, Soja- oder Kornfasern« (*Wirtschaftswoche Fivetonine*) gleiten durch die Ethical Fashion Shows in Paris und deuten an, wie der verantwortungsbewusste Luxus der Zukunft aussehen könnte.
- Green-Glamour: Grüne Luxusedelmarken wie Linda Loudermilk oder Noir verfolgen nur ein Ziel: Luxus muss raus aus dem Elfenbeinturm des Hochpreisigen und Selbstverliebten, soziale Verantwortung soll endlich sexy werden.

Beinahe könnte man glauben, es wäre das schlechte Gewissen der Luxusgiganten gegenüber ewigen, immateriellen Werten wie Geschichte, Herkunft und Moral. Tatsächlich hat sich der Luxuskonsum (wie auch die genormte Shopping-Mall für die weiße amerikanische Durchschnittsfamilie) in seinem Markenautismus zu lange mit sich selbst beschäftigt. Es sind die Kunden, die von den Marken mehr verlangen als einen goldenen Käfig und Markenanbetung.

In einer Welt, in der Luxusmarken längst auch bei den Discountern zu Kampfpreisen ausliegen, wird das Gefühl des Besonderen und Erlesenen dezent im engen Kennerkreis genossen. Micro-Communitys versammeln sich um wenige ausgewählte Produkte und Marken:

- Die Klamotten zum Blog: »Am Firmament« heißt ein De-Branding-Kaufhaus in Berlin-Mitte, das mit einem Kaufhaus natürlich rein gar nichts zu tun hat. Der Besitzer hat den Laden, in dem es nur ultra-geheime japanische Edeldesigner-Ware gibt, überhaupt erst aufgrund der großen Nachfrage in seinem Style-Blog http://beinghunted.com eröffnet. Der Store ist kein Store mehr, Marken kommen ohne Label daher, die Klamotten sprechen für sich selbst. Doch ihre außergewöhnliche Qualität erschließt sich nur dem ausgewiesenen Kenner. Und diese Connaisseurs erkennen sich in ihren labellosen Klamotten auf den ersten Blick. Ein moderner Geheimbund, eine Micro-Community der Kenner und Bekennenden. Am Anfang stand die Kommunikation, nicht das Produkt, die Community-Sehnsucht, nicht die Transaktion.

- No Logo – millimetergenaue Qualität, die für sich spricht: Einen solchen Geheimbund hat auch der italienische Handtaschen-Individualisierer Bottega Veneta um sich versammelt. Mittlerweile sind die handgeflochtenen Taschen Erkennungszeichen einer verwöhnten, aber diskreten Klientel. Die dünnen, in 48 Stunden von zwei Fachkräften per Hand millimetergenau verflochtenen Lederstreifen sprechen für sich. Nur Insider wissen, dass die Taschen je nach Material zwischen 2.000 und 55.000 Euro (aus feinstem Babykrokoleder) kosten.
- Third-Place-Shopping, Gastroboutiquen: Der Flagship-Store der Londoner Designerin Nicole Fahri (202, Westbourne Grove) kommt von außen betrachtet vollkommen ohne Logos und Werbung aus. Am Eingang begrüßt kein klebriger Verkäufer die interessierten Kunden, sondern eine freundliche Kellnerin. Der No-Logo-Laden ist ein Beispiel für Third-Place-Shopping oder Gastroboutiquen, die ihre Kundschaft mit mehr als Produkten anlocken. Natürlich werden in dem markenlosen Flagship-Store noch andere Artikel als nur Kleider verkauft.

Luxus, Exklusivität und Verknappung waren schon immer Maßnahmen gegen Konsumterror und Werteverlust. Exklusivität lässt sich aber offenbar nur noch über willkürliche Zugangsbeschränkungen erzeugen. Im achten Stock des Tokioter Omotesando-Gebäudes befindet sich das exklusive Penthouse des Club Cellux (ein Kürzel für »c'est luxueux«). Das Cellux gehört zum Luxuskonzern LVMH. In den Club aufgenommen werden kann man nur auf Empfehlung eines Mitglieds, man muss einen ausführlichen Fragebogen ausfüllen und sich einer Interview-Prozedur unterziehen.

Die Konsumräume der Neo-Noblesse sind grundsätzlich frei von den Insignien des Kommerzes und der massenförmigen Jedermanns-Kultur. Wahrer Luxus ist teuer, aber er lässt sich nicht kaufen – er muss verstanden, gewürdigt und mit Erfahrungen lustvoll durchdrungen werden.

Edel-Proll-Luxus: die Unsterblichkeit des demonstrativen Konsums

Luxus, der nicht Neo-Noblesse ist, wird sich auch in den nächsten Jahrzehnten als Nischenmarkt halten, und zwar über Skurriles, Übertriebenes und Bizarres. Dass Lebensmittel gegebenenfalls auch einmal etwas mehr kosten dürfen, ist nichts Neues. Waren es bis dato jedoch Champagner, Kaviar oder Zigarren, die ihren Preis hatten, werden heute auch Grundnahrungsmittel auf Luxusniveau angeboten:

- Das teuerste Bier der Welt wird derzeit von der Samuel Adams Brauerei verkauft (www.samueladams.com): Utopia kostet 1.000 US-Dollar pro Flasche und ist nicht nur am teuersten, sondern auch am stärksten.
- Als exklusives Valentinstagsangebot hat der Chefkoch des Glasgower Bella Napoli, Domenico Crolla, die weltweit teuerste Pizza kreiert: 3.000 Euro für ein exquisites Jedermanns-Essen, garniert mit Kaviar, Champagner und in Cognac mariniertem Hummer.

Fast Food mit Glamour: Pizza und Bier für 4.000 Euro. Das ist die Rache am breiten Trend der Demokratisierung von Luxus.

Die zukünftigen Orte der Neo-Noblesse: Lebenskunst, alltagsenthoben

Wenn es stimmt, dass Konsum allgegenwärtig wird und auch die privat-intimen Räume unseres Lebens erobert, dann kommt Neo-Noblesse eine entgegengesetzte Funktion zu. Der neue Luxus à la Neo-Noblesse entführt uns in Räume, in denen wir uns fallen lassen können, in denen wir uns mit anderen Dingen als mit »kaufen, kaufen, kaufen …« beschäftigen können, in denen wir Alltagsrationalität und kurzfristigen Zwecksetzungen entfliehen können. Der Luxus der Zukunft wird uns Orte und Räume eröffnen, in denen wir fernab von Shopping-Bedürfnissen lustwandeln, unseren Gedanken nachhängen und uns inspirieren lassen werden – eine kommerzfreie Welt, für die wir allerdings bezahlen werden. Oder anders ausgedrückt: Der Luxusmarkt der Zukunft entführt uns in Szenarien, die auf den ersten Blick nichts mehr mit Shopping zu tun haben, deren Aura in uns aber das Bedürfnis nach besonderen, seltenen, wertvollen oder edlen Dingen stärker wachrufen als im Aktionspreis-Feuerwerk eines Kleider-Discounters.

Mit dem Trend Spaces of Identity haben wir zum Teil ähnliche Räume beschrieben. Allerdings sind diese »anderen Räume« dadurch charakterisiert, dass sie Kommunikationsstrukturen anvisieren, die der üblichen Transaktions-Abverkaufskommunikation eines 08/15-Supermarkts zuwiderlaufen. Die neuen Räume des Luxus gehen indes noch einen Schritt weiter, sie müsste man mit »De-Branding« und »Desinflation« beschreiben. Orte der Konzentration (statt der Shopping-Mall-Zerstreuung), in denen Marken und Marketing keine Rolle spielen.

Und diese Räume der Neo-Noblesse finden sich in besonders reiner Ausprägung in neuen Hotelkonzepten. Die Räume eines Hotels sind kommerzielle Räume, gar keine Frage. Aber wenn das Konzept funktioniert, sind es auch Aktivitäts-, Entspannungs- und Kreativitätsräume, für die wir gerne Geld bezahlen, weil sie uns von Alltagsballast, Werbung und Kommerz befreien. Eine neue Hotelkategorie, die so genannten Home-away-from-Home-Hotels, stehen im Mittelpunkt dieses Ansatzes und liefern ein treffendes Beispiel für Neo-Noblesse.

Ein Beispiel aus Argentinien: Das »Faena Hotel and Universe« ist tatsächlich mehr als ein Hotel, nämlich ein eigenes, kleines Universum, in dem die Gäste lustwandeln können. Philippe Starck hat das Hotel in Buenos Aires entworfen. Jedem Gast wird ein so genannter Experience-Manager zur Seite gestellt, der ihn zum Polo oder in die Tangobar begleitet. Der Gast bekommt aber eigentlich keinen Service zur Verfügung gestellt. Der Service kommt direkt zum Gast. Rokoko und Barock, europäische Anklänge und südamerikanische Tradition prägen das Interieur. Im Faena gibt es keine Rezeption, wo man vorsprechen und einchecken muss. Der Gast soll sich wie zu Hause fühlen – ein Zuhause jedoch ohne Alltag: »Home away from Home«.

Im sympathischen Kleinformat bieten Hotels wie das Hotel Daniel in Graz (www.hoteldaniel.com) Wohnzimmeratmosphäre und Hightech-Vernetzung, erschwingliche Preise und kleine Besonderheiten wie ein jederzeit benutzbarer Motorroller vor der Tür. Zu diesen Home-away-from-Home-Hotels gehören auch die »XYZ-Hotels« (www.starwoodhotels.com) der Starwood-Gruppe und Motel One (www.motel-one.de).

Dass Hotels an sich auch nicht die schlechtesten Verkaufsorte sind, zeigt übrigens das immer weiter um sich greifende Hotel-Retailing. Gerade berühmte Häuser, die großen Schwund bei ihren hoteleigenen Handtüchern, Bademänteln et cetera verzeichneten, gingen um das Jahr 2000 dazu über, diese Artikel den begeisterten Kunden zum Kauf anzubieten. Die wunderbaren W-Hotels (www.starwoodhotels.com) geben seit Jahren einen Accessoire-Katalog heraus und verkaufen ihre Einrichtungsgegenstände unter: www.whotelsthestore.com.

Reisen, Aufbruch, neue Erfahrungen machen, unterwegs sein und trotzdem zu Hause, »Home away from Home« – Luxus-Shopping orientiert sich in Zukunft immer mehr an diesem Konsumentenwunsch, an dieser Befindlichkeit und begreift sich im Sinne einer Reise zu neuen Erfahrungshorizonten.

Luxus-Shopping von morgen: Non-Consumer-Experience

Was die weltweite Elite der Retail-Designer, aber auch die Luxus-Shopper momentan am Lebensraum Hotel fasziniert, ist die Alltagsenthobenheit der Situation. Eine luxuriöse Befindlichkeit, für die immer mehr Menschen immer mehr Geld ausgeben. Eine inspirierende Atmosphäre, die auch eine neue Lust am Konsumieren weckt. So wie diese auf Zeit gekauften »Lebens(t)räume« den Luxus der Alltagsunabhängigkeit verkaufen, appellieren die Räume des luxuriösen Shopping nicht an unsere Kauf- und Habenwollen-Instinkte, sondern an unsere Sehnsucht nach Selbstwahrnehmung und Lebensqualität.

Luxus-Shopping wird deshalb in Zukunft immer stärker nach solchen Berührungspunkten suchen, nach einer »Non-Consumer-Experience«, wie Retail-Designer den Trend auch nennen. Einige Beispiele, wo das bereits funktioniert:

- Joops Wohnzimmer: Wolfgang Joop hat für seinen Berliner Wunderkind-Flagship-Store (www.wunderkind.de) sogar Barockmöbel aus dem eigenen Besitz zur Verfügung gestellt. Luxus ist die persönliche Handschrift des Händlers, der persönliche, mitmenschliche Kontakt, der auf diese Weise entsteht. Und die warme Wohnzimmeratmosphäre machen sich mittlerweile viele Läden zunutze. Sie holen die Konsumenten dort ab, wo sie sind, als bequeme Wesen, die eine heimelige Atmosphäre zum Verweilen einlädt. In Paris hat zum Beispiel der hippe Herrenausstatter BHV Homme Steppsofas in seinen ansonsten eher kühlen Läden platziert. Aus Läden werden Wohnzimmer.
- Drei italienische Designlabels schaffen Konsumerlebnisse durch Wohnlichkeit: Die Küchen- und Bad-Koryphäe Boffi, der Möbeldesigner Porro sowie die Spezialisten für exklusive Polstermöbel Living Divani haben jüngst in Soho einen gemeinsamen Showroom eröffnet. Doch nicht nur eine derartige Kooperation ist neu, auch löst sich das Geschäft vollständig vom herkömmlichen Verkaufsraumverständnis: »By« erweckt den Eindruck eines bereits fertig eingerichteten Lofts. Der Art Director der drei Unternehmen, Piero Lissoni, vermischt die Produkte der italienischen Designmarken mit Antiquitäten und Kunst. Statt Mauern trennen gläserne Wände die Bereiche, wodurch der Raum an Licht und Platz gewinnt – für den Mailänder Designer der wahre Luxus.
- Home-away-from-Home an der Kö: Auch in Düsseldorf auf der edel-teuren Königsallee suchen Luxuslabels die Nähe zu der privat-entspannten Atmosphäre von Hotels. Der Neubau des Nobelhotels Breidenbacher Hof an der Heinrich-Heine-/Königsallee hat viele Luxuslabels angezogen: Hugo Boss, Claudia Sträter sowie die Labels Laurèl, Biba und Apriori aus der Escada-Gruppe sollen bereits Mietverträge abgeschlossen haben. Douglas zieht mit einer Parfümerie und Beauty Suite ein. Insgesamt stehen 3.400 Quadratmeter an Verkaufsfläche zur Verfügung.
- Prada, die Transzendierung des Konsums: Die Prada Epicenter in Los Angeles, San Francisco, New York und Tokio verweigern die klare Zuordnung des Gebäudes als Shopping-Tempel und zur Marke Prada. Im Epicenter in Los Angeles begrüßt kein Eingang, keine Eingangstür und auch kein Markenname den Kunden. Wer Lust hat, fällt sozusagen einfach in den Laden am Rodeo Drive ein (ein ausgefeiltes Belüftungssystem sorgt dafür, dass die Raumtemperatur trotz türloser Architektur konstant bleibt). Man betritt kein Geschäft, sondern einen öffentlichen Raum, so zumindest die Suggestion.

Die Epicenter in den USA wurden vom holländischen Stararchitekten Rem Kohlhaas errichtet, das Tokioter Haus wurde von Herzog & de Meuron aus Basel realisiert. Für Kohlhaas, der bis dato eher als Kritiker der Konsumgesellschaft auf sich aufmerksam gemacht hatte (»Shopping is boring«), waren die Epicenter die ersten Retail-Bauten überhaupt.

In allen Prada Epicentern lenken Ausstellungen, Videovorführungen, aktuelle Fernsehbilder vom Akt des Kaufens ab. Man muss hier nicht kaufen – aber natürlich kann man. Die Marke sucht den Kontakt mit der realen Welt. Monitore unterrichten darüber, wie viele Frauen in den USA eine Diät machen, wie viele Kriege es gibt et cetera. Das Epicenter auf Tokios Top-Shopping-Meile Aoyama spielt mit unserer Sinnlichkeit, es ist ein Sensorama. Passanten, die von außen auf den Würfel sehen, wissen nicht, ob das, auf was sie sehen tatsächlich einen Innenraum freigibt oder eine perspektivische Illusion ist. Von innen ist der Eindruck ähnlich, ein Vexierspiel damit, was wirklich ist und was illusionär. Wo das Epicenter in Los Angeles ohne Eingang auskommt, rammt sich der Prada-Eiswürfel in Tokio vollkommen schräg und asymmetrisch in die ansonsten uniforme Retail-Landschaft.

Und immer wieder versuchen die Epicenter, unsere Wahrnehmung zu entautomatisieren. Immer wieder ringen die Architekten um freien Platz, marktplatzähnliche Freiräume, die uns als Bürger, nicht als Käufer ansprechen. Teile des Bodens sind mit knöcheltiefem Teppichboden ausgelegt. Wo sonst Marmor, Edelhölzer und Spiegel regieren, kann man hier auf Sitzbänken aus verleimten Schaumstoffflocken Platz nehmen. Lampen entpuppen sich als knautschige Silikonerzeugnisse, Kleiderständer sind in Fell verpackt. Das New Yorker Epicenter wird von einer begehbaren Welle charakterisiert, die sich aus den oberen Etagen bis in den Keller »ergießt«. Dieser große Freiraum lässt sich schnell als Bühne für Kunst und Musik umnutzen. Herren- und Damenoberbekleidung? Keine Stockwerke, keine Abteilungen.

Vor allem im Epicenter in Los Angeles sind die Räume cocoon-artig, von Rundungen geprägt, sie vermitteln eine besondere Home-away-from-Home-Atmosphäre. Sie ziehen den Besucher hinein wie in einen archaischen Sog aus Wärme und Gemütlichkeit. Natürlich können Kunden hier auch einkaufen. Und sie können sogar mit neuester Technik einkaufen. Jeder Verkäufer ist mit einem Handscanner ausgerüstet. Liest man damit das Label eines Kleides ein, zeigt der dazugehörige tragbare Monitor das gute Stück in verschiedenen Farben und Ansichten. Die Türen der Umkleidekabinen, augenscheinlich durchsichtig, sind noch »klüger«: Sobald jemand dahinter verschwindet, trübt sich die Scheibe ein, sodass man von dem Kunden nur noch Kopf und Füße sehen kann. Der Magic Mirror in den Umkleidekabinen in allen Epicentres »scannt« den Kunden mit den anprobierten Kleidern und projiziert unterschiedliche Ansichten auf den Spiegel, vor dem der Kunde steht. Selbstverständlich können die Bilder und Daten via Internet genutzt und verschickt werden.

Auf diesem Konzeptniveau, in dieser Multiperspektivität wird die Zukunft des Konsums stattfinden. Die Architektur ringt um die Freiheit des Konsumenten, der mehr sein möchte als Verbraucher und Käufer. Die Prada Epicenter entlassen uns mit staunenden Kinderaugen. Der Philosoph Wolfgang Ulrich hat die Non-Consumer-Experience in seinem Buch *Haben wollen* so formuliert: »Das Ziel wird sein, dass die Menschen aus einem Flagship-Store genauso beeindruckt kommen wie aus einem Kinofilm, der sie aufwühlt, noch länger beschäftigt und zu Diskussionen veranlasst. Erst wenn Konsumprodukte die semantische Dichte besitzen, die mit der in Kunst und Hochkultur vergleichbar ist, wird die Konsumkritik ihr stärkstes Argument – den Vorwurf der Banalität, Obszönität und Oberflächlichkeit – eingebüßt haben.« Aus Käufer und Konsumenten werden Kundige, der Konsum wird überschritten – hin zu einer neuen Lebenskunst.

Grundkoordinaten: Was bei der Neo-Noblesse besonders wichtig ist

Aus Konsum wird Lebenskunst: Neo-Noblesse bedeutet die Zerstörung und Überschreitung des klassischen Konsumraums. Die entscheidende Botschaft der Prada Epicenter lautet: Die Marke und der Store müssen über sich hinausweisen sowie Kopplungen mit der gesellschaftlichen Realität und dem Lebensgefühl des Einzelnen finden. Das überredende Marketing ist durchschaut, die Konsumenten der Zukunft verlangen von einem Global Brand nicht nur Glamour, sondern Authentizität und eine Haltung zur Welt.

Home-away-from-Home-Shopping: Luxus-Shopping der Zukunft versetzt den Konsumenten in ein schwebendes und träumerisches Verhältnis zu den Dingen und vor allem: zu sich selbst. In einem alltagsenthobenen Szenario wie Neo-Noblesse erinnert fast nichts mehr an Abverkaufszwang. Die Uhren gehen hier einfach anders: Neo-Noblesse lädt ein zum zweckfreien Schweifen und Flanieren.

Der Luxus der Individualisierung: Luxus ist in den Shopping-Szenarien von morgen angesagter denn je, wenn er sich um die individuellen Bedürfnisse der Kunden bemüht. Die Frage, auf die der neue Luxus zukünftig eine Antwort geben muss: »Was ist für meine momentane Befindlichkeit, für meine individuelle Balance und für mein inneres Wachstum am wichtigsten?«

Vom Lebenskünstler zu einer neuen Lebenskunst: Die Neo-Dandys sind die Akteure des Shopping-Trends Neo-Noblesse. Sie streben nach maximaler Unabhängigkeit (von Routinen, vom Alltag, vom Materiellen, vom Konsum).

Future-Shopping 2020: Unabhängiger Neo-Dandy mit hohem Anspruch

Samstagmorgen, 17. Oktober 2020: Peter G. ist ein erfolgreicher Architekt, der es sich gönnt, mitten in Hamburg zu wohnen. Er braucht einfach das städtische Flair, um up to date zu bleiben, was Design und Architektur angeht, und um sich »in der Wirklichkeit zu fühlen«, wie er immer sagt. Seinen Durchbruch erlebte er mit dem Projekt des Hamburger Docklands (selbst US-Präsident Schwarzenegger hat sich vor zwei Jahren das richtungweisende Hafenbebauungsprojekt angesehen). Leider ging im Laufe der stressigen Bauphasen Peters zweite Ehe in die Brüche.

10.00 Uhr: Peter G. ist auf dem Weg in sein Lieblingsreisebüro, er braucht einmal Ruhe und Distanz zu Hamburg. Wobei Reisebüro eigentlich der falsche Begriff ist. Peter G. lässt sich immer von seiner alten Freundin Gisela beraten. Sie hat die Krise der Reisebüros in den vergangenen Jahren dazu genutzt, sich neu aufzustellen. Sie hat sich verkleinert, das Reisebüro heißt nun »Sehnsuchtsreisen« und setzt auf ganz persönliche Beratung und individuelle Angebote. Peter G. setzt sich mit Gisela für gut eine Stunde zum Tee zusammen – sie definieren ein Reiseziel und ein Hotel.

Peter G. ist es wichtig, dass er im Urlaub nicht nur irgendwo am Ende der Welt mit seinem Gepäck abgesetzt wird. Er möchte sich in Muße auf neue Projekte vorbereiten. Doch die erste Woche soll ganz der Entspannung dienen. Am Ende der Teestunde wird Peter G. eine Reise nach Botswana buchen, in den Vumbura Plains in der Nähe des Okavango.

13.00 Uhr: Peter G. geht kurz in sein Büro, um die Post zu erledigen. Anschließend trifft er sich mit einem Senatsmitarbeiter, sie essen zusammen bei einem Italiener in der Speicherstadt und besprechen neue Projekte.

14.30 Uhr: Peter G. merkt, dass er schon jetzt den täglichen Einkauf hinauszuschieben beginnt. Bis vor kurzem hat das alles seine Frau für ihn erledigt beziehungsweise die Deep-Support-Dienstleister von »Home-Style«. Sie haben für das genussorientierte Ehepaar G. die Haus- und Gartenpflege übernommen sowie den wöchentlichen Einkauf der »Basics«. Auf seine Frau kann er jetzt nicht mehr zählen. Doch Home-Style wird sich um seine Wohnung und das Ferienhaus auf Langeoog kümmern, wenn er seinen vierwöchigen Urlaub antritt.

17.00 Uhr: Nachdem Peter G. noch einmal im Büro vorbeigeschaut hat, fällt er mehr oder weniger zufällig in das alte Hotel Atlantik, direkt an der Alster. Um das legendäre Hotel hat sich ein Creative-Consumer-Cluster gebildet, das Hotel, Veranstaltungsort und Edelkaufhaus in einem ist.

Peter G. hört in ein paar Vorträge hinein, die hier in der Zukunftsakademie für posthumanes Denken regelmäßig (vom Sonnenenergieversorger Eon, Deutschlands größtem Unternehmen, gesponsert) stattfinden. Die Wehklagen der Wissenschaftler langweilen ihn jedoch sehr schnell. »Wissenschaft liefert einfach keine Lösungen«, resümiert er für sich. »Die Elbhochwasser, mit denen wir hier dreimal im Jahr klarkommen müssen, versetzen niemanden mehr in Angst und Schrecken. Und was haben wir uns zu Beginn des Jahrhunderts für Sorgen gemacht.«

19.00 Uhr: In einem Nebengebäude des Hotels Atlantik finden wöchentliche Weinauktionen statt. Peter G. hat es sich zur Gewohnheit gemacht, hier regelmäßig vorbeizuschauen. Er kennt den Veranstalter, ein Unruheständler, der mit 70 Jahren noch in das Auktionsbusiness eingestiegen ist. Peter G. schätzt das Zocken um seltene Weine, aber auch das multikulturelle Fingerfood, das hier gereicht wird. Kurz vor Schluss der Auktion ersteht er einen Bordeaux aus dem Jahrhundert-Jahrgang 2000 für 123 Euro, der im Handel längst schon vergriffen ist.

22.30 Uhr: Es ist spät geworden. Gelegenheit macht Diebe. Da der Urlaub vor der Tür steht, und Peter G. sich irgendwie belohnen möchte, kauft er im Anschluss an die Networking-Party im Noir-Shop, in der ersten Etage des Atlantik, noch einen maßgeschneiderten schwarzen Anzug.

Die dänische Luxusmarke Noir, die durch den Bio-Boom zu Beginn des 21. Jahrhunderts bekannt wurde, hat sich kürzlich die Marke Brioni einverleibt. Die Body-Scanning-Daten sind auf den Visitenkarten von Peter G. vermerkt. Peter G. ist in mehrere Anzüge geschlüpft, hat sich für einen Schnitt entschieden und bekommt den fertigen Anzug morgen früh gegen 9 Uhr in seine Wohnung geliefert.

Ohne Plastiktüten steigt Peter G. in den Elektrovan des Atlantik. Kunden des Hotels haben immer freien Zugang zu einem Wagen, die nächste U-Bahnstation ist weit und die Hamburger Innenstadt seit gut fünf Jahren autofrei.

Ein Tag im Leben eines Neo-Dandys, der dabei ist, in einen neuen Lebensabschnitt zu starten neigt sich dem Ende zu. Würde man ihn direkt fragen, Peter G. wüsste nicht mehr, was Konsum eigentlich ist. Er lebt in seinem kreativen Mikrokosmos, in dem aus Kultur, Kunst und Kommerz etwas Neues geworden ist.

23.45 Uhr: Peter G. steht auf seinem Balkon und schaut auf die Alster. Er zieht Bilanz: Der Trip nach Botswana steht fest, er freut sich auf seinen Anzug, die Konferenz hat ihn dann doch auf eine neue Idee gebracht. Peter G. fühlt sich rundum wohl. Das ist wahrer Luxus. Peter G. hat heute mehr als 4.000 Euro ausgegeben, aber an den gähnend leeren Kühlschrank, in den er kurz nach Mitternacht blickt, hat er am Ende nicht mehr gedacht.

2.3 Trend 3: Social Shopping

Wenn wir über die Zukunft des Shopping reden, muss ohne Frage dem Internet ein eigenes Kapitel eingeräumt werden. Denn gerade der Versandhandel wurde durch das neue Medium beflügelt. Die Kehrseite der Medaille allerdings zeigt sich am Schrumpfungskurs der klassischen Katalogversandhäuser Otto, Neckermann & Co. Fünf Zentimeter dicke Hochglanzkataloge, deren Lektüre lange Zeit zu den vorweihnachtlichen Familiengepflogenheiten am Küchentisch zählte, finden sich heute meistens nur noch in Omas Zeitschriftenständer. Das Gros der heutigen Katalog-Leserschaft hat mit digitalen Einkaufskörben ebenso viel am Hut, wie die Generation @ mit Briefeschreiben. Die neuesten Zahlen des Bundesverbands des Deutschen Versandhandels (bvh) bestätigen es einmal mehr: Wachstumstreiber im so genannten Distanzhandel ist der E-Commerce.

Zwar wird der meiste Umsatz nach wie vor von den Versendern mit parallelem Katalog- und Internetangebot (zum Beispiel Neckermann) erwirtschaftet, wie der bvh in der Untersuchung »Distanzhandel in Deutschland« für 2008 prognostiziert. Doch deren Ergebnis wird um 4,6 Prozent auf 16,6 Milliarden Euro Umsatz sinken. Versender, die ihre Produkte ausschließlich über das Internet anbieten, können hingegen ihre Umsätze um 38,6 Prozent auf rund 4,5 Milliarden Euro steigern. Im Jahr 2007 waren es noch 3,3 Milliarden Euro. Ende 2008, so die Berechnungen des bvh, werden die Deutschen insgesamt 19,3 Milliarden Euro für über das Internet bestellte Waren und Dienstleistungen ausgegeben haben. Neben dem »klassischen« Online-Handel zählen hierzu auch die Ausgaben für digitale Dienstleistungen wie Handy-Klingeltöne, Downloads von Computerprogrammen, MP3- und Video-Dateien, Tickets für Sport- und Kulturveranstaltungen oder Online-Buchungen von Hotels und Fahrkarten.

American Apparel, eine der erfolgreichsten neuen Modemarken aus den USA, profitiert bereits in hohem Maße von der »Normalität« Internet. Fashion Media Director Mathew Swenson sagt: »Unsere Geschäfte sind nun weltweit präsent, aber am besten läuft unser Online-Store. Deshalb glaube ich, dass die Bedeutung des E-Commerce weiter wachsen wird, aber zukünftig vor allem noch nutzerfreundlichere Shops im Internet existieren werden.«

Und so haben auch Traditionshäuser wie Neckermann die Zeichen der Zeit erkannt und müssen – leider mit schmerzlichen Konsequenzen für einen Teil der Belegschaft – strategische Weichen in Richtung Internetgeschäft stellen. Mittelfristig will der »Möglichmacher« 70 Prozent des Gesamtordervolumens im E-Commerce erzielen. Aber wer nun glaubt, die Digitalisierung des Produktkataloges ist bereits der Schlüssel zum Erfolg, der irrt.

Ebenso wenig zielführend wie über das Potenzial und die Daseinsberechtigung des Versandkatalogs oder eines zwei Kilo schweren Telefonbuchs zu reden, ist es, den digitalen Bestellschein als Nonplusultra im Online-Shopping der

Zukunft zu sehen. Denn wenn uns die Entwicklungen entlang des Schlagwortes Web 2.0 eines gezeigt haben, dann ist es die steigende Bedeutung des Internets als sozialer Raum, als Katalysator für Mundpropaganda.

Kaufentscheidungen und Meinungsbildung im Internet reifen heute maßgeblich entlang der Fülle von Meinungen, die auf den Websites hinterlassen werden können. Von Verbrauchern gezündete Info-Viren, die über Verlinkungs- und Verweisungstechniken in Weblogs, Kommentarfeldern und Bewertungsportalen verbreitet werden, können so über Erfolg und Misserfolg eines Produktes entscheiden – digitale Mundpropaganda, die sich nur äußerst schwer steuern lässt. Und schon immer ist Mundpropaganda einer der effektivsten Kommunikationskanäle, wie auch in der Studie »Vertrauen 2.0« des Gottlieb-Duttweiler-Instituts (GDI) bestätigt wird. Das Beispiel Autokauf macht es besonders deutlich. Nach der Stiftung Warentest (47 Prozent), genießen Freunde (35 Prozent) und Bewertungen im Netz (33 Prozent) das größte Vertrauen, wenn es um Produktinformation und Kaufentscheidungen geht.

Ein bloßer digitaler Produktkatalog mit ein paar hübschen Bildern der feilgebotenen Ware wird in Zukunft also wenig attraktiv für Kunden sein. Denn diese lernen mehr und mehr die Erlebnisqualitäten und Informationstiefe des Internets zu schätzen. Das Social Shopping wird deshalb in absehbarer Zeit sein Nischendasein hinter sich gelassen haben und zeigen, dass lustvolles Einkaufen – Shopping in seiner positivsten Konnotation – auch im Internet möglich ist. Und zwar nicht nur, »weil es schneller geht«.

Jochen Krisch, einer der profiliertesten Kenner des neuen E-Commerce und Betreiber des Weblogs Exciting Commerce (http://ecommerce.typepad.com) bringt es folgendermaßen auf den Punkt: »Zu Erlebnis zähle ich auch das soziale Erlebnis. Für mich ist Social Shopping Erlebnis-Shopping. Und gerade die Mischung aus sozialem Erlebnis und aktionsgetriebenen Angeboten ist das Spektrum, in dem sich in Zukunft E-Commerce bewegen wird.«

Die Dämmerung des Social Commerce

Im E-Commerce der Zukunft wird kaum ein Versandhändler Peer-to-Peer-Netzwerke (P2P) und Communitys ignorieren können. Erst recht wird kein Marketingansatz aus dem Hause etablierter Marken daran vorbeikommen. Die Nischenmaschine Ebay hat mit ihrer enormen Käuferreichweite Maßstäbe gesetzt. Der »E-Tailer« von morgen ist also ein Ermöglichungsdienstleister, ein smarter Intermediär, der sich diskret und mit hohem Nutzervertrauen in Seriosität und Glaubwürdigkeit im Hintergrund der Peer-to-Peer-Marktplätze und Social-Networking-Plattformen wie Facebook, MySpace oder Xing positioniert. Denn zunehmende Medienkompetenz seitens der Nutzer und weiterhin zunehmende Internet-Penetration haben zwei entscheidende Folgen.

- Zum einen steigt die zwischenmenschliche Kontaktbereitschaft im digitalen Raum. Der Boom von Bewertungsportalen und »Consumer-Communitys« wie Ciao.de zeigt, dass der Austausch untereinander allemal bessere Informationen zu einem bestimmten Produkt liefert, als es ein Werbeprospekt oder TV-Spot leistet.
- Zum anderen steigt mit der Verbreitung des Internets auch das Verbraucherbedürfnis, als aktiver Marktteilnehmer die Potenziale des digitalen Raums und damit des Online-Shopping auszuschöpfen. Vertriebskonzepte à la Spreadshirt, das Ebay-Powersellertum oder Affiliate-Shoplösungen, die beispielsweise Amazon mit Astore anbietet, sind bereits etablierte E-Commerce-Konzepte, die sich das veränderte Rollenverhältnis zwischen Käufer und Verkäufer im Internet zu Nutze machen.

Nach Einschätzungen des Bundesverbands Digitale Wirtschaft (BVDW) stieß der Online-User Anfang 2006 auf nahezu jeder zweiten Seite im deutschsprachigen Internet auf einen Online-Shop. Dies entspricht rund 500.000 digitalen Verkaufsportalen. Im E-Commerce wird so auch mittelfristig mit einer Verlagerung der Umsätze von den großen zu den kleinen Händlern gerechnet. Denn letztere können auf technologische und kommunikationskulturelle Veränderungen schneller reagieren und Nischen adäquater ausfüllen.

Dass sich diese Nischen insbesondere entlang von Social Networks bilden, steht außer Zweifel. Der IT-Marktforscher IDC prognostiziert weltweit ein Wachstum im Segment der Social-Networking-Applikationen von 47 Millionen US-Dollar in 2006 auf 428 Millionen US-Dollar bis 2009. Drei Anwendungskontexte hebt IDC im »Social Networking Application Market Overview« besonders hervor:

- Selfservice-Anwendungen für Arbeitsgruppen und Marketingkampagnen-Teams.
- Markenanwendungen, die auf Consumer-Engagement setzen.
- Enterprise-Anwendungen, die die Zusammenarbeit mit Kunden, Partnern und anderen Externen vereinfachen.

Entscheidende Aussage der Studie: Social-Networking-Funktionen werden mittelfristig aufgrund des starken Wachstums in Basissoftware wie E-Mail-Programme oder Instant-Messaging integriert werden – ergo: im Mainstream ankommen.

Ob es in fünf bis zehn Jahren noch Online-Shops geben wird, wie wir sie heute kennen, bezweifelt auch Jochen Krisch: »Shops könnten sich einerseits aufsplitten in ›Verkaufsumgebungen‹ und andererseits in Shops im Sinne von Kaufabwicklungen.«

Social Shopper: der Mundpropagandist

In den »handelsfreien Handelszonen« werden sich künftig Millionen von Menschen tummeln, die dabei ähnlich aktive Rollen (Verkäufer, Produkttester, Ratgeber et cetera) wie Computerspieler einnehmen: immer bereit zur Kommunikation, die Tastatur im Anschlag und gewappnet für die Schlacht um das beste Preis-Leistungsverhältnis. Dieses neue, aktive Verbraucherverhalten, das sich über Ebay und Amazon sowie über die Sozialmedien des Web 2.0 (Blogs, Podcasts, Social Bookmarking, Wikis, Sharing- und Bewertungsplattformen et cetera) immer mehr im persönlichen Mediennutzungsrepertoire niederschlägt, ist der Nährboden für einen neuen community-getriebenen »Dialoghandel«, für Social Commerce. Entscheidend dabei: Der Online-Shopper von morgen ist ein Mundpropagandist, der keine passiven Werbebotschaften »verabreicht« bekommen möchte. Schon gar nicht adaptiert er den erlebnisarmen, drögen Einkauf im Discounter auf die virtuelle Landschaft. Vielmehr möchte er in seinen vielfältigen Rollen authentisch angesprochen und zur Teilhabe ermächtigt werden. Der Mundpropagandist entspringt der Generation der so genannten Millennials. Jenen Menschen also, die – heute etwa zwischen 15 und 25 Jahren alt – ein digitales Vollbad genossen haben und bei denen ohne Internet nichts mehr geht, schon gar nicht Freunde zu finden oder Einkaufstipps zu besorgen. Der Social Shopper ist:

- infoelitär: weiß immer, wo die heißesten News zu finden sind, wie er an das beste Produkt zum besten Preis kommt,
- kritisch: auf gut deutsch, er lässt sich nicht veräppeln,
- medienkompetent: Millionen von Ebay-Händlern sind der Beweis,
- individuell und lässt sich in keine Schublade stecken – schon gar nicht von Zielgruppenanalysten,
- community-affin: hat viele Freunde, aber er weiß vor allem um die Bedeutung von Networking als Überlebensstrategie im Wissenszeitalter,
- zeitsouverän und konsumiert Medien und Werbung, wann *er* will und nicht der Programmdirektor eines Senders,
- partizipationslustig und scheut sich nicht Allianzen einzugehen, die ihn und andere, seine Community, voranbringen,
- selbstdarstellerisch und weiß, wie er sich selbst vermarktet,
- nicht zuletzt kreativ: Content-Produktion (Video, Audio, Text) ist seit den digitalen Produktionstechnologien und Internetverbreitungswegen keine Sache mehr von Profis.

Im europäischen Vergleich sind die deutschen »Millennials« Spitzenreiter beim Online-Kauf (siehe Abbildung 16). Die Deutschen können aber auch von sich behaupten, das Land der »Ebayaner« zu sein: 20 Prozent verkaufen hierzulande bereits privat im Netz (siehe Abbildung 17).

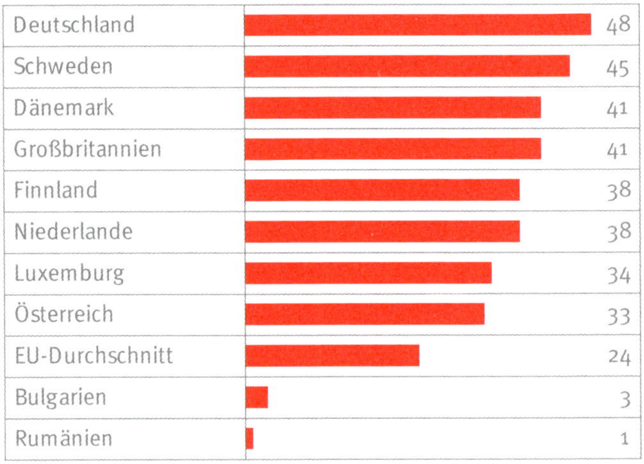

Abbildung 16: Generation MySpace: Anteil der 16- bis 24-Jährigen, die im Internet einkaufen in Prozent (Quelle: Bitkom auf Basis von Eurostat, 2006)

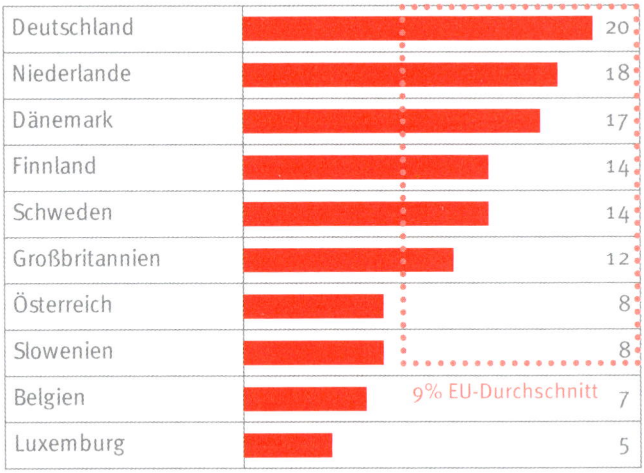

Abbildung 17: P2P-Economy boomt: Anteil der 16- bis 74-Jährigen, die privat Waren und Dienstleistungen über das Internet verkaufen in Prozent (Quelle: Bitkom auf Basis von Eurostat, 2006)

Evolution des Konsums: vom Warenhaus zum Social Commerce

Sie tragen unaussprechliche Namen wie Zlio, Edgeio, Yub, Kaboodle, DaWanda, Zazzle oder Etsy, sie sind Startups im Fahrwasser des neuen Mitmach-Web und haben alle eines gemeinsam: Sie stellen die tradierten Formen des Vertriebs, des Werbens und Verkaufens auf den Kopf. Das Internet, schon heute der Vertriebskanal mit der höchsten Wachstumsdynamik, erfährt insbesondere durch den

Rollentausch des Käufers zum Kaufberater, Verkäufer und Shopbesitzer eine Dynamik, die in ihrer Tragweite allenfalls mit der Einführung des Warenhauses im 19. Jahrhundert vergleichbar ist. Heute wie damals ist die Demokratisierung des Konsums der entscheidende Effekt auf den Handel: Der Konsument profitiert vom Warenangebot, größerer Transparenz und sinkenden Preisen.

Die Konsumtempel in Berlin, London, Paris und anderswo waren die Geburtshelfer einer gesamten Branche, der Werbeindustrie. Zeitungsanzeigen, Schaufensterdekorationen, Plakatwände und Leuchtreklame wurden mit dem Aufkommen der Warenhäuser wenn nicht erfunden, so doch perfektioniert und ausgebaut. Auch heute, angesichts des Phänomens Social Commerce, werden Marketingstrategien, Produktkommunikation, Werbung und das Shopping-Erlebnis neu gedacht. Und ganz entscheidend: Die jungen Angebotsplattformen – von der Nische bis zum Shop-Netzwerk –, auf denen sich heute verteilt Millionen von insbesondere jüngeren Menschen tummeln, sind keine Verlängerung der Shopping-Meile oder des Produktkatalogs in das Internet. Deshalb werden in Zukunft Verkaufskonzepte und integrierte Shop-Systeme jenseits der Massenansprache die Online-Versandhandelslandschaften bereichern und prägen. Jochen Krisch: »Mehr und mehr kann man Angebote entwickeln, die den Nutzer dort abholen, wo er sich aufhält. Es werden sehr viel stärker integrierte Angebote auf uns zukommen, wo die Shopping-Umgebung dann eben hin zu den nutzergetriebenen Seiten wandert.«

Märkte sind Gespräche

Der digitale Marktplatz ist die Generalmetapher für das, was die Autoren des Cluetrain-Manifests schon 1999 mit visionärer Kraft auf den Punkt gebracht haben: »Märkte sind Gespräche.« Nie war der Austausch über Produkte größer, nie wurde mehr gesucht, empfohlen, getestet und bewertet als heute. Und: Nie wurde mehr Gebrauchtes und Selbstkreiertes verhökert als heute. Das ist der Kern des Social Commerce: Der klassische Fach- und Einzelhandel, vor allem im Non-Food-Bereich, wird zunehmend links liegen gelassen, weil sich das Gros der Transaktionen und Kommunikationen Peer-to-Peer abspielt. Den Zwischenhändler auszuschalten und dafür das Geld selbst einzustreichen (das wissen wir spätestens seit Ebay), ist ein Geschenk, das uns das Internet gemacht hat. In dieser P2P-Economy stirbt der so genannte Middleman aus. Es sei denn, er lässt sich auf die neuen Beziehungsarchitekturen des Dialog-Handels ein. Zwei prägnante Beispiele:

- Customized Commerce: Der T-Shirt-Bedrucker Spreadshirt (www.spreadshirt.com), mittlerweile als sprd.net AG auf Expansionskurs, hat diesen Weg mit Bravour vorgezeichnet und den dezentralen Handel im Internet perfektioniert. Weit über 200.000 Shop-Betreiber ordern bei ihm individualisierte

T-Shirts mit den unterschiedlichsten Druckmotiven. Darüber hinaus ist er ein Strukturvertrieb: Spreadshirt lässt sich auf jeder beliebigen privaten Homepage integrieren: Mikronischen für individualisiertes Merchandising. Es ist ein synergetisches Nebeneinader von bezahlten und freien Inhalten, Dienstleistungen auf ganz verschiedenen Ebenen und für ganz unterschiedliche Interessen (für T-Shirt-Fans und für Firmen).

- P2P-Lending – die Renaissance der Kreditgemeinschaft: In Zukunft könnten sogar immer mehr Bankgeschäfte ohne Bank abgewickelt werden. Das US-amerikanische Kreditvermittlungsportal Prosper (www.prosper.com), das erste seiner Art, bringt private Geldgeber und -nehmer zusammen. Ebay-Nutzer finden sich intuitiv auf Prosper zurecht, weil sich der Kreditmarktplatz an das Auktionsmodell von Ebay anlehnt. Zopa (www.zopa.com), die britische Peer-to-Peer-Bank, ist der Branchen-Pionier in Europa. Höhere Renditen als Kreditgeber und niedrigere Zinsen als Kreditnehmer. Klingt nach den altbekannten Betrugsversuchen – ist aber eine Idee, die momentan die Finanzwelt in Atem hält. Zahlreiche weitere Peer-to-Peer-Kreditmarktplätze sind seither entstanden: in den Niederlanden Boober (www.boober.nl) in Deutschland Smava (www.smava.de) und Auxmoney (www.auxmoney.com). Das US-amerikanische Startup Lending Club (www.lendingclub.com), erst im Frühjahr 2007 gegründet und ausgestattet mit 10 Millionen US-Dollar Risikokapital, hat sich in Facebook (www.facebook.com), eine der größten Web-Communitys überhaupt, eingeklinkt. 750.000 US-Dollar Kreditvolumen wurden alleine in den ersten 3 Monaten vermittelt. Der durchschnittliche Zinssatz der rund 5.500 Kredite lag bei 11 Prozent. Gerade an diesen Plattformen, die teils risikoreiche Finanzangelegenheiten regeln, wird deutlich, wie viel Vertrauen bereits über elektronische Medien generiert werden kann.

Abbildung 18: Einflussfaktoren des Social Shopping

Die Einfallstore des Social Shopper

Die Online-Shopping-Pioniere Ebay und Amazon haben vorgemacht, wie im digitalen Zeitalter erfolgreich verkauft wird. Die beiden Platzhirsche des E-Commerce sind so auch Einfallstore in die Welt des Social Shopping, auch wenn zahlreiche junge Startups im Fahrwasser des Web 2.0 mit neuen spannenden Verkaufskonzepten erst so richtig das Social Commerce »erfunden« haben. Die Grundausstattung jedoch stammt von den Giganten des Internethandels:

- Amazons Empfehlungsmarketing (»Kunden, die dasselbe suchten wie Sie, haben gekauft …«) wird in vielfältiger Weise adaptiert und übertragen – ob auf der Apple-Media-Plattform iTunes oder in jedem x-beliebigen Online-Buchladen. Die Leserrezensionen haben den Klappentext um ein noch wichtigeres, weil vom Verbraucher selbst erstelltes Kommentarfeld erweitert.
- Das Verkäufer-Bewertungssystem von Ebay hat dem E-Commerce das Laufen beigebracht, weil die Anonymität des Internets durchbrochen und damit Verbrauchervertrauen durch größere Transparenz hergestellt wurde. Ranking- und Bewertungsfeatures sind heute Standard in der Web-Kommunikation – in Online-Zeitungen genauso wie im Testbericht. Auch wenn es heute nicht mehr nur ausreicht Sterne zu vergeben, um im elektronischen Handel Marktführerschaft zu erreichen, so war und ist es das Online-Auktionshaus, das das Empowerment des Kunden, seinen Rollenwechsel vom Käufer zum Verkäufer maßgeblich gefördert hat. Der Shop-Personalisierer Spreadshirt oder die internationale Buy-and-Sell-Plattform für Handgemachtes und Unikate Etsy sind ohne die konzeptionelle Vorarbeit und – ganz entscheidend – ohne das Heranführen des Konsumenten an die neuen Möglichkeiten des Online-Handels durch Ebay nicht denkbar.
- Etablierte Preisvergleichsseiten und Bewertungsplattformen wie Ciao.de oder Dooyoo.com befördern ebenfalls die nutzergetriebene Dynamik im E-Commerce. Europaweit schauen bereits 38 Millionen Menschen monatlich bei Ciao vorbei, mehr als 3 Millionen sind es bei Dooyoo. Sie informieren sich über Produkte, bewerten sie, schreiben mitunter Erfahrungsberichte oder sprechen eine Empfehlung aus.

Mittlerweile lassen sich Ebay, Amazon & Co. sogar von den jungen Protagonisten des Social Commerce inspirieren: Konnten sie bisher Tipps und Empfehlungen nur aus der eigenen Bestellhistorie und dem allgemeinen Bestellverhalten ableiten, werden nun enorme Anstrengungen unternommen, um die Beziehungen der Nutzer zueinander abzubilden. Ebay hat die einstigen Nutzerprofile (Mich-Seiten) ausgebaut zu *Meine Ebay-Welt* (Ebay MyWorld). Amazon bietet in den USA seit dem Sommer 2007 die Möglichkeit, auf erweiterten Nutzerprofilen *Friends and Interesting People* zu beobachten und deren Aktivitäten zu verfolgen. Der Weg vom klassischen E-Commerce zum nutzergetriebenen Dialoghandel wird also ausgebaut.

Die New New Economy verheißt schrankenlose Kommunikation

Das Zusammenspiel zwischen neuen Technologien und deren Adaption durch den Menschen hat mit den so genannten Sozialmedien eine Dichte erreicht, wie sie seit der Einführung des Leitmediums Fernsehen nicht mehr zu spüren war.

Die Aneignung von Wissen, das Verarbeiten von Information und nahezu jegliche Alltagsorganisation lassen sich über das Internet steuern. Kaum ein Monat vergeht, in dem nicht ein Startup eine neue Weblösung für ganz alltägliche Probleme anpackt – von der Einkaufslistenführung über virtuelle Videorecorder bis hin zum Kreditwunsch ohne Bank.

Die New Economy scheiterte nicht nur, weil fragile Geschäftsmodelle auf dem Boden mitunter allzu fantastischer IT-Produktideen und -Dienstleistungen entwickelt wurden. Sie scheiterte vor allem, weil sie die Entwicklung des Konsumenten zum Prosumenten nicht ernst nahm. Was das neue Internet auszeichnet, ist, dass es weniger kalt, technisch und anonym wirkt. Soziale Erlebnisse im digitalen Raum sind mit Community-Plattformen und Vernetzungsarchitekturen endlich möglich geworden. Und genau in der Sozialisierungsfunktion des neuen Web liegt die Wurzel des Social Commerce. Noch einmal: »Märkte sind Gespräche.«

Werbungtreibende, Unternehmensstrategen, PR-Verantwortliche, Händler und Vertriebsspezialisten werden Geschmack an den neuen Räumen und Gesprächen im Internet finden müssen. Was Web 2.0 von der alten New Economy unterscheidet: Diese »weiche« Voraussetzung (das Netz als kommunikative Verheißung und nicht nur als Datenbeschleuniger) fehlte der New Economy. Deswegen war die Entwicklung von nachhaltiger Kundenbindung und Markenerlebnis nur beschränkt möglich. Heute fließen in der Multimedia-Maschine PC Ton, Bild und Text zusammen. Es werden Empfehlungen und Warnungen von Kunden über Weblogs und Podcasts ausgesprochen – mit entsprechenden Folgen für Produkthersteller und Dienstleister. Um es auf den Punk zu bringen: Für Marken und Händler ist das Web 2.0 keine Gelddruckmaschine, aber es kann maßgeblich zum Verlustgeschäft beitragen.

Die Chancen wiederum liegen auf der Hand: Unternehmen können ihre Präsenz im digitalen Raum »versinnlichen« und nicht zuletzt in bestimmten Communitys gezielt werben beziehungsweise werben lassen, wenn sie die Dynamik der jeweiligen Netzgemeinschaft erkennen und den richtigen Ton treffen.

Vom Status- und Luxuskonsum bis zur Schnäppchenjägerei ist im Internet alles vertreten. So sorgt auch das Prinzip »Shopping-Club« für verstärktes Aufsehen bei E-Commerce-Kennern. Die potenziellen Kunden werden von

Mitgliedern exklusiv eingeladen, um die Verkaufsaktionen des Clubs exklusiv mitzuverfolgen. Der Marktführer Vente Privée (www.vente-privee.com) avancierte in Frankreich bereits zum drittgrößten Modeversender und zählt dort zu den zehn meistbesuchten Online-Shops. In ein- bis dreitägigen Aktionen verkauft Vente Privée die Restposten populärer Marken aufwändig inszeniert zu Discountpreisen. Mittlerweile existieren in Frankreich mehr als fünfzig Websites ähnlicher Prägung, die von Mode über Schmuck bis hin zu Wein die verschiedensten Waren offerieren. In Deutschland finden sich Shopping-Clubs wie Buyvip.de oder Brands4friends.de.

Die Zukunft von Businessmodellen und erfolgreicher Markenkommunikation hängt deshalb von der Fähigkeit der Firmen ab, die technologischen Möglichkeiten mit »hautnahen«, individuellen Dienstleistungen kurzzuschließen: Hightech plus Hightouch. Die menschliche Stimme des Netzes zu erkennen, ist das Gebot der Stunde – aber auch, der Rufmordmaschine Internet nicht auf den Leim zu gehen. Ein äußerst schmaler Grat, wenn es darum geht, mit der kommunikativen Revolution Geld zu verdienen. Auch E-Commerce-Experte Jochen Krisch ist sich bewusst: »Der wirkliche Impuls kommt ja von den Nutzern. Und nur, wenn eine Marke oder ein Handelsangebot in die Community passt, dann wird es auch akzeptiert.« Und weiter sagt er: »Ich kann mir vorstellen, dass der Statuskonsum eher zunimmt. Gerade in einem Community-Umfeld hat man sehr gute Möglichkeiten, sich zu präsentieren. Es geht praktisch genau darum: Zeig, was du im Kleiderschrank hast!«

Keine Gimmicks, sondern Nutzwert

So viel steht fest: Die Internetrevolution stellt den Handel vor neue Herausforderungen, weil es auf neuartige Weise Kommunikationsbedürfnisse der Nutzer anspricht. Was neu ist, ist tatsächlich die Situation, dass Markenartikler und Versandhändler plötzlich viel mehr Nähe zum Konsumenten entwickeln können (wenn sie sich denn trauen). Authentizität und Glaubwürdigkeit lösen alte Marketing-Rhetoriken wie Überreden und Manipulieren ab. Die Erfolgsgeschichte des Web 2.0 macht unsere Kommunikation aber auch einfach praktischer und pragmatischer. Lautete das Verhaltensparadigma im Web 1.0 »Surfen«, so heißt es heute »Organisieren«.

Dieser Tatbestand spiegelt sich in der Nüchternheit vieler Web-2.0-Plattformen wider. Kaum aufwändige Flash-Animationen, weniger visuelle Botschaften als konkrete Verweise. Viele Web-2.0-Seiten sind für ungeübte Anwender aus diesem Grund eine schier unüberschaubare Sammlung von Listen und Links, die jeder Usability-Forschung Hohn spricht.

Weniger ist es aber die visuelle Erscheinung, es ist der handfeste Nutzen für den einzelnen Anwender, der in den Vordergrund gestellt wird. Der versierte User weiß die Angebote zu nutzen: Sie helfen zu ordnen, zu katalogisieren,

Geschäfte über Peer-to-Peer-Netzwerke abzuwickeln sowie sich selbst und seine Botschaft in der Netzöffentlichkeit zu präsentieren. Hier finden wir es wieder: Das neue Internet bringt dem Nutzer neue Freiheitsgrade, es unterstützt ihn in der Selbstorganisation seines alltäglichen Lebens und Konsumierens (was der emphatischen Sozialisierungsfunktion keinesfalls zuwiderläuft). Und das Besondere an der momentanen Entwicklung der Sozialmedien besteht darin, dass sich ihre Innovationsdynamik schnell auf andere Medien und in ausnahmslos allen Branchen auszuweiten beginnt – und dass sie allgegenwärtig sind. Nochmals Jochen Krisch: »Die Anwendungsmöglichkeiten des Internets verändern sich. Das Internet wandelt sich von einem Suchmedium zu einem Live-Medium. Dementsprechend bieten sich auch für Shopping-Angebote neue Möglichkeiten. Nutzer, die dauerhaft im Internet sind, kann man anders ansprechen als Nutzer, die das Internet einfach nur nutzen, wenn sie tatsächlich was kaufen wollen. Deswegen dominieren im Moment noch sehr stark Suchangebote – von Preisvergleichsmaschinen bis zu regulären Shops.«

Die Trends hinter dem Trend: Wieso Social Shopping möglich ist

Neue Medien waren gestern – Paradigmenwechsel in der Mediennutzung: Das Internet der ersten Generation war – um im Slang der neuen Netzwelt zu bleiben – eine Beta-Version, E-Commerce nichts weiter als das Fortschreiben der »analogen« Warenwirtschaftslogik im digitalen Raum, gleichsam die Kopie des Produktkataloges im Internet. Was in den letzten zwei Jahren mit dem Schlagwort Web 2.0 deutlich wurde, ist nichts weniger als die Sturm-und-Drang-Phase des Mediennutzers, der beginnt, selbst zum Sender, zum »Content Creator«, zum Gestalter der digitalen Landschaften zu werden – mit entsprechenden Auswirkungen auf den Online-Handel.

Verkaufen unter neuen Medienbedingungen: In Werbung und Kommunikation stehe kein Stein mehr auf dem anderen, heißt es allenthalben. Ist das wirklich so? Noch immer müssen Händler, Werber und Kommunikationsstrategen Konsumenten handfeste Sehnsüchte entlocken (wie virtuell das Produkt auch sein mag), noch immer ist die größte Macht des Kunden, Produkte nicht zu kaufen (ob im Supermarkt oder online), noch immer werden Unsummen von Geld in fragwürdige Marketingaktionen gesteckt (ob in der Fußgängerzone oder in Second Life), noch immer steht das Markenimage auf dem Spiel, wenn sich ein Unternehmen einen Fehltritt leistet (ob in CSR-Belangen oder beim Flop eines viralen Spots).

Die Koordinaten des Geschäfts haben sich aber dennoch verschoben und die heutige Konsumkultur ist eine andere als noch vor zehn Jahren. Denn die Veränderung unserer kommunikativen Landschaft, wie sie sich insbesondere entlang der Verbreitung des Internets und durch das Mitmach-Web in den vergangenen Jahren vollzogen hat, bewirkte vor allem eines: eine Entwertung der autoritären Marken- und Medienbotschaft. Die gespürte Veränderung im B2C-Geschäft hat also weniger zu tun mit einer vermeintlich konsumsatten und werberesistenten Klientel, als mit fehlendem Vorstellungsvermögen über ein sich wandelndes Mediennutzungsverhalten, über neue Kommunikations- und Teilhabebedürfnisse. Diesen muss mit ebenso kreativer (Werbe-)Energie und Unternehmergeist begegnet werden, wie dem Verbraucher schon heute alle Kanäle der Kreation und Kommunikation zur Verfügung stehen.

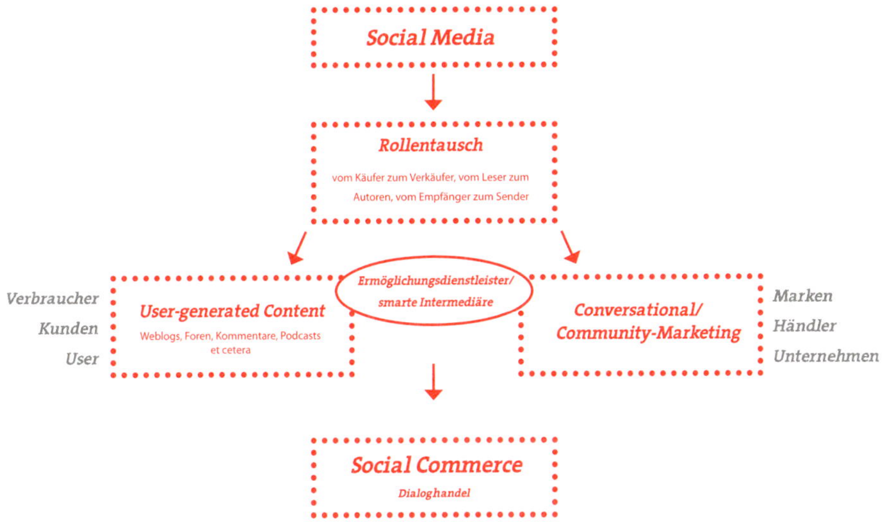

Abbildung 19: Von Social Media zu Social Commerce: Wie das Mitmach-Web Handel und Marketing im Internet verändert

Willkommen im Zeitalter der Sozialmedien: Amazon und Ebay haben längst gezeigt, dass die aktive Einbindung der User via Leserrezension oder als selbstbewusste Marktteilnehmer das massenmediale Sender-Empfänger-Schema über den Haufen wirft. Im neuen Zeitalter der Sozialmedien werden aus E-Commerce Social Commerce und Märkte der Teilhabe, aus einem Massenportal eine Community-Plattform, aus der personalen und institutionellen Autorität die *Weisheit der Vielen* (James Surowiecki), die als anti-hierarchisches Netzwerkwissen auch in der Offline-Welt zunehmend spürbar wird: durch kritische, aufgeklärte Bürger und Verbraucher, (mitunter besserwisserische) Patienten und Kunden.

Vor allem aber werden aus Nachrichten authentische (bisweilen natürlich auch belanglose) Botschaften, die über Weblogs, Kommentarfelder und immer mehr auch über Videos verbreitet oder genauer: von Special-Interest-Gruppen abonniert werden. RSS macht es möglich.

Was ist RSS?
Die neueste Generation des Internet Explorers von Microsoft/Windows sowie alle gängigen Browser (Firefox, Safari) integrieren RSS (Really Simple Syndication) in der Benutzeroberfläche. Auch Websites an sich sind immer mehr Patchworks aus verschiedensten so genannten RSS-Feeds. Sobald neue Nachrichten und Meldungen in einem Weblog oder von Medienanbietern wie *Spiegel Online* oder *Die Zeit* per RSS ins Netz gestellt werden, erscheinen Headline und gegebenenfalls weitere Angaben beim Abonnenten – etwa in der Lesezeichenleiste des Browsers oder in speziellen Feed-Readern, wie dem Google Reader (www.google.com/reader). So lässt sich der persönliche Informationsmix aus verschiedensten Kanälen unkompliziert zusammenstellen, ohne erst zeitraubend auf Internetseiten herumzustöbern. RSS wird den klassischen E-Mail-Newsletter als Kundenkommunikationskanal in naher Zukunft substanziell ergänzen.

In diesem Sinne ist ein übergreifender medienevolutionärer Entwicklungsstrang zu erkennen, der von den klassischen (Analog-)Medien (Print, TV und Rundfunk) über die neuen (Digital-)Medien (Internet, Mobilfunk) bis hin zu den Sozialmedien reicht, die – um nur einige Schlagwörter zu nennen – durch die Personalisierung von Information, Individualisierung des Gebrauchszusammenhangs, Social Networks, Peer-to-Peer-Ökonomien und Open Innovation geprägt sind. Der Mediensoziologe Manfred Faßler sagt hierzu (in *Lesebuch Projekte,* herausgegeben von Christian Reder): »Nicht nur die Zeitökonomien von Lernen, Produzieren, Recherchieren ändern sich unter digitalen Medienbedingungen, sondern auch die Reichweiten der Kooperationen und Partizipationen von Individuen und Gruppen werden medienkulturell neu ausgerichtet.«

Klassische Medien	Neue Medien	Sozialmedien
Information/ Unterhaltung	Kommunikation	Info-/Commutainment
Kanal/Frequenz	Portal	Plattform
Lean-back	Lean-forward	Jump-in
»Couch-Potatoe«	Zapping	Immersion
Nachrichten	News	Botschaften
Delegation	Interaktion	Selbstorganisation
Monolithisch	Statisch	Dynamisch
Fokussierung	Konvergenz	Multi-Channelling
Masse	Disperse Masse	Community
Print	Website	Weblog
LP	CD	MP3
Konsum	Zugang	Netzwerk
Realität	Virutelle Realtität	»Reale Virtualität«
Handel	E-Commerce	Social Commerce

Schreibtisch	Desktop	Webtop
Verbraucher	Nutzen	(Mit-)Gestalten
Rezeption	Partizipation	Kollaboration
Leserbrief	E-Mail	Kommentar
Radio	Streaming	Podcast
Fernsehen	Privatfernsehen	Clip-Kultur

Abbildung 20: Matrix des Medienwandels

Kein neues Medium hat bisher ein altes verdrängt – aber zu Veränderungen gezwungen. Die Sozialmedien und mit ihnen neue Medienformate und -träger leiten einen Paradigmenwechsel bei der Mediennutzung, im Kommunikations- und Freizeitverhalten ein. Ein Beispiel: Der große Unterschied zwischen LP beziehungsweise CD und MP3 ist, dass letztere einfacher Verbreitung über Peer-to-Peer-Plattformen finden kann. Die Musikindustrie spürt dies spätestens seit Napster & Co.: Das Plattengeschäft der Major Labels brach ein. Derzeit entstehen alternative Vertriebs- und Promotionmodelle für Bands, und Live-Konzerte gewinnen wieder an (finanzieller) Bedeutung und Attraktivität für Musikfans.

Bei der Nutzung von Diensten und Internetapplikationen, die auf sozio-digitalen Programmen basieren, lassen sich also Kooperationsmuster ablesen, die dem traditionellen Leitbild des Homo oeconomicus, dem nach Eigennutz strebenden, emotionsfreien und rational handelnden Menschen, Alternativmodelle gegenüberstellen. Gemeint sind Kooperationen im Sinne

- des Teilens, wie beim so genannten Social Bookmarking (www.mister-wong.de, http://del.icio.us),
- der Teilhabe, wie etwa beim WLAN-Sharing (www.fon.com, www.sofa-net.de),
- der Empfehlung, wie auf Social-Commerce-Plattformen (siehe dieses Kapitel) oder
- des Tauschs von Gütern (www.hitflip.de) und Ideen (www.fellowforce.com, www.innocentive.com).

Kurzum: Mediennutzung ist heute selbstbestimmter, zeitsouveräner, interaktiver, kollaborativer und kreativer – der Konsum ist es nicht weniger.

Social Networking als Überlebensstrategie im Wissenszeitalter

Neue Medien waren aber noch aus einem anderen Grund gestern. Als unumkehrbares Faktum gilt die Abwanderung aus den klassischen Medien in die Multimedia-Maschine Internet. Das neue Massenmedium ist aber nicht das

World Wide Web, sondern das Handy. Stellen Sie sich einen so genannten Millennial, in den achtziger oder neunziger Jahren geboren und aufgewachsen im digitalen Vollbad, auf den Bus wartend, in der U-Bahn, im Café sitzend vor. Wie viel Zeit verbringt dieser Mensch mit seinem Neo-Fetisch Mobiltelefon? Empirisch ist diese neue Medienzeit nur schwer messbar – und gemeint sind nicht nur Mobile Gaming oder ähnliches –, sondern der eigenartig-magische Drang, an Einstellungen herumzuschrauben, umständlich Textbotschaften zu schreiben und sinnfreie Kommentare zu lesen, Tools auszuprobieren, Fotos zu knipsen, anzusehen, auszusortieren, via Bluetooth auszutauschen oder Musik zu hören.

Alles in allem also »Medienzeit«, die noch vor zehn Jahren mehrheitlich in die Tageszeitung, in Magazine und Zeitschriften, in Groschenromane, Außenwerbung, in TV oder Radio investiert wurde. Medienzeit ist demnach »sozialer« geworden, weil mehr Aufwand betrieben wird, die eigene digitale Identität im Netz zu pflegen, das persönliche multimediale Backup (Bilder, Videos, MP3-Dateien et cetera) zu verwalten und sich mit »Freunden« oder Gleichgesinnten in aller Welt zu vernetzen, die kommunikativen Anschlüsse offen zu halten – per Kommentar, Bewertung, über die Lesezeichensammlung als Social Bookmarker, als Mitglied in den verschiedensten Web-Gemeinschaften oder – nicht zuletzt – als Social Shopper.

Gewiss sind es derzeit mehrheitlich jüngere Zielgruppen, die die Möglichkeiten und Anwendungen des Internets in ihrer ganzen Breite ausschöpfen und noch bleibt die Mehrheit der Internetbevölkerung eher dem Habitus der Couch Potatoe verhaftet, als sich als aktiv partizipierender User in den Weiten des Webs herumzutreiben. Noch.

Wie das PEW Internet & American Life Project herausfand, nutzen bereits 55 Prozent der US-Teenager zwischen 12 und 17 eine Online-Networking-Seite. Und dass der Fernsehapparat längst in der Gunst der Millennials gesunken ist, bezeugt eine US-amerikanische Erhebung unter 14- bis 29-Jährigen. 17 Prozent der Befragten gaben an, soziale Netzwerke zu nutzen, wenn sie 15 Minuten Freizeit »geschenkt« bekommen würden. Nur 14 Prozent nannten »Fernsehen« und nur ein Prozent sagte »Radio hören«.

Das heißt: Die momentane Zäsur in der Mediennutzung erfordert aus strategischer Sicht mehr als kurzfristige Lösungsansätze. Der Rollenwechsel vom Käufer zum Verkäufer, vom Konsumenten zum Produzenten und die neuen Beziehungsökonomien sind kein Treppenwitz der Mediengeschichte. Das heißt, das Ende der Fahnenstange ist noch nicht erreicht – auch wenn gewiss wieder Zeiten des gemütlichen Lean-Back-Konsumenten zu erwarten sind. Die Fernbedienung ist für viele junge Menschen längst ein Auslaufmodell. Das eigentliche Massenmedium ist nicht nur in den USA das Mobiltelefon. Das neue Lagerfeuer ist das Internet und die Blogger sind dessen Geschichtenerzähler – in den Weiten des Social Web.

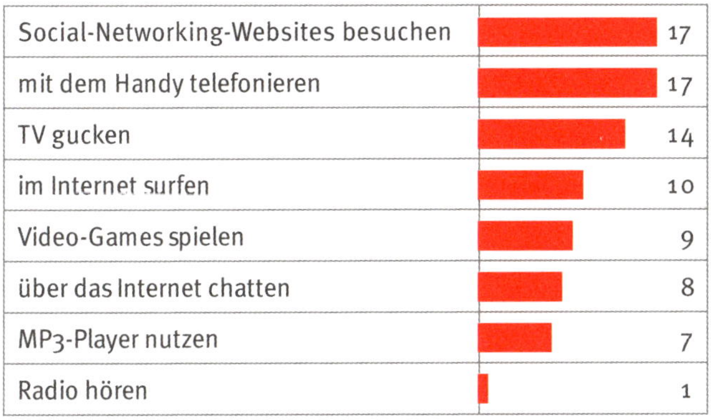

Abbildung 21: Willkommen im Zeitalter der Sozialmedien: Was würden 14- bis 29-jährige US-Amerikaner tun, wenn sie 15 Minuten Zeit hätten? (Quelle: Studie »Never Ending Friending«, TNS, TRU & Marketing Evolution)

Megatrend Connectivity: »Always on« verhilft dem Live-Shopping zum Durchbruch

Der steigende Vernetzungsgrad infolge der Verbreitung moderner Kommunikationstechnologie entwickelt sich zum globalen Treiber und bietet vielfache Anknüpfungspunkte für innovative Business-Ideen auch im Bereich des Social Commerce.

- Live-Shopping-Angebote wie Auktionen oder Deal-of-the-Day-Konzepte leben von der ständigen Bereitschaft der Verbraucher per Klick zuzuschlagen. Die Integration von Ebay-Beobachtungstools im Webbrowser oder per SMS-Nachrichten zeigt, dass Surfen, Mailen und Kaufen immer mehr auf der gleichen Anwendungsebene stattfinden.

Mobile Marketing – das Handy wird zu einem wichtigen Kundenbindungsinstrument: Das Zukunftsmedium für die Masse ist zweifelsohne das internetfähige Mobiltelefon. Allerdings hat das neue Leitmedium komplett andere Funktionen und marketingstrategische Vorzüge als die alten Massenmedien und das stationäre Internet: anstatt Zielgruppen zu passiven Überredungsopfern zu machen, hilft das Handy als interaktives Kommunikationstool und wird insbesondere im Social Commerce an Bedeutung gewinnen. Denn Fakt ist, »ein gutes Shopping-Konzept kann im Prinzip auf jedem Medium und auf jedem Vertriebskanal funktionieren«, wie auch E-Commerce-Experte Jochen Krisch betont.

- Das Startup Bango (www.bango.com) ist das Spreadshirt des mobilen Internets. Es hilft dabei, Klingeltöne, Games und anderen Content über einen WAP-Shop zu vertreiben. Der Fußballclub Manchester United installierte über Bango sein mobiles Direct-to-Consumer-Portal.

User-generated Advertising – Outsourcing der Werbeabteilung: Nutzergenerierte Inhalte in Kommunikationsstrategien einzubetten oder sie geschäftsrelevant zu evozieren zählt zu einem Kernansatz des neuen Marketings. Denn der Wandel des Rezipienten zum meinungsstarken Sender bedeutet, sich von konfektionierter Werberhetorik zu verabschieden und Verbrauchertreue jenseits gestanzter Verkaufsformeln und hierarchischer Kommunikationsmodelle zu gewinnen. Das Magazin *Advertising Age* kürte deshalb die »Konsumenten« zur Werbeagentur des Jahres. Die größten Potenziale liegen jedoch nicht in der Vermarktung von Massenprodukten, sondern im so genannten Long Tail.

- Current TV (www.current.tv) hat den Wandel vom passiven Werbe-Target zum kreativen Ad-Prosumenten von Anfang an begleitet: »Create the TV you want to watch« ist das konsequent verfolgte Credo des Bügerjournalisten-Fernsehens. Neben den von Laien-Filmern produzierten Videostreifen werden über das Web und internationale TV-Network auch nutzergenerierte Produktwerbespots geschaltet.
- Das junge deutsche Social-Commerce-Portal Shoppero.de ermöglicht seinen Usern, mit Empfehlungen oder Kritiken über Produkte Geld zu verdienen. Zudem können Blogger und Mitglieder von Social Networks wie MySpace mit so genannten Adgets individuelle, selbst hergestellte Werbung für ihre Produktbesprechungen auf ihren Seiten präsentieren. Ein beträchtlicher Teil der Werbeerlöse der Shoppero.com GmbH landet beim User: 20 Prozent Erlösbeteiligung auf den Shoppero-User-Seiten und 60 Prozent für die Erlöse, die mit Verlinkungen auf das Portal Shoppero.de erzielt werden. Abgerechnet wird per PayPal. Entscheidend an diesem Konzept: Der User alias Verkaufs- und Werbepartner bestimmt selbst über die Wahl der beworbenen Produkte.

Relokalisierung – das Netz ist ein Nahmedium: Das neue Internet mit seinen partizipatorischen Elementen und Kartensystemen à la Google Maps zeigt vor allem eines: Digitale Internetwelt und reales Leben vor der Haustür konvergieren zunehmend und schaffen wirklichen Mehrwert. Mehr denn je übernehmen Online-Medien Sozialisierungsfunktionen und sind Impulsgeber für reale Kontakte zwischen Peers, aber auch zwischen Anbieter und Verbraucher. In Zukunft heißt Geo-Marketing deshalb vor allem, den Netznomaden in dic Fußgängerzone oder den Buchhändler um die Ecke zurückzulotsen – aber auch, den Wechsel zwischen online und offline bildgestützt und spielerisch zu ermöglichen.

- Portale wie Lokalisten.de, Empfehlungsplattformen wie qype.com und unzählige Stadtblogs, die Auskunft über regionale und den Stadtteil betreffende News geben (http://stadtblogs.de), zeigen, dass das Internet einen lokalen Nutzwert besitzt.
- Geo-Tagging: Findige Urlauber informieren sich bereits heute über Geo-Markierungen, Bilder, Web-Postkarten, GPS-gestützte Routenvorschläge

anderer Reisender über das angepeilte Ferienziel. Reisebüro und Hochglanzprospekt bekommen nutzergenerierte Konkurrenz.

Clip-Kultur – seit YouTube dreht sich der Aufmerksamkeitskampf um Bewegtbild-Pixel: Während sich die Industrie noch über adäquate Übertragungsformate von Bewegtbildern im digitalen Zeitalter streitet, hat sich das »digitale« Fernsehen längst selbst erfunden: als quirlige Clip-Kultur im Internet – nicht selten am Rande der Legalität und zum großen Teil »user-generated«, aber umso unterhaltsamer für die Seitenbesucher. Der Tod der klassischen Pornofilmindustrie – um ein besonders treffendes Beispiel zu nennen – dürfte angesichts freier Angebote wie YouPorn oder Stripfire entgültig besiegelt sein.

- Zahlreiche Plattformen verknüpfen Videoinhalte bereits sehr intelligent mit ihren Kerndiensten. Real People Real Stuff macht jede Kleinanzeige zum Video-Commercial (www.realpeoplerealstuff.com).
- Entlang der Clip-Kultur werden künftig innovative Werbetechniken entstehen. Zu ihnen zählt zweifelsohne schon heute das Video-Shopping: Jedwedes Bewegtbild wird zum Shopping-Portal. Der Betrachter klickt beispielsweise auf die Jacke des Popsternchens im Musikvideo und erhält nähere Details zum Produkt, wo er es kaufen kann und was es kostet. Das US-amerikanische Unternehmen Get Interactive hat sich die einfache wie geniale Idee bereits patentieren lassen. Die Integration der Technik in IPTV ist nur eine Frage der Zeit (www.getinteractive.tv).

Wie und wo der Social Shopper von morgen einkaufen geht

Consumer Communitys – Comeback der Beratung: Social Commerce ist keine Verlängerung der Fußgängerzone in den digitalen Raum, eher verbirgt sich dahinter das Comeback der Beratung. Platzhirsch der Consumer-Communitys ist Ciao.de. Im Grunde ist der Schnäppchenjäger-Service von und für Kaufwillige Win-Win-Marktforschung. Denn sowohl Verbraucher als auch Händler und Hersteller haben ureigenstes Interesse an den Ergebnissen, die über User-Testberichte und Bewertungen einem 38-Millionen-Publikum europaweit zur Verfügung gestellt werden. Aktive Ciao-Mitglieder können durch eigene Bewertungen und Umfragen oder durch das Werben von Mitgliedern sogar zu Geld kommen. Ciao.de selbst finanziert sich durch Online-Werbung, Bereitstellung der »Marktforschungsergebnisse« und Händler-Links. Die Meinungshoheit von Ciao.de – nicht zuletzt das Ergebnis eines professionellen Online-Marketings – lässt sich durch eine Google-Suche mit der exakten Produktbezeichnung zum Beispiel einer Digitalkamera bestens nachvollziehen: Ciao-Seiten stehen im organischen Index der Google-Ergebnisseite an oberster Stelle. Weitere Consumer-Communitys:

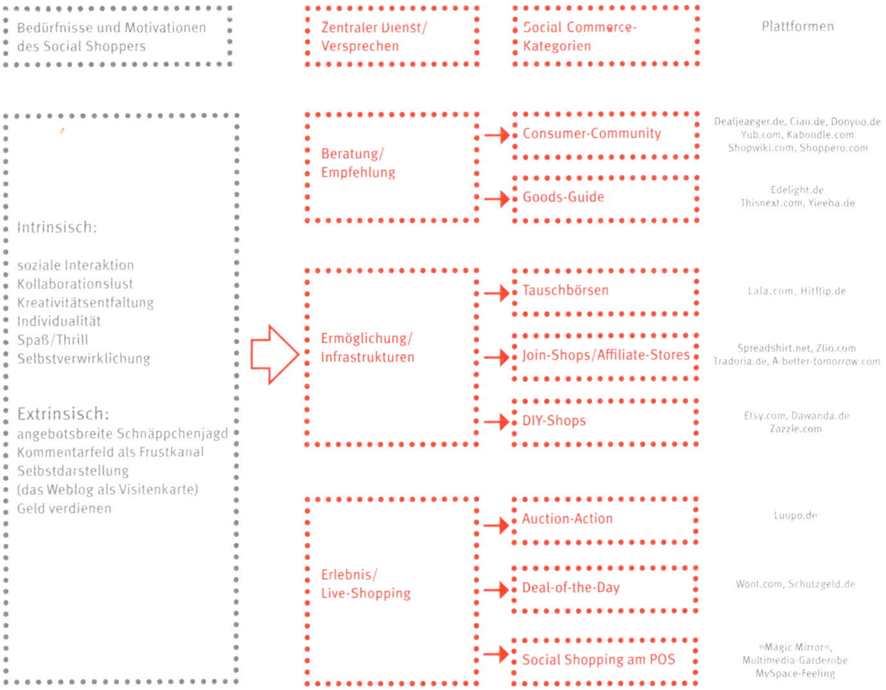

Abbildung 22: Der Marktplatz für das Shopping von morgen

- Die Mitglieder von Dealjaeger.de generieren Insidertipps. Im Kollektiv werden Produkte mit dem besten Preis-Leistungsverhältnis on- und offline aufgespürt und zusammengetragen. Die »Weisheit der Vielen« übertrifft so jede Suchmaschine. Orientierungslose Verbraucher erhalten schnell einen umfangreichen Überblick und können gut beraten zuschlagen. Anreize für eine engagierte Suche bekommen die postmodernen Jäger und Sammler durch ein Punktesystem: Für jeden Tipp werden Credits vergeben, die Bares wert sind. Gute Spürnasen können sich so etwas dazu verdienen. Dealjaeger.de trägt sich über Click-Out-Gebühren, die es für die Vermittlung von Usern an Online-Shops erhält. Jochen Krisch, Social-Commerce-Experte und Betreiber des Weblogs »Exciting Commerce«, hat Dealjaeger.de auf Platz 1 der nationalen »Exciting Commerce Stars 2006« gesetzt, als Shopping-Konzept mit der höchsten Innovationskraft.
- Dooyoo.de wurde im Jahr 2000 gegründet. Beinahe der Oldie des Social Commerce, ist die Community mit 760.000 aktiven Mitgliedern aber alles andere als verstaubt. Im Gegenteil: Mehr als drei Millionen Besucher monatlich machen Dooyoo.de zu einem der größten Verbraucherportale Europas. Die Beratungsplattform soll den Usern ein Höchstmaß an Transparenz und Preisvergleichen ermöglichen. Von Elektronik bis zur Hausapotheke – ausführliche Informationen und Beratung zu den Produkten erhält man

direkt vom Hersteller und über Hinweise auf Testberichte in Fachmagazinen. Entscheidend aber ist der persönliche Austausch unter den Usern. Erfahrungsberichte und Tipps ergänzen die fachkundigen Ratschläge. Dooyoo finanziert sich über Werbung und E-Commerce-Gebühren. Partner können sich kostenpflichtig bei Dooyoo.de verlinken lassen, um dort auf ihren Online-Shop aufmerksam zu machen.
- In den USA sind Projekte wie Yub.com, Kaboodle.com oder Shopwiki.com mit ähnlichen Konzepten erfolgreich.

Join-Shops und Affiliate-Stores – Du bist der Shop! Das Internet ermöglicht Kaufwilligen nicht nur grenzenlosen Austausch, sondern auch den Rollentausch. Jeder kann im Web 2.0 Autor, Regisseur oder Händler sein. So ist auch der Weg zum eigenen Online-Shop für Internetnutzer nur noch wenige Klicks entfernt. Wie das Mass Customization der Shop-Infastruktur funktioniert, beleuchten folgende Beispiele:

- Mit Spreadshirt (www.spreadshirt.com) kann jedermann zum Modedesigner avancieren. Aus einem großen Fundus an Motiven, Shirts und eigenen Ideen lässt sich jeder nur erdenkliche T-Shirtwunsch verwirklichen. Neben diesem »Direct-to-Consumer-Zugang« etablierte sich Spreadshirt als Shop-Ermöglicher. Shop-Partner können über Spreadshirt völlig unkompliziert eigene Produkte verkaufen und die Shop-Oberfläche in die eigene Homepage integrieren, ganz ohne Startkapital und Risiken. Da alle Kaufabwicklungen und der Versand über Spreadshirt laufen, entsteht für die Shop-Partner keinerlei Aufwand. Die Höhe der Verkäuferprovision bestimmt der Shop-Betreiber selbst. Zahlreiche Promis, Musiker und Firmen haben den Spreadshirt-Vertrieb bereits als Merchandise-Kanal genutzt. Seit der Firmengründung 2002 ist die Zahl der Shop-Partner auf weit über 200.000 gestiegen. Mit mehr als 230 Mitarbeitern in 12 Ländern ist die sprd.net AG Europas führender Online-Merchandiser-on-Demand und ist an mehreren Investitionsprojekten beteiligt. 2006 übernahm das Web-2.0-Vorzeigeunternehmen die erfolgreichen Shirt-Dienste LaFraise und Equisto. Außerdem hält Spreadshirt Anteile an Dawanda (siehe DIY-Shops).
- Ein weiteres Paradebeispiel sind die Jungunternehmer von A-better-tomorrow.com. Sie möchten Nachwuchsdesigner fördern und bieten Unterstützung durch einen eigenen Brandstore unter ihrem Dach. Kreative Streetwear und Accessoires können direkt im Online-Shop gekauft werden. Zudem wird regelmäßig ein Design-Contest ausgerufen. Jeder kann sich mit einem Entwurf bewerben. In der Community wird der Sieger gekürt, dessen Design dann in die Produktion geht. A-better-Tomorrow ist mehr als ein gewöhnlicher Shop, denn die Betreiber suchen gezielt den Kontakt zur Community und belohnen engagierte Mitglieder mit Rabatten beim nächsten Einkauf.

- Auch außerhalb der Modeszene finden sich Ermöglicher für virtuelle Verkaufsflächen – Tradoria (www.tradoria.de) etwa oder Zlio (www.zlio.com). »Jedem sein eigener Shop« lautet das Motto des Letzteren. In wenigen Schritten ist der eigene Shop eingerichtet. Das Sortiment lässt sich aus mehr als drei Millionen möglichen Artikeln zusammenstellen. Und das Konzept scheint aufzugehen: Nach anderthalb Jahren meldete das französische Start up bereits mehr als 210.000 von Nutzern eingerichtete Zlio-Shops. »Wir wollen die weltgrößte digitale Vertriebsmannschaft schaffen«, sagte Zlio-Gründer Jeremie Berrebi auf der Web 2.0 Expo in Berlin im November 2007.
- Ein anderes Beispiel ist der Dresdner Musikdienst Yoosic. Dort können Musikfans ebenso wie Bands und kleine Plattenlabels seit 2006 Download-Stores einrichten, dafür künstlerübergreifend Musikkollektionen zusammenstellen und über einen selbst gewählten Preisaufschlag an den Verkäufen partizipieren (www.yoosic.de).
- Amazon hat im Sommer 2006 als eine der ersten traditionellen Shopping-Plattformen Affiliate-Stores für jedermann, Astores genannt, gestartet und erlaubt seitdem einer breiten Nutzerschaft, auf einfache Weise, eigene Partner-Stores einzurichten, diese nach Wahl zu bestücken und in ihre persönlichen Seiten (Homepage, Weblog, MySpace-Profil et cetera) zu integrieren. Amazon zahlt Provisionen zwischen fünf und zehn Prozent je Kauf (http://astore.amazon.de).

Letztlich übertragen die oben genannten Dienste das im Versandhandel über Jahrzehnte übliche Sammelbesteller-Prinzip von Quelle & Co. beziehungsweise das im Direktvertrieb bewährte Prinzip der Tupperparty auf den Online-Handel: Eine Gruppe von engagierten und sehr aktiven Nutzern bündelt und kanalisiert die Nachfrage, indem sie näher an der Zielgruppe operiert, als Händler und Hersteller dies könnten.

Widgets: Rädchen im Getriebe dezentraler Verkaufsstrukturen

Als nutzergetriebene Variante des E-Commerce setzt Social Commerce bewusst und sehr gezielt auf aktive Nutzer. Deshalb sind verteilte, dezentrale Strukturen ein wesentliches Merkmal. Hier sind Verkaufselemente nötig, die der Nutzer eigenständig und vor Ort einsetzen kann. Das können entweder die oben beschriebenen Affiliate-Stores sein. Oder als weitere Möglichkeit Widget-Lösungen. Widgets sind kleine, individuell konfigurierbare Programmelemente, die sich frei auf Webseiten (Websites oder Social Networks wie MySpace und Facebook) implantieren lassen. Mithilfe von Widgets können die Nutzer Lieblingsprodukte, Wunschlisten und Empfehlungen platzieren. So gut wie alle Social-Shopping-Plattformen bieten in der einen oder anderen Form auch Widgets an. Manchmal werden diese auch Badges oder Gadgets genannt.

DIY-Shops – Verkaufsflächen für Kreativ-Nischen: Im Zuge des Web 2.0 haben auch Klassiker der Gestaltungsszene ihren Platz gefunden. Traditionelle Handarbeiten boomen – trotz oder gerade wegen Digitalisierung und Massenproduktion. Die Nischenmaschine Internet liefert dem passionierten Selbermacher einen neuen Raum zur Expression, bringt eine Mikroökonomie hervor und holt auf der anderen Seite Konsumenten aus der Belanglosigkeit des Massenkonsums heraus. Es entstehen Sehnsuchtsmärkte, in denen die Produktaura das entscheidende Verkaufsargument ist. Im Long Tail des Internets findet auch die absurdeste Kreation einen Abnehmer. Und so können Hobby-Kreative über diverse Portale Unikate feilbieten.

- Etsy.com ist nach zweijährigem Bestehen rund 300.000 Mitglieder stark, beschäftigt 42 Mitarbeiter und hat mit dem Medienriesen Burda einen großen Investor gewonnen. Die Registrierung ist kostenlos. Für jedes Produkt, das der Verkäufer in seinen Etsy-Shop stellen möchte, fallen 20 US-Cent Gebühren an und bei einem Verkauf gehen 3,5 Prozent des Umsatzes an Etsy. Von der selbst genähten Handtasche bis zum Ingwerplätzchen – alles was selbst gemacht werden kann, wird bei Etsy angeboten. Das riesige Sortiment lässt sich nach verschiedenen Kategorien durchstöbern, selbst die Suche nach Farben ist möglich.
- Das deutsche Erfolgsmodell der Do-it-Yourself-Shops heißt Dawanda.de. Mit 12.000 Verkäufern ist Dawanda zwar kleiner als das amerikanische Vorbild Etsy, doch die Resonanz steigt. Insgesamt werden bereits über 130.000 DIY-Produkte angeboten. Mit dem Risikokapitalgeber Holtzbrinck Venture im Rücken hat sich das Startup selbst die Plattform Sozeug.net einverleibt und bereits Webpräsenzen in Frankreich und England aufgebaut. Das Einstellen der Artikel ist kostenlos, für jeden Verkauf fordert Dawanda fünf Prozent der Einnahmen. Das Motto »Products with Love« trifft genau die Wünsche der Kunden und die der kreativen Handarbeiter, denn hier werden ihre Basteleien als authentische Designerstücke anerkannt und geschätzt. Über Lieblingslisten geben sich die rund 100.000 User gegenseitig Empfehlungen und tauschen sich aus.
- Auf der Plattform Zazzle.com trifft Mass Customization auf den Long Tail des Internets. Insbesondere Merchandising- und Werbeartikel lassen sich hier mit ein paar Klicks personalisieren und direkt über den Online-Shop bestellen. Das Unternehmen versteht sich als On-Demand-Manufaktur und experimentiert bereits seit 1999 mit neuen Printtechnologien und Mass-Customization-Konzepten im Internet. Seit 2003 baut Zazzle das gleichnamige Portal aus. 500.000 personalisierbare Produkte wurden seither auf der Plattform entwickelt.

Goods-Guide – »Wünsch-dir-was« der neuen Online-Welt: So unbegrenzt wie die Möglichkeiten des Web 2.0 ist auch das Meer an Shops, Produkten und Informationen, die dem User zur Verfügung stehen. Wer von dieser Angebotsfülle noch profitieren will, muss den Überblick behalten und solide Informationen von Datenmüll trennen können. Wem das allein nicht gelingt, erhält in Web-Foren tatkräftige Unterstützung. Seiten wie Yieeha.de, Thisnext.com oder Edelight.de sind darauf ausgerichtet, ihren Mitgliedern Orientierung im Dschungelmarkt des Internets Orientierung zu geben.

- Yieeha.de funktioniert nach dem Wunschlisten-Prinzip und ist auf ausgefallene, kreative Artikel spezialisiert. Jedes Mitglied kann seine Produktwünsche auf seine Wunschliste setzen. So kann er entweder von anderen Mitgliedern, die diese Produkte besitzen, wertvolle Tipps zur Wahl und zum Kauf bekommen. Oder aber man hat das Glück, ein Produkt seiner Wunschliste zu gewinnen. Yieeha.de kooperiert mit Anbietern, die zu Werbezwecken Artikel an die Mitglieder der Plattform verlosen. Über die Wunschlisten sollen aber auch neue Produkte entdeckt und der Kontakt zwischen den 8.000 Yieeha-Nutzern intensiviert werden. Die Firma besteht seit Ende 2006.
- Edelight.de ist ebenfalls ein Startup in Sachen Wunscherfüllung. Als Social-Shopping-Dienst unterstützt es Unentschlossene bei der Produktauswahl. Nachdem man bestimmte Angaben zu seiner Person gemacht hat, werden über Lieblingslisten anderer Mitglieder, die Ähnlichkeiten zum eigenen Profil aufweisen, gezielt Produkte vorgeschlagen. Auch die Frage, was man zum Geburtstag der Schwiegermutter verschenken soll, ist damit erledigt. Einfach einen kurzen Steckbrief der zu Beschenkenden im Internet ausfüllen und schon bekommt man den passenden Tipp und die Bezugsquelle geliefert. Damit die Lieblingslisten auch stets mit Insidertipps gefüllt sind, macht Edelight mit den Autoren bei der Verkaufsprovision der Shop-Partner fifty-fifty. Die Community dient den Mitgliedern als Kommunikationsraum, auf dem »blogdelight« stehen die drei Firmengründer in direktem Kontakt zu den Mitgliedern und Interessenten. Sie ermutigen auch andere Startups, innovative Verkaufskonzepte auszutesten. Risikokapitalgeber von Edelight ist Burda.
- Die englischsprachige Plattform Thisnext.com bezeichnet sich selbst als »shopcasting network« und baut auf dem gleichen Konzept auf: In einer Mischung aus Selbstdarstellung und Beratungsplattform sollen sich die Mitglieder über ihre Lieblingslisten austauschen und Neues entdecken.
- Mode ist ein optimales Thema für Social-Shopping-Dienste, weil hier die Stärken dieses Modells am besten zum Tragen kommen. In den USA sorgt seit Mitte 2007 Polyvore (www.polyvore.com) für Aufsehen. Mittlerweile auch ein Blockbuster unter den Shopping-Anwendungen in Facebook, stehen bei Polyvore neben den Produktempfehlungen gestalterische Elemen-

te stark im Vordergrund. Denn Polyvore macht seine Nutzer zu virtuellen Modeschöpfern. Alle Bilder aus dem Produktkatalog gibt es als freigestellte Fotos, so dass sich die Nutzer eigenständig Outfits und Produktkombinationen (de facto selbst erstellte Katalogseiten) zusammenstellen können und mit eigenen Hintergrundmotiven versehen können. Es entstehen dabei eigene kleine Kunstwerke, die von anderen Nutzern abonniert werden können. Genauso lassen sie sich als Widget in andere Seiten einbetten. Da alle Produktbilder weiterhin mit Empfehlungslinks versehen sind, profitiert Polyvore beim Kauf von den Affiliate-Provisionen. Mittlerweile besuchen rund eine Million User monatlich die Seiten von Polyvore.

Tauschbörsen – Königsdisziplin der P2P-Economy: Online-Communitys sind die nutzerfreundliche Antwort auf kostenpflichtige Musikportale, Videotheken oder Buchhändler. Um legal möglichst günstig an neue Musik, Hörbücher oder Filme zu kommen, greifen User auf eine Methode zurück, die so alt ist wie die Menschheit selbst: Das Tauschen.

- Bei Hitflip.de ist jedes Mitglied dazu aufgefordert, seine CDs, DVDs oder PC-Spiele zu registrieren und in einer eigenen Online-Bibliothek zu verwalten. Gibt es einen Interessenten für einen Artikel, bekommt er ihn per Post zugeschickt. Für jedes versendete Produkt erhält der User so genannte »Flips«, die er wiederum gegen Artikel tauschen kann. Wer nichts einzutauschen hat, kann für 99 Cent Flips erwerben und CDs ordern. Inzwischen stehen rund 350.000 Artikel zum Tausch auf der Plattform zur Verfügung. 20 Mitarbeiter betreuen die seit 2005 bestehende Tauschbörse.

Auction-Action – Nervenkitzel und Suchtpotenzial im Online-Shopping: Onlinebasierte Auktionshäuser sind an sich nichts Neues. Zahlreiche Ebay-Kopien wie Hood.de, Auxion.de oder Auvito.de wetteifern um Verkäufer und Käufer, die sich auf ihren Seiten niederlassen. Doch selbst dieser Bereich weist noch Innovationspotenziale auf.

- Im Sommer 2007 gründeten die Brüder Jörn und Kris Kunts das Portal Luupo.de, das sich als Handels- und Erlebnisplattform des Social Commerce versteht. Bei Luupo.de wird dank eines raffinierten Verkaufssystems Markenware enorm günstig versteigert. Der Clou: Die Versteigerung verläuft nicht nach dem klassischen Höchstbieter-Prinzip, sondern es gilt zu unterbieten. Je mehr sich für einen Artikel interessieren, desto schneller sinkt der Preis. Jedes Gebot kostet einen »Luupo«, der in Paketen von 10 bis 400 Luupos zu je 49 Cent online erworben werden kann. Bieten nun viele Kunden auf einen Artikel, sinkt der Preis um einen Luupo pro Bieter. Ist der Preis auf eine für den Käufer akzeptable Höhe gefallen, kann er per Sofortkauf zuschlagen. Bei einem »Gewinnkauf« gewinnt derjenige das Produkt, der mit dem letzten Gebot den Preis auf null Euro bringt. Auf diesem Weg bringt die Luupo AG nicht nur eine Menge Spannung und Nervenkitzel in den Online-Handel, sondern verkauft Neuware zu unschlagbaren Preisen. Im Gründerwettbewerb 2007 des Bundesministeriums für Wirtschaft und Technologie zählte das Startup zu den Hauptgewinnern.

Rang	Auktion	Auktionen
1	Ebay.de	7.342.903
2	Hood.de	1.529.152
3	Auxion.de	859.618
4	Auvito.de	609.556
5	Besteauktion.de	524.227
6	Amprice.de	267.542
7	Filmundo.de	253.226
8	Amazon.de	117.227
9	Onetwosold.de	103.925
10	Azubo.de	80.159

Abbildung 23: Auction-Action im deutschsprachigen Internet: laufende Online-Auktionen im Juni 2007 (Quelle: Auktionssuche.de)

Deal-of-the-Day-Shops – Eldorado für passionierte Schnäppchenjäger: Shoppingerfahrene Online-Nutzer lassen sich weitaus leichter für neue Formen des Online-Handels begeistern. Dies spüren Aktions- und Live-Shopping-Dienste, die täglich ausschließlich ein einziges Produkt in begrenzter Stückzahl anbieten (so genannte Deal-oft-the-Day-Shops oder One-a-Day-Websites).

- Woot! (www.woot.com) – »One Day, One Deal« – beweist seit Mitte 2004, wie man mit nur einem einzigen Produkt am Tag eine stetig wachsende Nutzerschar begeistern kann. Woot! hat inzwischen über eine Million registrierte Mitglieder und erzielte 2007, im dritten vollen Geschäftsjahr, einen geschätzten Jahresumsatz von mehr als 70 Millionen US-Dollar. Woot! hat keine Nutzer, sondern Fans. Bis 0:00 Uhr ist unbekannt, welches Produkt angeboten wird. Ebenso wenig wissen die User, wie viele Artikel auf Lager sind. Wer also zum Zuge kommen möchte, muss regelmäßig, am besten noch nachts, bei Woot! vorbeischauen. Allabendlich um Mitternacht lauern so rund 10.000 User vor ihrem PC, um sich das neue Schnäppchen zu sichern. In der Woot!-Community, über Podcasts und Kommentare, unterstützen sich die Mitglieder gegenseitig bei den Spekulationen über das nächste Produkt. Mittlerweile haben viele andere Anbieter das Erfolgspotenzial dieses Verkaufskonzeptes gewittert. Vermehrt trifft man bereits auf »Deal-of-the-Day's« in herkömmlichen Online-Shops (etwa auf www.fahrrad.de oder im Apple Store). Woot!-Kopien sind Ibood.com (www.ibood.com) oder Guut.de (www.guut.de).

- Auch branchenspezifische Websites, die auf dem Nur-solange-der-Vorrat-reicht-Verkaufskonzept aufbauen, werden zahlreicher: Unter www.crash-tarife.de werden Handyverträge als Last-Minute-Schnäppchen feilgeboten. Niboki (www.niboki.com) stellt »Woche für Woche« exakt ein handgemaltes Gemälde zum Verkauf. Und auf Abedi (www.abedi.de) werden täglich Urlaubsreisen vertickt – »nur 3 Tage buchbar«. Ein Kommentarfeld bietet Nutzern zudem die Möglichkeit, ihre Sehnsüchte und Befürchtungen rund um das Angebot kundzutun.
- Schutzgeld.de ist ein nennenswertes Startup aus Deutschland, das mit spielerischem Mafiosi-Charme für ein spannendes Einkaufserlebnis sorgt. Seit 2006 wächst auch diese Community beständig. Etwa 8.000 Mitglieder stöbern hier in bewährter Woot!-Manier regelmäßig nach dem »Preisverbrechen des Tages« und sorgen für Umsatz.

Social Shopping am Point-of-Sale – Sozialmedien verändern auch das Shopping-Erlebnis im stationären Handel: Technologische Innovationen, die den Social-Networking-Trend des Internets im realen Hier und Jetzt erlebbar machen, werden das Shopping-Erlebnis und insbesondere den Verkauf von Mode nachhaltig prägen. Denn die Generation MySpace hat keine Hemmungen im Umgang mit neuen Gadgets und Online-Anwendungen. Im Gegenteil: Handy und Internet sind die entscheidenden Kommunikations- und Informationstools der jungen Zielgruppen von heute. Sie pflegen ihren Freundeskreis vornehmlich über digitale Vernetzungsplattformen. Und genau hier setzen innovative Store-Konzepte an.

- Fernberatung in der Multimedia-Garderobe: Die US-amerikanische Modebranche versucht bereits, die neuen kommunikativen Muster in ihre Marketingstrategien zu integrieren. Das Konzept des »Social Retailing« etwa, umgesetzt von dem New Yorker Designunternehmen IconNicholson. Kernstück ist der Ankleidebereich, bestehend aus Spiegel, Computer und Kamera. Der Shopper steht vor einem überdimensionalen Magic Mirror, auf dessen Fläche je nach Knopfdruck Röcke, T-Shirts oder Gürtel erscheinen und so die Robe auf den Leib »geschneidert« wird, ohne sich erst umständlich umziehen zu müssen. Die beigestellte Kamera filmt Kunden dabei und überträgt die Kleidungs-Kombinationen an ihre Freunde zu Hause, die über das Internet beobachtend teilnehmen. Diese wiederum schicken ihre Kommentare per Handy an den Adressaten, der das elektronische Feedback ebenfalls auf dem Spiegel lesen kann (www.iconnicholson.com/nrf07).

Grundkoordinaten: Was beim Social Shopping wichtig ist

Aus E-Commerce wird Dialoghandel: Social Commerce ist kein isolierter Spezialtrend, der sich nur innerhalb des Mediensystems manifestiert. Vielmehr verändert er bereits mit großer Wucht unsere Konsumlandschaften.

Online-Shopping wird zum Realzeit-Einkauf: Das Internet ist bereits ein Live-Medium, zu dem ständiger Zugang gewährleistet ist – sei es mobil oder über den PC. Deshalb werden community-integrierte Verkaufskonzepte an Bedeutung gewinnen.

Der Konsument von morgen ist ein Rollenspieler: Der viel beschworene Prosument hat durch Web 2.0 endgültig ein Gesicht bekommen. Aus dem Ikea-Regal-Fertigbauer (Version Prosument 1.0) wurde der infoelitäre, kollaborationslustige, co-kreative Prosument 2.0, der den Rollenwechsel vom Käufer zum Verkäufer spätestens seit Ebay zu perfektionieren beginnt. In der neuen Netzkultur kann er seine Rollen nach Belieben modulieren: Er wird zum Peer-to-Peer-Kreditgeber, zum Tausch-Händler, zum Nischen-Shopbetreiber oder Empfehlungs-Blogger.

Future-Shopping 2020: Eine Familie im Social-Shopping-Fieber

Samstagmorgen, 17. Oktober 2020: Eine Patchwork-Familie in einer Kleinstadt im Rhein-Main-Gebiet.

8.00 Uhr: Jens K. (45) holt sich seine personalisierte Zeitung aus dem (immer noch) blechernen, rostigen Briefkasten. Das PersonalPaper ist nichts anderes als ein haptisch anspruchsvoller Druck des lokalen News-Providers. Früher hieß sie *Frankfurter Rundschau* – im Jahre 2020 *Your Interest.* Die News aus der Blogosphäre sind auf sein im Internet hinterlegtes Interessensprofil abgestimmt. Den Sportteil dominieren Tischtennis und Ringen, Sportarten, für die er sich am meisten interessiert. Insbesondere aber der Geburtstags-Reminder auf Seite eins hat Jens K. schon so manchen Fauxpas erspart.

9.00 Uhr: Jens' Sohn aus zweiter Ehe Adam K. (15) quält sich aus seinem Audio-Kokoon und checkt seine rund 35 RSS-Feeds, Kommentar-Replys und SecMails (Spam-freie E-Mails), die auf seinem iPhone eingegangen sind. Ins Netz geht er wireless über FON, das vor rund 13 Jahren die euphorische Web-2.0-Phase überlebt hat und kostenfrei WLAN-Zugänge in die entlegendsten Weiler bringt. Adam will heute früh vor allem wissen, wie das Angebot auf der beliebten Auktionsseite Luupo aussieht. Bis 3 Uhr in der Nacht hat er mit zahlreichen anderen Usern versucht, den Verkaufspreis eines Retro-Telefons mit Wählscheibe nach unten zu schrauben. Als er vor seinem Touchscreen einschlief, lag der Preis bereits bei 132 statt 399 Euro. Er selbst hat 10 Luupos à 99 Cent auf der Plattform ausgegeben.

10.00 Uhr: Adams Wahlschwester Lea S. (20) druckt sich gleich nach dem Aufstehen den »Reputation-Defender-Report« aus. An ClaimID hat sie bereits das Weblog-Monitoring zu ihrer Person outgesourct. Neben dem Fullservice-Paket »Digitales Identitätsmanagement« übernimmt der Dienstleister auch die Verwaltung ihrer IDs und Passwörter und löst alle relevanten IT-Sicherheitsfragen. Online-Shopping boomt seitdem ungemein, weil insbesondere Zahlungsvorgänge sicherer geworden sind. Nach ihrem allmorgendlichen Media-Update trifft sich Lea mit ihren Lokalisten.de-Freunden zum Brunch im Café Analog. Dort kommen sie jeden Samstag zusammen, weil man hier »seine Ruhe hat«, wie Lea sagt. Das Café hat sich bewusst zur WLAN-freien Zone erklärt. Selbst die Tischreservierung (mindestens zwei Wochen im Voraus) läuft über handschriftliche Postkarten. Die nötigen Briefmarken allerdings druckt man sich übers Netz aus.

11.00 Uhr: Der Postbote klingelt. Er bringt Adams neues T-Shirt, das er stolz seiner großen Schwester präsentiert. Seine Brust schmückt der Aufdruck »I don't need fun to drink alcohol«. Er hat es selbst über Spreadshirt gestaltet und bestellt.

12.00 Uhr: Claudia S. (40), die Lebensgefährtin von Jens, die er vor sechs Jahren über das Internet kennengelernt hat, macht sich nach dem Frühstück auf ins nahe gelegene Reisebüro. Das organisiert mittlerweile den Ausstieg aus dem Netz der gesamten Patchwork-Familie. Einmal im Jahr machen sie Urlaub in den Bergen. In dieser Zeit übernimmt der TUI-Netzagent die Webtop-Organisation aller Familienmitglieder, Auktionsgebots-Controlling und Abwesenheitsmails. Lediglich Sohnemann Adam hat sein iPhone dabei – wegen der GPS-Funktion. Damit lässt er sich die Wanderroute durchsagen sowie Hinweise zu Naturdenkmälern und Sehenswürdigkeiten per Audio-Kurzfeature (Podcast des ortsansässigen Tourismusbüros) zuspielen. Die Stimme von Reinhold Messner wird mittlerweile elektronisch geklont. Bezahlt wird die Reise erst nach der Rückkehr aus dem Urlaub. Denn die Familie sammelt über das iPhone-DAK-Wolfskin-Portal Kilometer. Jeder Wanderkilometer schlägt mit satten Rabatten bei den monatlichen Krankenkassenbeiträgen und bei den Endpreisen von Gesundheitsreisen zu Buche.

14.00 Uhr: Lea ist aus dem Café zurück und verwandelt das Wohnzimmer der Familie in eine Töpferwerkstatt. Sie bastelt an einem japanischen Teeservice. Sie möchte später einmal Produktdesignerin werden und studiert derzeit »Gebrauchskunst« in Offenbach. Viele ihrer Werke hat sie schon über das Kreativportal Dawanda verkauft.

15.00 Uhr: Leas Ersatzvater Jens muss ein paar Kundenanfragen, die sein Verkaufsavatar nicht beantworten konnte, abarbeiten. Als Ebay-Verkäufer gestartet hat er sich schon vor 10 Jahren selbstständig gemacht und betreibt nun einen Affiliate-Store über Zlio. Sein Nischenangebot: Schokolade in allen Variationen – vom Riegel bis zur frischen Torte. Er weiß alles über Kakaobohnen und Herstellungsverfahren und vor allem, wo Connaisseure die süßen Edelprodukte am günstigsten bekommen. Auf Dealjaeger.de teilt er sein Wissen mit anderen Insidern und sammelt für gute Verbrauchertipps Punkte, die am Monatsende in ein beachtliches Honorar eingetauscht werden.

16.00 Uhr: Vor fünf Jahren noch fuhr die gesamte Familie am Samstagnachmittag auf die grüne Wiese, um in der dortigen Mega-Mall einzukaufen. Wegen Unrentabilität allerdings wurde der »Ramschpalast«, wie er am Ende nur noch genannt wurde, geschlossen und abgerissen. Die grüne Wiese wurde renaturiert. Der Familieneinkauf findet heute beiläufig statt. Adam hat über den Familienverteiler den Auftrag bekommen, im nahegelegenen Mikro-Markt frisches Gemüse für den morgigen Sonntag einzukaufen. Vorher hat er sich über eine Live-Cam von der Vorrätigkeit der Pastinaken überzeugt und lässt sie sich per »drag and drop« zurücklegen.

18.00 Uhr: Claudia holt ihre kleine gemeinsame Tochter ab. Da sie und Jens K. am Samstagnachmittag immer arbeiten müssen, geht Aileen (3) zu Leihoma Christel, die sie über die Senioren-Jobvermittlung Ahano.de gebucht haben.

Aileens leibliche Großeltern wohnen in Hamburg und München. Ihre Wahlgeschwister weigern sich beharrlich, den Samstag fürs Babysitting zu opfern.

20.15 Uhr: Lea verbringt die Primetime als Neo-Couch-Potatoe im Internet. Das maßgeschneiderte Fernsehprogramm liefert der IPTV-Provider Joost. Sie schätzt daran vor allem die Community-Tools und Video-Shopping-Funktionen. Nahezu alle Requisiten von Filmen, Shows und Musikvideos sind per Klick zu kaufen. Meistens aber lässt sie sich anzeigen, in welcher nächstgelegenen Boutique die gewünschte Klamotte zur Anprobe bereit liegt. Ihre Pizza ordert sie ebenfalls über die IPTV-Community. Dort markieren die Mitglieder ihre täglichen Arbeitswege in einer integrierten Google-Map. Durch Nachbar-Zustellungen von online georderten Produkten aus Fast-Good-Restaurants, Delikatess- oder Tante-Emma-Läden können sich heute Geringverdiener und Studenten etwas nebenher verdienen. Auch Karstadt ist auf den Zug aufgesprungen: »Kein Weg umsonst« hieß die groß angelegte Kampagne für kooperative Bring-Services.

21.00 Uhr: Opa Alex hat es sich im Hobbykeller bequem gemacht, um an seiner Carrerabahn zu schrauben, die er neulich über die Peer-to-Peer-Plattform Hitflip.de gegen seine Briefmarkensammlung eingetauscht hat. Nebenbei schaut er über seinen mobilen Multimedia-Player Fußball (FC Bayern München gegen Boca Juniors). Google hatte sich bereits 2015 die Übertragungsrechte für alle Spiele der Soccer World League gesichert und die gesamte Aktion mit einem Relaunch der User-generated-Videoplattform YouTube verbunden. Seit dem ist Paid-Content im Netz wieder ein gangbares Geschäftsmodell. Denn alleine die 3-D-Live-Videos der höchsten Spielklasse des internationalen Fußballs bringen dem Unternehmen gut zwei Drittel der gesamten Erlöse. Mit Werbung verdient Google schon lange kein Geld mehr.

23.30 Uhr: Kurz vor dem Zubettgehen fällt Claudia ein, dass sie noch ein Geburtstagsgeschenk für Leihoma Christel besorgen muss. Auf Edelight.de füllt sie einen kurzen Steckbrief über die »Super Granny« aus und schon erhält sie viele schöne passende Geschenkideen. Zum Glück kann sie das Präsent im verlinkten Shop auch gleich bestellen – mit Liefergarantie zum Sonntagmorgen 11 Uhr.

23.59 Uhr: Jens sitzt wie jeden Abend um diese Zeit vor seinem Retro-PC, die Tastatur im Anschlag und gespannt auf das aktuelle Angebot auf Woot!. Jede Nacht um 24 Uhr wird genau ein Produkt auf der Plattform angeboten. Gerüchten in der Community zufolge soll es eine Pralinen-Maschine sein – natürlich nur solange der Vorrat reicht.

2.4 Trend 4: Stand-up-Consumer

Der prototypische Stand-up-Consumer ist ein global agierender Business-Nomade. Nur weil er die goldene Vielfliegerkarte in der Brieftasche stecken hat, bedeutet das aber noch nicht, dass er ein hochdotierter Top-Manager ist. Als polyglotter und output-orientierter Weltbürger jungen bis mittleren Alters ist er eher ein Getriebener seiner globalisierten Umstände. Mit seinem im Vergleich zum Arbeiter aus der »alten industriellen Welt« überdurchschnittlichen Gehalt kann man ihn durchaus zur Kaste der »Time poor – Money rich« zählen: Er hat fast gar keine Zeit, möchte aber am liebsten alles zu jeder Zeit haben, und das lässt er sich gerne auch etwas kosten. Der Stand-up-Shopper kann es sich leisten, beim Konsum grundsätzlich seiner momentanen Situation und Befindlichkeit zu folgen. Seine Bedürfnislage wird nicht primär durch seinen Geldbeutel, sein Alter oder sein Geschlecht bestimmt, sondern durch die Erfordernisse des Augenblicks. Der Stand-up-Shopper ist vor allem um die Vereinfachung seines Alltags bemüht, die Verfügbarkeit von intelligenten Unterstützungsdienstleistungen – und das am besten individuell auf seine Person zugeschnitten. Denn wenn ihm auch das Konsumieren als solches nichts bedeutet, geht es ihm doch um die Wahrung eines gewissen Stils, und er braucht unbedingt ein abgestimmtes, leicht gehobenes Ambiente, um sich wohl zu fühlen. Um sich in seiner knapp bemessenen Freizeit zu erholen und sein Entertainment-Programm zu gestalten, greift er gerne etwas tiefer in die Tasche, ohne dabei übertriebenem Luxus zu frönen. Aber: Die »Basics« müssen stimmen, keine langen Wartezeiten (wie in der Woche am Flughafen), keine Veranstaltung ohne die richtigen Getränke, kein Urlaubsapartment ohne Geschirrspüler. Und irgendwie sind wir alle ein wenig Stand-up-Consumer, wenn wir unterwegs sind, unser Alltag uns mal wieder zur Eile drängt und wir noch schnell nach der Arbeit unsere Besorgungen erledigen.

Der Stand-up-Consumer fühlt sich wichtig und verlangt bedingungslose Aufmerksamkeit. Er bewegt sich von Shopping-Bühne zu Shopping-Bühne – eine Shopping-Diva, die stets auf der Suche nach Service und Unterstützung ist, während sie sich durch eine stressige Welt navigiert. Konsum ist ein ständiger Begleiter, der temporäre Anforderungen und Bedürfnisse im Leben des Stand-up-Shoppers unterstützt. Der Stand-up-Shopper konsumiert pragmatisch und tendenziell eher allein, da Shopping für ihn (leider) kein sozialer Akt ist. Er stört sich entsprechend auch nicht an einer automatisierten Abfertigung, wenn es der umgehenden Wunschbefriedigung dient.

Warum der öffentliche Raum zum verlängerten Zuhause wird

Nie zuvor wurde das Leben der Menschen so entscheidend durch den Megatrend Mobilität geprägt wie im 21. Jahrhundert. Wir alle sind, beruflich wie privat, immer mehr unterwegs und verbringen einen erheblichen Anteil unserer Lebenszeit im Transit. Das Dazwischen, der öffentliche Raum von Bahnhöfen, Flughäfen und Raststätten wandelt sich in Zeiten der Globalisierung vom Nebenschauplatz zur Bühne unseres Lebens. Ebenso wie unser Alltag entscheidend vom Mobilitätstrend beeinflusst wird, so unterliegt ihm auch unsere Konsum- und Shopping-Kultur. Der Konsumstil der Zukunft wird von der Omnipräsenz und Zeitlosigkeit unserer Wünsche gezeichnet sein und den Stand-up-Commerce, den Stegreifkonsum, als dominante Spielart hervorbringen.

Die Stand-up-Konsumenten, wo immer sie sich gerade auf der Welt bewegen, können und wollen ihre individuellen, situativen und schnell wechselnden Konsumbedürfnisse befriedigen – und damit ein bisschen Zuhause und Kontinuität miterwerben. Sie sind offen für Services jeder Art, die ihnen das Leben im Transit erleichtern und sie sind froh, wenn sich eine Möglichkeit für Unterhaltung und Entspannung an den mitunter unwirtlichen Nicht-Orten ihres mobilen Lebens bietet. Der öffentliche Raum wandelt sich dabei gleichzeitig zum mobilen Wohnzimmer, Esszimmer und Büro. Einige Zahlen hierzu:

- Laut der World Tourism Organisation (WTO) wird bis zum Jahr 2020 die Zahl der weltweiten touristischen Ankünfte die 1,5 Milliarden-Marke übersteigen. Zum Vergleich: Im Jahr 1995 lag die Zahl der Ankünfte noch bei 565 Millionen.
- Jährlich sind rund 1,8 Milliarden Menschen in den Zügen der DB unterwegs und legen dabei weit über 70 Milliarden Personenkilometer zurück.
- Fast jede zehnte Beziehung ist eine Fernbeziehung.

Mobilität ist aber nicht nur rein geografisch zu verstehen, sondern meint auch die übergeordnete Meta-Mobilität, die sich auf gedanklicher, sozialer und beruflicher Ebene ausdrückt. Das Ergebnis sind extrem knappe Zeit- und Aufmerksamkeitsressourcen, die dem Handel zur Verfügung stehen, um den Stand-up-Consumer zu erreichen. Mobilität hat bereits begonnen, den Handel fundamental zu verändern. So ist beispielsweise die Aufweichung des Ladenschlussgesetzes zu einem großen Teil der zunehmenden beruflichen Mobilität geschuldet. Vor gut 30 Jahren war es in Deutschland verboten, unter der Woche länger als bis 18.30 Uhr zu öffnen. Dies war aber auch nur selten wünschenswert, denn starre Arbeitszeitregelungen im Takt von Produktionsmaschinen und Fließbändern bestimmten den Tagesablauf der Männer, während sich die Frauen zu den gängigen Ladenöffnungszeiten dem Einkauf widmeten. Durch eine zunehmende Flexibilisierung der Arbeitszeit und die gestiegene Erwerbstätigkeit von Frauen haben sich die strengen Regularien früherer Jahrzehnte überholt. Sie passen längst nicht mehr zur Lebenswirklichkeit in Deutschland, und die Liberalisierung des Ladenschlussgesetzes war nur der Anfang auf dem langen Weg zu einer wirklich convenience-orientierten Gesetzeslage.

Die Welt als Point of Sale

Globalisierung wirkt sich auf weit mehr Lebensbereiche aus, als lediglich die globale Containerverschiffung zu steigern oder die Zahl der multinationalen Konzerne in die Höhe zu treiben. Globalisierung verändert unser (Shopping-)Leben. Analog zu den Märkten und unserer Arbeitswelt werden auch unser Beziehungsleben und unsere Shopping-Welten in den nächsten Jahren sukzessive globalisiert.

Flughäfen sind die Testmärkte der Konsumwelten von morgen, wie der Vorstandsvorsitzende der Fraport AG Dr. Wilhelm Bender erläutert: »Die Konsumbedürfnisse verändern sich, weil sich auf Grund der weltweiten demografischen Entwicklung die Kunden selbst ändern. Neue Märkte entwickeln sich, und auch das Reiseverhalten ist im Wandel. Wir haben hier am Flughafen natürlich eine besondere internationale Kundenstruktur, deren Bedürfnisse sehr unterschiedlich sind. Wir arbeiten täglich an unserem Flughafen, um in diesen Punkten weitere Verbesserungen zu erzielen.«

Im Zuge der Auflösung nationalstaatlicher Grenzen in der EU und durch die weiter voranschreitende Globalisierung der Märkte wird auch unser Konsum zunehmend globaler Natur. Und obwohl sich die Gewohnheiten im globalen Dorf in vielerlei Hinsicht annähern, wird eine grundlegende kulturelle Diversität bestehen bleiben, und es ist wichtig, die damit verbundenen kulturellen Bedürfnisse und Ansprüche zu bedienen. Man erinnere sich in diesem Zusammenhang an das halb nackte deutsche WM-Maskottchen, das sich wegen mangelnder kultureller Rücksichtnahme als Ladenhüter erwies.

Dass Kultursensitivität nicht nur eine notwendige Eigenschaft ist, sondern auch ein USP zum Erschließen völlig neuer Märkte darstellen kann, wird besonders schön am Beispiel der australischen Designerin Aheda Zanetti deutlich. Als Kind libanesischer Einwanderer war es ihr nicht erlaubt, mit ihren Freunden schwimmen zu gehen – nach den strengen islamischen Regeln ihrer Eltern musste sie stets ihren Körper verhüllt halten, ausgenommen waren nur Gesicht, Hände und Füße. Die Lösung war der Burkini, eine Mischung aus Burka und Bikini. Zugegeben: Die australo-islamische Bademode erinnert in ihrer Form noch eher an das traditionelle islamkonforme Gewand, kann aber mit leuchtenden Farben und schnell trocknenden Hightech-Fasern garantiert auch bei den hiesigen islamischen Mitbürgern punkten.

»Always on«: Die globale Vernetzung

Stand-up-Consumer sind eine Zielgruppe mit Zukunft, aber schwer erreichbar und noch schwerer zufrieden zu stellen. Sie konsumieren nicht nur unterwegs mit hoher Intensität. Für Stand-up-Consumer ist der virtuelle Konsum bereits etwas höchst Reales und Normales. Einer der wichtigsten globalen Treiber zukünftiger wirtschaftlicher Entwicklung ist der Megatrend »Connectivity«. Damit wird der steigende Vernetzungsgrad durch die Allgegenwart moderner Kommunikationstechnologien bezeichnet, der sich beispielsweise in der Zahl der Mobiltelefone ausdrückt.

- Schon 2001 hat diese Zahl die der Festnetzanschlüsse in Deutschland überschritten, und rund ein Viertel der Haushalte benutzt gar nur noch das Handy.
- Weltweit gibt es etwa drei Milliarden Mobilfunkanschlüsse, in Deutschland sind es inzwischen über 100 Millionen.
- Insgesamt sind Schätzungen der International Communications Union zufolge rund 1,2 Milliarden Menschen weltweit online.
- In öffentliche Wireless-Netzwerke kann man sich inzwischen an über 231.000 Stellen in der Welt einwählen. In Deutschland sind es knapp 15.000, so dass quasi jeder Flughafen, Bahnhof und viele Autobahnraststätten öffentliche Zugänge bieten.

Vom Fließbandarbeiter zum Freelancer

Die offizielle Arbeitsmarktstatistik zeigt es seit Jahren: Wir verabschieden uns vom Industriezeitalter. Von den 38,8 Millionen Erwerbstätigen in Deutschland im Jahr 2005 arbeiteten bereits 20,3 Millionen in den so genannten »übrigen Wirtschaftsbereichen«, also vor allem im Dienstleistungssektor. Die zukünftige Arbeitswelt wird darüber hinaus durch wachsendes »Freelancertum«, Flexibilisierung der Arbeitsprozesse und den Übergang zur überwiegenden Projektarbeit charakterisiert. Mobile Arbeit wird zunehmend auch im Transit, auf dem Weg zum Kunden, Geschäftspartner oder zwischen verschiedenen Arbeitgebern erledigt. Stand-up-Konsum wird künftig vor allem von dieser neuen Workforce gelebt.

Shopping zwischen Multioptionalität und Überkomplexität

Durch die anhaltende Individualisierungstendenz in unserer Gesellschaft werden wir beständig mit einer verwirrend hohen Anzahl an Lebens- und Konsumoptionen konfrontiert. Die Auflösung der bürgerlichen Familienstrukturen und einstmals fester kultureller Muster resultiert letztlich in einer starken Zunahme an Alltagskomplexität. Das Bedürfnis nach Vereinfachung und bequemen Dienstleistungen erhöht sich und wird durch die starke Selbstverwirklichungstendenz weiter gefördert. Der Stand-up-Konsum ist eine der neuesten Ausprägungen eines hyperindividualisierten Konsumstils.

Wie und wo Sie den Stand-up-Consumer erreichen

Die Stand-up-Consumer sind anspruchsvoll. Der Schlüsselfaktor für den Erfolg auf den Shopping-Märkten der Zukunft wird nicht primär bei der Ausrichtung des Angebotes auf eine bestimmte Zielgruppe zu suchen sein, sondern in einem tiefen Verständnis der Kundensituation. Mathew Swenson, der Fashion Media Director von American Apparel versteht darunter das Bedürfnis: »To find pieces that are both timeless and comfortable and to also be able to find those pieces year-round.« Die zentrale Regel für das Shopping-Szenario Stand-up-Consumer lautet deshalb: Bedürfnisse nehmen keine Rücksicht mehr auf Ort und Zeit, sie treten aus dem Stegreif auf, und zwar im Rhythmus 24/7/365: 24 Stunden pro Tag, an 7 Tagen pro Woche, 365 Tage pro Jahr.

Für Stand-up-Consumer liegt die Zukunft des Shopping in der Allgegenwart des Angebots und der vollständigen Integration des Konsums in den Lebensalltag. Dabei geht es für die meisten Menschen nicht darum, dem Konsum um des Konsums willen zu frönen oder ihn als besonderes Erlebnis zu zelebrieren. Es geht um einen pragmatischen, wenn auch oft emotional beeinflussten Einkauf. Entsprechend pragmatisch müssen sich auch die Räumlichkeiten des Konsums gestalten:

Stand-up-Konsum findet, ähnlich wie sein komödiantisches Vorbild, ohne opulentes Bühnenbild und großes Aufsehen statt. Alle Aufmerksamkeit richtet sich auf den Stegreifkonsumenten, und dessen Bedürfnisse sind stark durch seine mobile und flüchtige Lebensweise geprägt. Die Shopping-Orte des Stand-up-Consumers finden sich also vor allem entlang der vorhandenen Verkehrsinfrastrukturen und sie sind vornehmlich für eine effiziente und bequeme Exekution des Kaufvorgangs optimiert. Der Stegreifkonsument, der vorzugsweise zum Kauf von Dingen neigt, die sein Leben bequemer und entspannter machen, lässt sich aber durchaus von einem gewissen Stil und Ambiente anziehen.

- Stand-up-Consumer verweigern die herkömmliche Choreografie des Shopping. Das Kaufhaus und der Supermarkt müssen zu ihm kommen, er kommt nicht mehr mit einer eindeutigen Kaufabsicht in die Läden. Service, Unterstützung, Aufmerksamkeit für seine aktuelle Situation sind besonders wichtig.
- Der Stand-up-Consumer geht aber seinerseits selbst mit einer zumindest erhöhten Aufmerksamkeit durch die Räume und Nicht-Räume seines Unterwegsseins. Die Reizschwelle, einen schnellen Kauf zu machen, liegt bei ihm niedrig, auch wenn er wenig bis gar keine Zeit hat.
- Märkte entstehen in Zukunft dort, wo Menschen warten, hat der Marketingforscher Prof. Peter Littmann kürzlich im *Handelsblatt* (26.07.2007) erläutert. Und die Stand-up-Consumer sind die globale Avantgarde, die sich mit dem Pilotenkoffer in der Hand auf diesen Zukunftsmärkten tummelt.
- Stand-up-Consumer werden in Zukunft eine neue millionenstarke Zielgruppe ausmachen. Und sie werden in ihrer Bedürfnisstruktur noch weitaus

widersprüchlicher und störrischer sein als die viel diskutierten Smart Shopper. Stand-up-Consumer sehnen sich nach Heimeligkeit und Komfort, wissen aber, dass das – momentan – nicht möglich ist. Deswegen lassen sie sich gerne auf Schweigekonsum (auf du und du mit dem Automaten) ein, wissen aber, dass es eigentlich angenehmere Dinge auf dieser Welt gibt.

- Trotzdem lieben die Stand-up-Consumer den Unterwegsverbrauch, denn er individualisiert sie auch, er macht den Konsum zu einer Bühne, auf der den Stand-up-Konsumenten maximale Aufmerksamkeit gewiss ist. Automaten-, Nebenbei- und Tankstellen-Kultur, mit einem Wort: Stand-up-Konsum wird von den meisten nicht als bittere Notwendigkeit oder Entfremdung erlebt. Er beinhaltet ganz im Gegenteil hohe Freiheitsgrade.

Die Märkte der Zukunft liegen im Dazwischen

Stand-up-Konsumenten machen das Warten und Unterwegssein zur Verkaufsfläche. Der Flughafen Frankfurt/Main will sich künftig zum »Kaufhaus mit Flugsteigen« entwickeln. Dr. Wilhelm Bender, der Vorstandsvorsitzende der Fraport AG prophezeit: »Der Flughafen wird definitiv zur Airport City. Auf Grund des Mobilitätsangebots sind Flughäfen mit hoch entwickelter Infrastruktur attraktive Immobilienstandorte.« Man werde daher »weiteren Büroraum schaffen, das Hotelangebot ausweiten und natürlich auch die Retailflächen weiterentwickeln.« So sollen die derzeit 15.000 Quadratmeter Shopping-Fläche in den Terminals 1 und 2 sukzessive auf 27.000 Quadratmeter ausgebaut werden. Wenn 2013 das neue Terminal 3 hinzukommt, soll der Rhein-Main-Airport über insgesamt 43.000 Quadratmeter Einkaufsfläche verfügen. Zurzeit liegen die Konzessionseinnahmen mit 2,69 Euro pro Passagier noch deutlich unter denen von Amsterdam (4 Euro), Kopenhagen (4,30 Euro) oder London Heathrow (6 Euro).

Für den Stand-up-Consumer ist die weite Welt die Shopping-Mall. Er ist auch mit etwas anderem beschäftigt, der Einkaufszettel wird von seinen spontanen Bedürfnissen diktiert. Die Deutschen sind durchschnittlich 81 Minuten pro Tag unterwegs, 20 Minuten davon im Auto. Wenn sie eine Tankstelle anfahren, dann macht das mittlerweile jeder Zweite ohne die eigentlich naheliegende Absicht, den Wagen zu betanken. Tankstellen sind ein Sinnbild für unsere Shopping-Welten von morgen: Konsum findet hauptsächlich dort statt, wo uns Infrastrukturen und Kommunikationswege entlangführen. Die rund 13.000 deutschen Tankstellen mit angeschlossenen Shops erlösten 2004 fast 13 Milliarden Euro – das sind drei Viertel des Gesamtumsatzes.

Aber auch die regelmäßigen Mahlzeiten werden immer häufiger nach draußen verlagert, in die Konsumsphäre und in die urbanen Transiträume. Laut dem Branchen-Outlook »Catering« werden bis 2010 etwa die Hälfte aller Mahlzeiten außer Haus verzehrt.

	Passagiere in Millionen	Anteil des Non-Aviation-Umsatzes am Gesamtumsatz (in Prozent)
Oslo	14,9	48
Kopenhagen	19,0	47
München[1]	28,8	45
Zürich	17,2	43
Brüssel	15,6	37
Prag	9,7	33
Dresden	1,6	33
Stuttgart	8,8	33
Hamburg	9,9	32
Düsseldorf[2]	15,3	28
Athen[1]	13,6	24
Köln/Bonn	8,4	23
Frankfurt/Main	51,1	19
Wien[3]	14,8	17
Frankfurt-Hahn	2,8	13

[1] Umsätze aus 2003

[2] Konzernumsatz als Grundlage (bei Berücksichtigung des reinen Flughafenumsatzes deutlich höherer Non-Aviation-Anteil)

[3] Sicherheitsdienstleistungen werden im Folgenden aus Gründen der Vergleichbarkeit zu anderen Flughäfen nicht mehr zu Non-Aviation gerechnet

Abbildung 24: Flughafen-Shopping: Nicht-Orte als künftige Konsumzonen (Quelle: Flughäfen, A. T. Kearney)

Boom beim stummen Konsum

Die Kultur des Sofortzugriffs, die uns im Virtuellen zur zweiten Natur geworden ist, dringt zunehmend auch in unseren Alltag ein und verhilft damit der Automatenwirtschaft zu beständigen Umsatzsteigerungen. Mit den 533.000 deutschen Automaten, die bislang noch hauptsächlich Getränke und Snacks liefern, wurden im Jahr 2006 insgesamt 2,4 Milliarden Euro umgesetzt. Im Jahr 2006 erhöhte sich die Zahl der aufgestellten Automaten pro Einwohner um 8,8 Prozent. Damit teilen sich circa 155 Deutsche einen Automaten – und die

Tendenz ist weiter sinkend. In Europa betrug der Umsatz mit den Shopping-Automaten im Jahr 2006 insgesamt 30 Milliarden Euro. Japan und die USA sind jedoch die Kernmärkte des Automaten-Shopping mit Jahresumsätzen von 45 Milliarden Dollar beziehungsweise 28 Milliarden Euro.

Unter die Angebote mischen sich aber auch hierzulande immer häufiger Produktkategorien jenseits von Junkfood und Kaltgetränken. So berichtet der Bundesverband der deutschen Vending-Automatenwirtschaft auch von Automaten für Dübel, DVDs, Bleistifte, Bücher, Grabkerzen, Zahnpasta, bis hin zum lebenden Köder für den Angelhaken.

Das Vorurteil von altem, ungesundem und billigem Ramsch im Automaten verschwindet bald aus den Köpfen. Die nächsten Generationen von Vending-Automaten werden frische, individuelle Qualitätsprodukte bieten und auch nicht vor Fair Trade und Bio halt machen. Schon jetzt werden jährlich mit dem Außer-Haus-Verzehr von Bio (worunter auch Vending-Automaten fallen) 260 Millionen Euro umgesetzt. Der Automaten-Gastronom Blum aus Düsseldorf hat gerade eine »Green-Line-Offensive« angekündigt: Das Unternehmen verpackt täglich 3.000 Brötchen und vieles mehr in die Automaten der Rhein-Ruhr-Region – ein Drittel davon bereits in Bio-Qualität.

In Sachen Automatenangebot bislang unübertroffen ist das Franchise-System Shop 24 der gleichnamigen belgischen Betreiberfirma. Jede der »stummen Filialen« kann es mit der gut sortierten Tante Emma von früher aufnehmen. Die wird man dort aber vergeblich suchen – stattdessen findet sich nur ihr robotisierter Arm, der Zugriff auf rund 200 Produkte im Sortiment hat. Von der gut gekühlten Milch bis zum Waschmittel gibt es alles, was das vergessliche Hausmänner- und Hausfrauenherz begehrt.

Nach dem Einfügen von wahlweise Bargeld oder Kreditkarte und der Auswahl des Produktes bewegt sich die stählerne alte Dame hinter ihrem Tresen hervor, um Sekunden später die Kundenwünsche am Ausgabeschacht auszuhändigen – und das natürlich auch zu Uhrzeiten, zu denen Tante Emma längst im Bett lag.

Einen nicht ganz so automatisierten, jedoch vergleichbar »convenienten« Weg gehen die SB-Warenhäuser von Real mit Selbstbedienungskassen. Auch hier zeigt der Einfluss der Globalisierung seine Wirkung – in Kürze werden die Terminals in den Frankfurter Filialen neben der Menüführung in Deutsch auch englisch, französisch, türkisch und russisch kommunizieren. Doch die Metro plant noch weiter. Nach dem (Marketing-)Erfolg des ersten Future-Stores in Rheinberg, eröffenete nun eine weitere Zukunftsfiliale in Tönisforst. Der Future-Store 2.0 soll sich stärker von einem rein technischen Zukunftsentwurf entfernen und Gesellschaftstrends wie demografischer Wandel und globale Gesellschaft vermehrt in den Mittelpunkt stellen.

Shops und Shopping in der 24/7-Gesellschaft

Aber auch jenseits der Food- und Lebensmittelbranche gibt es mittlerweile vielversprechende Ansätze seitens des stationären Handels, die Stand-up-Consumer passgenau anzusprechen. Einige Beispiele:

- Geldverdienen nach Feierabend. Beim Flagship-Store von Ralph Lauren in London sind die Verkaufsflächen auch nach dem offiziellen Ladenschluss noch rentabel und versorgen die stilbewussten Stand-up-Consumer. Über einen zwei Meter breiten Touchscreen können die Produkte, die sich hinter dem Schaufenster verbergen, 24 Stunden lang direkt geordert werden.
- HypeDC: Trendsuchmaschine für Schuhe. Wer den Stand-up-Consumer befriedigen will, sollte am besten gleich das Google-Prinzip auf den realen Raum übertragen: Nicht nur Information, sondern auch Waren müssen überall und jederzeit erreichbar sein. HypeDC macht uns vor, wie man zur Suchmaschine unter den Schuhverkäufern wird. Das Scout-Netzwerk der Australier sucht weltweit nach den neuesten Trends und aktuellsten Kollektionen in Sachen Schuhwerk. Diese erreichen Down Under nämlich meist mit einer gehörigen Verzögerung. So aber landen Sandalen, Sneaker und Stiefeletten quasi mit dem Erscheinen des global angesagten Fußschmucks in der »Präsentationsgalerie« von HypeDC. Da sieht man sich mehr als Kunstaussteller für Fußfetischisten denn als Schuhverkäufer.
- Neu-alter Trend: fahrende Fashion-Händler. Eine erfolgreiche Strategie, um die knappen Zeit- und Aufmerksamkeitsressourcen der Stand-up-Consumer anzuzapfen, ist es, seinen Verkaufsort genauso mobil und flüchtig zu machen, wie es der Kunde ist. Der London Fashion Bus tourte schon vor Jahren durch ganz Großbritannien. Der umgebaute Doppeldecker diente als mobiler Showroom und Verkaufsort von Designerkleidung.
- Popup-Retailing: die Open-Air-Rock'n'Roll-Mall. Ähnlich gut aufgestellt für den globalisierten Konsum ist, wer sich für die Venue VBOX statt für ein gängiges Ladenlokal entscheidet. Waren von Puma und Raf Simons (Prada Gruppe) stachen in Zeiten massenhafter Containerverschiffung so schon direkt mit dem zugehörigen Verkaufsraum in See. Die schwarzen Boxen samt Plexiglasschaufenster und Umkleidekabine können mit gängigen Transportmitteln (inklusive Hubschrauber) sofort an fast beliebigen Orten auf dem Globus aufpoppen. Mit relativ wenig Aufwand wird so die mit Neuschnee bedeckte Skipiste zur Flaniermeile und das gut beschallte Festivalgelände zur Open-Air-Rock'n'Roll-Mall.

Google: Das globale Kaufhaus der Kaufhäuser

Internetgigant Google arbeitet zurzeit an einem groß angelegten Vorstoß in die Zukunftswelt der Stand-up-Consumer. Wenn sich Amazon, so die strategische Überlegung der Googleianer, schon das größte Stück vom Kuchen abgeschnitten hat und inzwischen auch Kleidung und Haushaltswaren verkauft, dann sollte sich Google zumindest alle anderen, wenn auch kleineren Stücke einverleiben. Und so schließt die Suchmaschinenfirma einen kleinen Versandhändler nach dem anderen an das Google-Checkout-System an, das es bislang jedoch nur in den USA und Großbritannien gibt. Bei Checkout handelt es sich um eine Art kombinierten Treuhand- und Bezahlservice. Jeder, der einen kostenlosen Google-Account hat (für Googlemail, iGoogle oder einen der zahlreichen anderen Services), kann sofort teilnehmen. Findet man beim Googeln nach einem beliebigen Produkt einen kleinen blauen Einkaufswagen neben dem Suchtreffer, so hat man es mit einem bereits an das Checkout-System angeschlossenen, aber unabhängigen Versender zu tun. Die Bezahlung wird anschließend bequem direkt über Google abgewickelt. Das hat gleich mehrere Vorteile: Zeitknappe Käufer müssen sich nur einmal registrieren und können sich dann bei allen teilnehmenden Versandhändlern (momentan bereits einige hundert) mit den Google-Zugangsdaten anmelden. Der Kunde muss seine Konto- beziehungsweise Kreditkarteninfos nur einmal hinterlassen. Das allein hat schon enorme Sicherheitsvorteile, zumindest wenn man Googles Slogan »We won't be evil« vertraut. Darüber hinaus garantiert Googles Treuhandservice Sicherheit vor virtuellem Betrug.

Die Gerüchteküche um das Checkout-System brodelt, und es wird vermutet, dass es demnächst auch als mobiler Service angeboten wird. Wie der Google-Watchblog kürzlich berichtete, hat Google ein Patent zum mobilen Bezahlen mit dem Handy zugesprochen bekommen.

M-Commerce im Fahrwasser des iPhones

Das Handy hat sich als unverzichtbarer Alltagsbegleiter etabliert – und das nicht nur bei den Stand-up-Consumern. Rein statistisch besitzt inzwischen jeder Deutsche ein Mobiltelefon, wenngleich dies eher auf den Trend zum Zweit- beziehungsweise Berufshandy zurückzuführen ist. Eine Marktdurchdringung von weit über 90 Prozent ist laut Informationszentum Mobilfunk aber durchaus realistisch. Und dem Global Technology Insights 2006 zufolge (einer weltweiten Befragung von 15.000 Konsumenten) nutzt global immerhin schon ein Drittel der Handybesitzer das Telefon, um mobil ins Internet zu gelangen.

Mit dem iPhone und seinem Nachfolger, dem iPhone 3G kommt noch mal neuer Schwung in diese Entwicklung, denn nun wird mobiles Surfen dank großem Bildschirm und ausgefeilter Usability erstmals fast so vergnüglich wie am heimischen PC. Trotz der Enttäuschungen und Blamagen (UMTS) der vergangenen Jahre ist davon auszugehen, dass sich mobiles Internet und mobile Bezahlverfahren bis 2010 bei vielen Nutzern durchsetzen und aufgrund der sinkenden Preise für den Datentransfer zum Durchbruch von M-Commerce führen werden.

Inzwischen würde laut einer Studie der Universität Augsburg im Auftrag des Bundeswirtschaftsministeriums knapp die Hälfte (49,6 Prozent) der Bundesbürger das Handy gerne für Zahlungsvorgänge nutzen. Die bisherigen Versuche, mobile Bezahlverfahren zu etablieren, sind jedoch allesamt recht schnell wieder eingestellt worden. Die Studie »Making M-Payments a Reality« von Arthur D. Little zeigt, dass die Höhe der mobilen Transaktionen weltweit im Jahr 2003 bei 3,2 Milliarden US-Dollar lag und 2005 auf 11,7 Milliarden US-Dollar stieg. Ferner geht man davon aus, dass der Gesamtwert der Geldtransaktionen im Jahr 2008 bei 37,1 Milliarden US-Dollar liegen wird. Die Entwicklung wird allerdings landesspezifisch anders verlaufen, und wirkliche Bewegung im hiesigen Markt wird nur von einer konzertierten Aktion großer und vertrauenswürdiger Player ausgehen können.

Wie die virtuellen Shopping-Räume von morgen aussehen

Um den Stand-up-Consumer länger an eine Marke oder gar einen einzelnen Point of Sale (POS) zu binden, reicht es nicht aus, nur die grenzenlose Verfügbarkeit von Produkten zu kommunizieren. Daneben müssen besonders auch die Services hinter den Produkten überzeugen. Und das heißt: Um den flüchtigen Stand-up-Consumer langfristig zu binden, müssen die Produkte und Services mit dem Konsumenten »sprechen« – und das möglichst selbsterklärend. Die zukünftigen Shopping-Räume für den Stand-up-Consumer werden also durchaus unpersönlich, mechanisiert und automatisiert sein. Trotzdem werden sie ohne perfekten Service nicht auskommen. Produkte und Transaktionen müssen sich künftig stärker selbst erklären. Automaten tun das sehr zuverlässig, deswegen erleben sie momentan eine kleine Renaissance. Aber auch M-Commerce-Anwendungen müssen so simpel werden wie ein iPod. Ganz gleich ob im stationären oder im mobilen elektronischen Handel: Service im E-Commerce wird sich schon bald auf einem hohen einheitlichen Niveau etablieren. Lücken bei den Dienstleistungen der Onlinehändler gibt es momentan vor allem noch bei der Beratung und der Usability der Websites. Da Zeiteinsparungen und Komplexitätsreduzierung zu den zentralen Bedürfnissen der Stand-up-Consumer gehören, bietet sich hier in Zukunft großes Potenzial, um sich im E-Markt zu differenzieren. So fühlen sich laut einer Umfrage der Wirtschaftsuniversität Wien nach wie vor rund 70 Prozent der Konsumenten beim Onlinekauf von komplexen technischen Produkten überfordert.

Hier einige Beispiele, wie neuere Anwendungen mit den Stand-up-Consumern »sprechen«:

- Versandhändler Otto bereitet sich schon lange auf die mobile Zukunft des Online-Shopping vor: Seit 2000 wird der einstmals so unhandliche Katalog auch in einem handyfähigen Format angeboten. Damit war der virtuelle Otto seiner Zeit lange voraus. Für das Jahr 2008 erwartet die Otto-Group bereits einen Umsatz von 580 Millionen Euro mit M-Commerce. Nicht unbedingt viel, wenn man bedenkt, dass der zweitgrößte Onlinehändler der Welt (nach Amazon) im Geschäftsjahr 2006/2007 (Stand: 28. Februar) mit E-Commerce mehr als vier Milliarden Euro umgesetzt hat. Doch der innovationsfreudige Versandhändler bleibt optimistisch: Im Handy-verrückten Japan wird bereits jede dritte elektronische Bestellung bei Otto mobil generiert.
- Brigitte-Mode übers Handy: Seit Anfang des Jahres ist es möglich, Produkte aus der Frauenzeitschrift *Brigitte* direkt mit dem Handy zu bestellen. Dazu wird das gewünschte Produkt mit der Handykamera abfotografiert und als MMS mit dem Betreff Mode an die Kurzwahl 99555 gesendet. Auf der Gegenseite arbeitet eine Bilderkennungssoftware und stellt automatisch eine Verbindung mit dem entsprechenden mobilen Wap-Portal der Zeitschrift her. Hier können dann zusätzliche Informationen angefordert werden beziehungsweise die Bestellung direkt aufgegeben werden.
- Browsegoods sucht für uns bei Amazon: Browsegoods (http://browsegoods.com) punktet durch ein völlig neues Usability-Konzept in Form einer visuellen Produktsuche im Bestand von Amazon. Man bedient sich dabei des Prinzips der virtuellen Straßenkarten à la Google Maps. Nachdem sich der Kunde für eine Produktkategorie, beispielsweise Uhren, entschieden hat, navigiert er sich per Zoom und Richtungstasten durch eine gigantische Produktlandschaft. Mit jeder Zoomstufe wird ein weiteres Detail der Produkte spezifiziert. So kann sich der Nutzer zunächst zwischen Damen- und Herrenuhren entscheiden, während die nächste Detailstufe das visuelle Suchfeld auf sportliche versus elegante Uhren aufspaltet. Die potenziellen Weihnachtsgeschenkkandidaten in Miniaturformat immer vor sich auf dem Bildschirm, navigiert man so mit fünf Klicks durch eine tausende Items umfassende Produktdatenbank: nacheinander durch die Kategorien Uhren – Damenuhren – elegante Damenuhren – elegante Damenuhren mit Lederarmband et cetera. Nun muss sich der Nutzer zwar immer noch für eines der Modelle entscheiden. Aber es hat ja auch niemand behauptet, dass die Qual der Wahl in der Shopping-Zukunft geringer werden würde.
- Likeness Search mit intelligenter Bilderkennung: Einen etwas anderen Weg geht Likeness Search (http://www.like.com) beim virtuellen Kleiderkauf. Durch eine intelligente Bilderkennung kann nach speziellen Features in der

Produktpalette gesucht werden. Die Suche startet ebenfalls mit einer grundsätzlichen Kategorie, T-Shirts etwa. Entscheidet man sich nun unter den erscheinenden Möglichkeiten für ein Poloshirt, so findet die automatische Erkennung alle Bilder, die typische Einzelheiten (Kragen, Knöpfe et cetera) eines Poloshirts aufweisen. Mittels verschiedener Schieberegler können nun Farb- und Formpräferenzen ausgewählt und zum Beispiel eine bestimmte Knopfleiste mit in die visuellen Suchkriterien aufgenommen werden.

Mobile Food-Styles und Lebensgenuss

Convenience-Food der besonderen Art bietet das Berliner Unternehmen Luxx24. Ausgebildete Köche entwerfen genussvolle Kochrezepte, die mitsamt der notwendigen Zutaten in der richtigen Portionierung geliefert werden. Auf Wunsch gibt es von Servietten bis hin zur Tischkerze und passendem Wein auch das notwendige Equipment für das romantische Dinner gleich dazu.

Da kann sich dann auch die Kantine von Ikea in eine Art öffentliches Esszimmer verwandeln, denn »das liegt ja so günstig an der Autobahn«. So wird man als Möbelhändler zum neuntgrößten Gastronomen in Deutschland (153 Millionen Euro Umsatz). Interessant ist in diesem Zusammenhang auch der Einstieg von Amazon in die Lebensmittelbranche. Der Online-Versender testet gerade den Vertrieb von Lebensmitteln – zunächst nur in einem Vorort von Seattle. Verschickt werden momentan Obst und Gemüse sowie ein großes Sortiment an Bio- und Spezial-Produkten. Stand-up-Consumer, so scheint es, möchten auch zu Hause nicht auf ein Maximum an Komfort, Service und Convenience verzichten.

- Notkäufe de Luxe – der ultimative Stil fürs Unterwegssein: Der definitiv schickste Laden für die hypermobile Gesellschaft steht auf New Yorks Greenwich Avenue. Dort verkauft Flight 001 Designer-Avantgarde ausschließlich zum Thema Unterwegssein. Von smarten Kofferlösungen der eigenen Marke Spacepak über Schlafaccessoires für Nachtflüge bis zu den Miniaturboxen für den iPod. Flight 001 ist kein Not- oder Gelegenheits-Shop, der Ersatz für Dinge bietet, die zu Hause liegen gelassen wurden. Die Stores kommen in einem selbstbewussten, retromodernistischen Design daher, das an eine Boeing 747 erinnert. Weitere Filialen befinden sich in Los Angeles, San Francisco, Chicago, Berkeley und Dubai (www.flight001.com).
- Socializing für Arbeitsnomaden, die weltweiten Lunch-Clubs: Die Arbeitsnomaden erschließen ein neues Geschäftsfeld. New Work heißt für viele, fernab von Familie und Freunden in den Großstädten tätig zu sein. Der Wunsch nach Zugehörigkeit, Support und Freundschaft wird in den nächsten Jahren neue Formen von kommunikativer Gastronomie hervorbringen. Genau der Zielgruppe der Arbeitsnomaden kommt der »Lunch-Club«

(www.thelunchclub.com) entgegen – eine unkomplizierte Form, fernab von der Familie neue Leute kennen zu lernen oder die Mittagspause nicht allein verbringen zu müssen. Die Idee stammt aus New York, wo vor fünf Jahren Jared Nissim die Isolation seines Home-Offices durchbrach und den ersten Lunch-Club ins Leben rief. Nissim, der mittlerweile hauptberuflich den Lunch-Club managt, betont, dass dessen Erfolg auf dem sozialen wie kommunikativen Faktor beruhe: »Wir bringen hier Leute aus allen Gesellschaftsschichten zusammen, die sich ansonsten nie begegnen würden. Wir bieten einen unkomplizierten und einfachen Weg für neue Freundschaften.« Neben dem Lunch hat der Club sein Angebot auf Ausflüge, Abendessen, Spieleabende und alle erdenklichen Sorten von Events erweitert. Der Club, der mittlerweile auch in Südafrika und Großbritannien Leute zusammenbringt, finanziert sich durch Sonderveranstaltungen.

- Bamnfood – die Rückkehr der Automatenküche: Bamnfood (www.bamnfood.com) aus New York hat die scheinbar überlebte Idee des Automaten-Food wieder aufgegriffen: Mit einer Mischung aus Retro und trendigem Lifestyle-Design erobert das Unternehmen von der Lower East Side aus den Convenience-Markt. Das Angebot reicht von Pizza über Teriyaki-Burger und Donut bis hin zu asiatischen Spezialitäten. Rund um die Uhr arbeitet das Küchenpersonal im Hintergrund daran, die Automaten mit Frischware zu befüllen: Was nach 15 Minuten noch nicht verkauft ist, wird aussortiert. Für die Gerichte gilt: Sie müssen in die Hand passen und auch im Gehen essbar sein. Das perfekte Angebot also für in chronischer Zeitnot befindliche Stand-up-Consumer.
- Stand-up-Consumer – die Flaneure von morgen: Stand-up-Consumer sind Gelegenheitskäufer. Wenn Zeit bleibt, schlagen sie irgendwo auf und fahren ihre Antennen aus. Sie sind moderne Flaneure, immer auf der Suche nach neuen Produkten und Erlebnissen. Die Experience-Stores, wie die Flagships der Unterhaltungsindustrie (Samsung, AT&T, Motorola, Apple, Sony) neuerdings genannt werden, sind eine geschätzte Bühne für sie. Preise und eine Kasse sucht man hier vergeblich, denn wie der Name schon sagt, geht es erst einmal nur um das pure Erlebnis. Da steht dann also das Plasma-TV im heimischen Ambiente vor der Wohnzimmercouch und lädt zum Fußballglotzen und Chipsvertilgen ein – alle Geräte sollen wirklich erlebbar werden – ausgiebige Test-Sessions sind ausdrücklich erwünscht. Selbst Waschmaschinen stehen zum Ausprobieren bereit, wenngleich dies den service-wüstenbewohnenden Otto Normalverbraucher wohl einige Überwindung kosten dürfte. Eines dürfte aber klar sein. Die Shopping-Mall der Zukunft gleicht eher einem Erlebnispark mit nachgelagerter Rechnungsstellung als dem Gasbeton-Konsumtempel der letzten Jahre.

Business in der Warteschlange: Marketing statt Warten

Die Stand-up-Consumer sind nicht ganz leicht zu erreichen. Wer ständig im Transit-Dschungel verschwindet und an einer beliebigen anderen Stelle auf dem Globus wieder auftaucht, nutzt die Medien, die sich ihm gerade bieten und die global funktionieren.

Mobiles Marketing wird hier in Zukunft eine Schlüsselrolle einnehmen, wenn es bis dahin auch noch ein weiter Weg ist. In den USA liegt laut einer Studie des Marktforschungsunternehmens Outsell der Anteil von Mobile Marketing am Werbekuchen derzeit bei gerade einmal 1,8 Prozent. Hierzulande gehört Mobile Marketing ebenfalls noch längst nicht zum Standardrepertoire der Werbeindustrie. Und auch die Responsewerte, beispielsweise nach dem Verschicken von Werbe-SMS, sind mit 3,4 Prozent eher dürftig. Stellt man hier einen europäischen Vergleich an, ist ein gewisses Potenzial in diesem Bereich aber nicht von der Hand zu weisen: in Großbritannien »simsen« immerhin nahezu 20 Prozent der Leute zurück, in Spanien sind es sogar 30 Prozent. Darüber hinaus ist zu beachten, dass im mobilen Marketing natürlich die gleichen Naturgesetze wie in der restlichen Werbewelt gelten: Ist die Botschaft nicht präzise auf die Bedürfnisse des Nutzers abgestimmt, wird sie als Belästigung empfunden. In einer Befragung von MMA Austria zu Mobile Marketing unter 1.000 österreichischen Internetnutzern gaben rund 60 Prozent an, schon einmal »Mobile Spam« erhalten zu haben.

Edeka macht vor, wie die Stand-up-Consumer mit einem neuartigen Informationssystem über einen echten Mehrwert an mobiles Marketing herangeführt werden können. In einigen Testfilialen informiert das Handy beim Gang durch den Supermarkt über die Eigenschaften von exotischem Obst oder liefert Rezeptvorschläge und Zubereitungstipps. Nach dem im WM-Jahr so erfolgreichen »Public-Viewing«-Prinzip bieten einige Filialen ihrer Kundschaft jetzt sogar Entertainment an der Fleischtheke und unterhalten die wartenden Wurstkäufer über Flachbildschirme.

Dass das Prinzip der öffentlichen Berieselung auch zu Werbezwecken jedoch erstaunlich gut funktionieren kann, unterstreicht der Erfolg der Firma Infoscreen. Mit der Ausstrahlung von Werbe- und Unterhaltungssendungen in S- und U-Bahnhöfen erreicht Infoscreen die Stand-up-Consumer in 12 Großstädten und an über 220 Standorten Deutschlands auf ihrem Weg durch den urbanen Dschungel. Unterwegssein wird zur Mediaware: Laut einer Studie von TNS Infratest (2006) bringen es die Infoscreens pro Standort inzwischen auf eine durchschnittliche Wochenreichweite von 32,2 Prozent bei den 14- bis 75-Jährigen beziehungsweise 45,3 Prozent bei den 14- bis 29-Jährigen. Eine stolze Leistung, bedenkt man, dass sich Fahrgäste im Schnitt nur fünf Minuten auf Bahnsteigen aufhalten.

Einen Schritt weiter ist man bereits in Japan. Um die dortigen Stand-up-Consumer gezielt ansprechen zu können, stattet die Apex Corporation ihre Verkaufsautomaten in Zukunft mit Displays aus, auf denen 30-sekündige Clips laufen. Fürs Anschauen gibt es dann den Kaffee gratis. Die YouTube-Clipkultur, die zunehmend auch in die Medienlandschaft von Otto Normalverbraucher vordringt, verkörpert die schnelllebigen und wechselhaften Lebens- und Konsummuster der Stand-up-Consumer.

Durch die bevorstehende Verbreitung von GPS-Technologie in Smartphones und Mobiltelefonen wird mittelfristig auch die Zahl der Nutzer von Navigationsdiensten über diese Geräte steigen. Laut Berg Insight werden im Jahr 2012 rund 43 Millionen Nutzer Landkarten und Routenpläne via Mobiltelefon abrufen, aktuell sind es vier Millionen. Dadurch ist auch mit einem verstärkten Aufkommen von ortsbezogener Werbung zu rechnen. Die Forscher von Berg Insight gehen von einem Anstieg der Werbeeinnahmen in Navigationssoftware auf 512 Millionen Euro im Jahre 2012 aus (aktuell: 96 Millionen Euro).

Grundkoordinaten: Was beim Stand-up-Consumer wichtig ist

Mobiler Otto-Normal-Konsum: Früher gab es eine elitäre Kaste von Business-Nomaden, in Zukunft wird es viele Otto-Normal-Nomaden geben. Stand-up-Commerce wird durch die steigenden Mobilitätsanforderungen in den nächsten Jahren zum Normalfall werden. Die Anatomie des Handels wird sich dadurch grundlegend verändern. Einkaufen definiert sich immer stärker als situatives Lebenslagen-Shopping.

Das Ich ist künftig der POS: Die Stand-up-Consumer definieren Shopping grundlegend neu: »Ich bin der Point of Sale« beziehungsweise »Handel und Konsum finden nicht mehr in den Räumen der Anbieter statt, sondern dort, wo ich mich gerade aufhalte«.

Die Unterwegsmärkte beginnen sich zu etablieren: Mobile Commerce und Mobile Marketing sind der zukünftige Schlüssel zum Stand-up-Consumer. Bislang zeichnet sich die M-Commerce-Branche vor allem durch wolkige Versprechungen aus. Doch an dem Faktum, dass eine zunehmend beschleunigte Gesellschaft immer mehr Dinge nebenbei und unterwegs erledigt, geht kein Weg mehr vorbei. Die mobilen Märkte werden sich in den nächsten rund zehn Jahren erfolgreich aufstellen.

Image-Wandel des »stummen Konsums«: Vending-Automaten erleben einen deutlichen Image-Wandel vom »Schundlieferanten« zum »Stand-up-Unterstützer«. Unterwegssein wird zum Shopping-Ritual. In die »tote Zeit« des Wartens und in die unwirtlichen Nicht-Orte hält das Marketing Einzug.

Future-Shopping 2020: Auf Shopping-Tour mit einer multimobilen Jobnomadin

Samstag, 17. Oktober 2020, 22.45 Uhr, Ortszeit: Gloria F. landet nach einer semierfolgreichen Arbeitswoche in Shanghai etwas verschlafen in Frankfurt/Main II. Auf ihrem Weg durch die Gangway erhält sie eine automatisch generierte Meldung ihres Koffers. Dieser hat sich gerade beim lokalen Concierge-Service der Airport City angemeldet und bestätigt seine geplante Ankunftszeit am Ausgang des Gebäudes.

22.53 Uhr: Gloria beschließt, sich eine frische Pizza ihrer Lieblingsautomaten-Marke Fresh'n'Fast zu kaufen, und lässt sich von ihrem PDP (Personal Digital Partner, eine Weiterentwicklung früherer digitaler Assistenten) in die Automatenrestaurant-Ecke des Flughafens navigieren. Seit der Erweiterung des Flughafens 2017 findet man sich kaum noch zurecht dort. Auf dem Weg durch die Shopping-Zone wird sie von so vielen virtuellen Verkaufsassistenten in den Schaufenstern angesprochen, dass sie bereits darüber nachdenkt, die Empfindlichkeit ihrer Werbe-Firewall höher einzustellen. Doch da empfiehlt ihr der Verkaufsavatar von Mr. Wongs Jewlery, einen Blick auf die neue Kollektion Damenuhren zu werfen. Sie ist zwar auch daran nicht interessiert, kommt aber auf die Idee, ihrem Freund, der ab morgen nach zweieinhalb Wochen mal wieder ein Projekt in der gleichen Stadt wie sie hat, ein kleines Willkommenspräsent mitzubringen. Sie bittet den digitalen Wong, ihr doch die Herrenkollektion zu präsentieren, die Sekunden später auf dem Schaufensterdisplay erscheint. Gloria kann sich leider nicht auf Anhieb für eine Uhr entscheiden und bittet ihn daher, ihr doch die engere Auswahl als 3-D-Animation zu schicken. Sie betätigt den Kontakt-Knopf an ihrem Handy, um ihm die virtuelle Visitenkarte zu übermitteln, und setzt ihren Weg zur Automatenrestaurant-Ecke grußlos fort.

23.00 Uhr: Gloria betritt mit dem dampfenden Pizzastück vom Fresh'n'Fast-Automaten das Laufband zum Parkhaus, als ihr einfällt, dass sie das Auto ja in dieser Woche gar nicht hier abgestellt hat, wie sonst immer, wenn sie nach Neu-China fliegt. Sie nimmt sofort die nächste Ausstiegsmöglichkeit zurück ins Terminalgebäude und reserviert sich im Aufzug schon mal mit dem Handy online ein Ticket für den Zug.

23.03 Uhr: Da der Concierge-Dienst der Airport City die Erlaubnis hat, ihre sämtlichen Mobilitätsdaten zu überwachen, übermittelt er ihre Planänderung unmittelbar an ihren Koffer. Dieser setzt sich vom Ausgang aus über das unterirdische Tunnelsystem in Richtung Bahnsteig in Bewegung und wird, noch bevor Gloria den Zug erreicht, verladen.

23.05 Uhr: Gloria selbst kommt auf dem Weg durch den Terminal am Convenience-Center des Flughafens vorbei und beschließt, sich noch ein paar ecuadorianische Spezialitäten (die leckeren Llapingachos, Kartoffel-Käse-Pfannkuchen) fürs Frühstück einzupacken.

23.17 Uhr: Nachdem der Fahrkartenkontrolleur das Ticket auf ihrem Handydisplay gescannt hat (wie anachronistisch, dafür noch Menschen einzustellen, denkt sie), packt sie ihr E-Paperbook aus. Seitdem die Highspeed-Verbindungen flächendeckend in allen Zügen eingeführt wurden, kann sie die Fahrten noch genussvoller nutzen.

00.03 Uhr: Kurz vor der Ankunft in ihrer temporären Heimatstadt surft sie in die 3-D-Webwelt von Amazonica, um ein neues Kostüm zu bestellen. Der Steward im Flieger hatte ihr beim Abräumen versehentlich einen Kaffeerest über die Schulter geschüttet. Sie lädt ein Foto nach Amazonica hoch, das sie mit ihrem PDP aus einer Modezeitschrift geschossen hat. Die Bilderkennungssoftware des Versandhändlers sucht für sie ein ähnliches Kostüm aus. Ein Blick auf ihr virtuelles Konterfei zeigt, dass es ihr gut stehen würde. Der Abgleich mit den genauen Körperdaten zeigt aber, dass die Ärmel je nach Modell entweder zu kurz oder zu lang sind. Sie nutzt daher den Schneiderservice von Amazonica und schaltet dafür die Nutzung ihrer Körperdaten frei.

3

Elf Abschlussthesen

Wie Pioniere aus Handel, Herstellung, Marketing und Vertrieb die vier Shopping-Trends umsetzen

Begeben wir uns auf einen abschließenden Bummel durch die verschiedenen Shopping-Welten. In Welten, die heute schon die Kunden von morgen vor Augen haben. Sie, liebe Leserinnen und Leser, werden die von uns erläuterten Shopping-Trends an vielen Beispielen wiedererkennen (auch wenn wir Ihnen in diesem Schlusskapitel den expliziten Hinweis darauf aus Gründen der Lesbarkeit an vielen Stellen ersparen möchten). Wir möchten Sie damit am Ende unserer Reise durch die Shopping-Welten von morgen noch einmal dafür sensibilisieren, was wir auch schon eingangs sagten. Trends sind keine Hirngespinste von Trendforschern. Ganz im Gegenteil, sie sind ziemlich konkrete Sachverhalte unserer Lebenswelt, auch wenn sie in der Gegenwart häufig nur diffus kenntlich werden.

Aber zur Verdeutlichung sind ja wir Trendforscher da. Um nun noch einmal den vertiefenden Beweis anzutreten, dass wir mit unseren Shopping-Trends keine Fantasiegebilde entworfen haben, hier noch einige Beispiele von Trendpionieren und Visionären, die bereits heute an der Zukunft des Shopping arbeiten. Wir verändern hier also noch einmal die Sichtweise und präsentieren Ihnen aus dem Blickwinkel der Händler und Hersteller, Marketer und Vertriebler Innovationen, bizarre Neuerungen und Visionäres, das sich in die Welt unserer zukünftigen Shopping-Trends einpasst.

These 1: Wo die globale Gesellschaft die Zeit (und Zeitknappheit, Terminhatz) gegenüber räumlicher Identität privilegiert, wird Lokales und Regionales zum Alleinstellungsmerkmal – nicht nur für die bewussten Konsumenten und die LOHAS-Gemeinde.

Warum Einkaufsorte der Zukunft wieder Wurzeln brauchen

Ob Deli-Food-Shop, Apotheke oder auch Online-Boutique: Die klassischen Shopping-Konzepte können die neuen Genießer längst nicht mehr überzeugen. Selbst wer in der Luxusliga mitspielt, muss die Kunden neu gewinnen – etwa durch erkennbaren Mehrwert oder angenehme Extras. Die ganze Handelsbranche ist zum kreativen Umdenken gezwungen. Um sein Profil gegenüber der internationalen Konkurrenz zu schärfen, setzt der Handel daher immer häufiger auf neue Shop-Konzepte, die dem Kunden eine Kontrastwelt bieten. Dabei birgt vor allem die Integration regionaler Besonderheiten in Einzelhandelsnischen enormes Erfolgspotenzial für die luxuriösen Shopping-Welten der Zukunft.

- Mpreis-Supermarkt – die Umgebung gibt das Bühnenbild ab für den eigenen Laden: Von der typischen Horten-Wabenfassade über Starbucks-Kaffeebecher bis hin zu Aldi-Märkten: In den letzten Jahrzehnten haben die Big Chains nichts unversucht gelassen, ihren Corporate-Identity-Auftritt jeder Stadt weltweit aufzudrücken – ohne Rücksicht auf die Eigenarten der Umgebung. Dass moderne Konsumenten jedoch mehr Individualität und Integrität wünschen, zeigt der Erfolg der Mpreis-Supermärkte (www.mpreis.at). Mit über 20 Architekten hat das österreichische Familienunternehmen Mpreis bereits zusammengearbeitet. Jeder Mpreis-Supermarkt wurde speziell für den jeweiligen Standort erfunden und ist dennoch stets wiedererkennbar.
  Auch Apotheker bereiten sie auf die Shopping-Zukunft vor. Die Ippolito Fleitz Group hat in der Linden-Apotheke in Ludwigsburg mit der außergewöhnlichen Deckengestaltung nicht nur das Spezialgebiet der Apotheke, die homöopathische Medizin, aufgegriffen, sondern gleichzeitig mit dem granitgepflasterten Boden die barocken Strukturen der Stadt Ludwigsburg integriert (www.linden-apotheke-ludwigsburg.de).
- Transformieren regional geerdeter Produkte in international gefragte Luxusgüter: Restaurantmanager Duncan Innes hat sich im Frühjahr 2006 seine guten Kontakte zu den besten Lebensmittelproduzenten der Grafschaft Sussex zunutze gemacht und »Sussex and the City« gegründet (www.sussexandthecity.co.uk). Die Idee: Es finden sich nur Produkte, die in einem Radius von nicht mehr als 50 Meilen rund um Brighton produziert oder angebaut wurden. Zu den Bestsellern des Lebensmittelladens gehören neben Chili-Schokolade und Sekt aus Sussex Marmeladen, Käsesorten und sogar Wein, der zur Überraschung vieler in der englischen Provinz kultiviert wird. Innes

kauft sämtliche Produkte direkt beim jeweiligen Produzenten, garantiert somit Herkunft und Frische. »Das bringt zudem Konsumenten und Produzenten näher zusammen, Rückmeldungen kommen damit auch immer bei dem an, den es betrifft«, sagt der Ladenchef. Sein mittlerweile landesweit preisgekröntes Konzept – bester Food-Shop in Sussex 2006 – sieht sich heute als Katalysator, der Produkte des regionalen »Farmer's Market« zu international begehrten Delikatessen aufwertet. Sussex and the City verschickt die regionalen Spezialitäten mittlerweile sogar weltweit.

- Qualitativ hochwertige Regionalprodukte sind der Luxus von morgen: Der Trend zu regionaler Küche war es, der den Fachgroßhändler Ulrich Kessler auf die Idee zur Göttinger »Speisekammer« brachte (www.speisekammer.eu). Ob feinstes Sanddorn-Meersalz von der Insel Rügen oder Heublumen-Schafskäse aus Bayern: Kessler selektiert und organisiert die besten Produkte aus dem deutschsprachigen Raum. Über 300 Kunden haben sich bislang von seinem einzigartigen Angebot überzeugen lassen. Hauptabnehmer sind Delikatessenfachgeschäfte, aber auch die Spitzengastronomie. Kessler beliefert unter anderem die Küche des Bundespräsidialamts und Gourmet-Tempel wie das »Vau« in Berlin oder das »Schiffchen« in Düsseldorf.

  »Die überregionale Nachfrage kommt gerade den kleinen Produzenten zugute, denen wir eine Plattform bieten, um sich bundesweit einen Namen zu machen«, erläutert der Firmenchef. Damit ein Produkt in Kesslers Katalog aufgenommen wird, muss es eine strenge Geschmacksprobe bestehen. Wann immer es möglich ist, entscheidet sich die »Speisekammer« für Bio-Ware: Keines der Produkte enthält Geschmacksverstärker, künstliche Aroma- oder Konservierungsstoffe. Die Jury, darunter 2-Sterne-Köche, hat 4.000 Produkte sensorisch geprüft – davon schafften es nur 480 in den Katalog.
- Wie eine bayerische Bäckerei regionale Verankerung und globale Kundschaft verbindet: Das oberpfälzische Backhaus Kutzer in Konnersreuth steht seit fast drei Jahrzehnten für Innovation und Weiterentwicklung im sonst eher traditionellen Bäckerhandwerk. Der kreative Firmenchef Robert Kutzer, der mit 20 Jahren zum jüngsten Bäckermeister Bayerns ernannt wurde, hat Innovationen als die zentrale Überlebensregel der Branche erkannt. Jedes Jahr werden 500.000 Euro in die Weiterentwicklung der Produkte und Produktionsmittel investiert. Ein Beispiel: Der moderne Ofenroboter steuert auf der 150 Quadratmeter großen Ofenfläche verschiedene Backparameter wie Temperatur, Feuchtigkeit und Backdauer vollautomatisch. Aus dem ehemals 50 Quadratmeter kleinen Betrieb der Eltern ist inzwischen ein bundesweit agierender Produktionsstandort geworden mit knapp 200 Mitarbeitern in 22 Filialen.

  Um Arbeitsplatzverluste in einer von Preisverfall gekennzeichneten Branche zu verhindern und Wachstum zu garantieren, reichen aber allein technische

Innovationen nicht aus. Der Erfolg fußt vor allem auf Back-Kreationen, die sich an den Bedürfnissen der Kunden orientieren. Dem Do-it-yourself-Trend Rechnung tragend, entzückt das Backhaus Grillbegeisterte mit neuen Produkten. Patrick Kutzer, der Sohn des Firmengründers, hat ein spezielles Barbecue-Brot für die Sommersaison kreiert. Dieses wird im noch nicht vollständig ausgebackenen Zustand verkauft, sodass jeder selbst das Brot auf dem heimischen Grill nach eigenem Gusto vollenden kann. Mit dem Holzofenbrot ist den Kutzers die besondere Vertriebsinnovation geglückt, mit lokalen Produkten vor allem auch überregional erfolgreich zu sein. Da die Holzofenbrote produktionsbedingt nach dem Backen ohnehin einen Tag ruhen müssen, sind sie bestens für den Versand geeignet. Inzwischen hat das Backhaus deutschlandweit Stammkunden, die ihr frisches Brot mit der Post zugestellt bekommen.

Selbst auf dem Gesundheitsmarkt gewinnen regionale Heilrezepte zusehends an Aufmerksamkeit. Mehr und mehr Menschen nehmen ihre Gesundheit in die eigenen Hände und verbinden immer häufiger Erholung und Prophylaxe miteinander. Gleichzeitig haben alternative Heilmethoden, wie die traditionelle chinesische Medizin oder das indische Ayurveda, längst den Alltag erobert und die Neugierde der modernen Gesundheitshedonisten für Heilpraktiken jenseits der Schulmedizin geweckt. Um den gestiegenen Ansprüchen der Gesundheits-Touristen an Selfness-Angebote gerecht zu werden, positionieren sich immer mehr Spa-Resorts über die lokalen Besonderheiten ihrer Region. Die neuen Wellness-Destinationen besinnen sich auf örtliche Bräuche und regionale Heilrezepte.

- Anspruchsvolle Kunden erwarten heute mehr als nur eine Massage: Und so wie mittlerweile wie selbstverständlich Urlaub und Gesundheitsvorsorge kombiniert werden, steigen auch die Erwartungen der Health-Gäste an die Angebote der »Destination Spas«. Der Begriff *Beauty* tritt dabei zugunsten holistischer Gesamt-Treatments immer mehr in den Hintergrund. Vor allem in gesundheitsverrückten US-Bundesstaaten wie Kalifornien, New York, Massachusetts, Arizona, Maine oder New Mexico wird »Local Health & Wellness« großgeschrieben: Im Cliff House Resort & Spa in Ogunquit an der Küste von Maine etwa integriert man lokale Schätze direkt in die Relaxation-Treatments. Die angebotenen Body Wraps enthalten Seesalz, Blaubeeren, wilde Rosen oder Juniper-Beeren aus Maine. Die Steine, die in der populären Hot-Stone-Massage angewandt werden, stammen direkt von der nahe gelegenen »Bald Head Cliff« und dienen der Muskelentspannung und Lymphdrainage. Für die zwei Stunden andauernde »Sea-Shell-Therapy« werden warme, an der Küste gesammelte Muscheln auf die Haut gelegt (www.cliffhousemaine.com).

- Indianische Wellness aus Arizona: Noch tiefer in lokalen Traditionen verwurzelt sind die Spa-Anwendungen des »Mii Amo Resorts« in Sedona, Arizona. *Mii Amo* ist ein indianisches Wort aus dem Yuman-Dialekt und bedeutet *Reise* – eine Idee, die sich in ihrem Body-and-Mind-Ansatz durch das ganze Spa zieht. Spirituelle Nahrung erhält jeder Interessierte etwa in der Kristallgrotte, wo sich die vorwiegend indianische Spa-Belegschaft jeden Morgen trifft, um dort ihre persönliche »Intention of the Day« anzukündigen. Die Resort-Besucher sind eingeladen, an dem Ritual teilzunehmen. Die in Mii Amo benutzten kosmetischen Produkte, die zur Haut- und Körperreinigung verwendet werden, sind aus dem örtlich gezogenen blauen Mais und einer feuchtigkeitsspendenden Pflanze namens Stonecrop hergestellt. Während des Treatments spürt man darüber hinaus den Hauch einer sanft wehenden Adlerfeder, durch die nach einem indianischen Brauch der Geist gereinigt werden soll. Die lokal hergestellten Produkte wie etwa »Mii Amo Blue Corn Body Polish« oder »Jojoba Body Butter« können außerdem vor Ort erworben oder im Internet bestellt werden (www.miiamo.com).
- Maya-Treatments für Hautkranke: Lokale Wellness-Produkte werden auch im Willow Stream Spa im Fairmont Mayakoba Hotel an der mexikanischen Riviera in Acapulco benutzt. Angelehnt an die überlieferten Gebräuche der Maya benutzt man hier, in Handanwendungen wie auch Body Wraps, lokale Produkte wie Kakao, Honig, Papaya, Limonen und Maismehl. Die Treatments heißen dementsprechend »Nahuatl Harmony« oder »Balance Barro«. Wer unter trockener Haut leidet oder sich einen kräftigen Sonnenbrand geholt hat, kann diesen mit einem Acapulco Aloe Body Wrap lindern (www.fairmont.com/acapulco).

These 2: Klimawandel und Ressourcenknappheit werden nicht nur unser Mobilitätsverhalten signifikant verändern. Auch unsere Shopping-Gewohnheiten werden sich dadurch merklich verändern. Die Konsumlust von morgen denkt grün.

Wie der Klimawandel künftig unser Shopping-Verhalten neu ausrichtet

Ökologie und nachhaltige Produktion sind Grundvoraussetzungen, die vom Kunden in den Shopping-Welten von morgen mit Selbstverständlichkeit eingefordert werden. Unser Shopping-Verhalten wird sich unter dem Eindruck des Megatrends Neo-Ökologie schon bald deutlich verändern, so dass alle vier von uns identifizierten Shopping-Trends dadurch beeinflusst werden. Hierzu etwas Zahlenmaterial:

- Wie eine OECD-Studie zeigt, könnte Internet-Retailing den Neubau von 12,5 Prozent an weltweiter Handelsfläche kompensieren, ganz abgesehen von zusätzlichen Kosten für Energie, Baumaterialien et cetera. Eine Untersuchung von Ernst & Young kommt zu der Einschätzung, dass durch den Internethandel 25 bis 35 Prozent an Lagerkosten eingespart werden können. Berechnungen von IBM gehen sogar noch weiter und sprechen von einer Reduzierung der Lagerkosten um die Hälfte.
- Untersuchungen aus Großbritannien haben ergeben, dass sich der Benzinverbrauch um 75 bis 95 Prozent reduzieren ließe, wenn Lebensmitteleinkäufe beziehungsweise Fahrten zu Restaurants durch Home-Delivery-Services ersetzt werden würden (Aber wer möchte immer nur zu Hause essen?). E-Commerce insgesamt könnte schon bald dazu führen, dass in Haushalten bis zu 90 Prozent weniger Benzin für den Einkauf verbraucht werden.
- Der Bio-Markt hat auch im Jahr 2007 weiter Fahrt aufgenommen. Nach einer Studie der Gesellschaft für Konsumforschung (GfK) haben Ausgaben für Bio-Produkte in Privathaushalten um rund 21 Prozent gegenüber dem Vorjahreszeitraum zugenommen. Bio hat dadurch einen Marktanteil an allen Ausgaben für Lebensmittel und Getränke von knapp 3 Prozent erzielen können.
- In England liefern sich LEH-Retailer wie Tesco und Marks & Spencer momentan ein Wettrennen um die CO_2-neutralste Marke. Marks & Spencer möchte seinen Schadstoffausstoß innerhalb von fünf Jahren um 80 Prozent reduzieren. Bei seinem groß angelegten Umweltprogramm (»Plan A, because there is no Plan B«) nimmt der britische Handelsriese insgesamt 290 Millionen Euro in die Hand. In der Initiative »Nachhaltige Distribution« wollen 37 Unternehmen der Konsumgüterbranche in Großbritannien bei Transporten kooperieren. So soll die Zahl der Leerfahrten reduziert und damit der CO_2-Ausstoß gesenkt werden. Unter dem Dach der Branchenorganisation IGD beteiligen sich unter anderem Tesco Asda, Sainsbury's, Müller

Milch UK, Nestlé, Unilever, P&G, Kraft Foods, Coca-Cola, Mars, L'Oréal, Pepsico, Kimberly-Clark, Colgate, Kellogg und United Biscuits. Tesco testet in London zurzeit die Belieferung von Innenstadtfilialen durch einen 7,5-Tonner mit Hybrid-Motor. Der Öko-Laster wurde von der Daimler-Tochter Fuso entwickelt.

- Aber auch in Deutschland passiert viel. Edeka, Lekkerland, Rewe und die Metro haben umfassende Kooperationen auf den Gebieten von Beschaffung und Distribution angekündigt. Tengelmann erhebt gerade eine Klimabilanz, Tchibo ist dabei, die eigenen Logistikketten auf CO_2-Neutralität zu trimmen. Die Otto-Goup, die schon in den neunziger Jahren Umweltziele vereinbarte, möchte zwischen 2008 und 2020 ihre CO_2-Emissionen halbieren.
- Der Griff in die Nachhaltigkeitskiste wird zweifellos von den Kunden belohnt. Obwohl Bio teurer ist als konventionelle Ware (für vergleichbare Mengen muss bis zu 43 Prozent mehr Geld ausgegeben werden), sind nur noch 6 Prozent der Haushalte eingeschworene »Bio-Verweigerer«.

These 3: Bislang galten Männer als ausgewiesene Konsum-Legastheniker. Doch in ihrer neuen Rolle zwischen Kind und Karriere erwachen in ihnen neue Shopping-Bedürfnisse. Diese neuen Bedürfnisse gelten selbstverständlich für Männer aus allen Trend-Kategorien.

Weder Retro noch Metro: Wie die neuen Männer shoppen

- Laut Datamonitor ist Körperpflege für Männer mittlerweile wichtiger als für Frauen: 73 Prozent der männlichen Befragten gaben an, ihnen sei es »wichtig« oder »sehr wichtig«, Zeit für ihr äußeres Erscheinungsbild zu verwenden. Bei den Frauen waren es etwas weniger, nämlich 72 Prozent. Datamonitor prognostiziert, dass der Markt für Herren-Körperpflege von 2003 bis 2008 um 19 Prozent wachsen wird. Einer Umfrage zufolge, die das Männermagazin *GQ* veranlasste, kaufen 84 Prozent der amerikanischen Männer ihre Kleidung selbst ein, vor vier Jahren waren es gerade einmal 65 Prozent.
- In Deutschland steigt die Lebenserwartung der Frauen (81 Jahre), aber – dank des Megatrends Gesundheit – endlich auch die der Männer (75 Jahre). In Russland scheitern die Männer an Alkoholismus und dem Ende der industriellen Gesellschaft. Männer werden dort im Durchschnitt 59 Jahre alt, dagegen erreichen die Frauen ein Durchschnittsalter von 72 Jahren.
- In Island entscheiden sich 90 Prozent der Väter für eine bezahlte Elternzeit. 74 Prozent der isländischen Unternehmen unterstützen das. Die Arbeitslosenzahl liegt bei nur 1 Prozent. Während 1981 67 Prozent der Väter bis 44 Jahre auf die Frage nach dem Sinn des Lebens antworteten, Kinder zu haben, waren es 2003 78 Prozent. Nach den Ergebnissen der »Familienanalyse 2005« steht die Familie in Deutschland für 83 Prozent der Väter von Kindern unter 14 Jahren an erster Stelle. Nur 10 Prozent halten den Beruf für das Wichtigste im Leben.
- *Focus* (Dezember 2007) hat herausgefunden, dass sich viele Frauen starke Männer und Väter wünschen: 60 Prozent der Frauen schätzen Entscheidungsfähigkeit mehr als Zuhören. Während 2001 laut der Allensbacher Markt- und Werbeträgeranalyse noch rund 45 Prozent der Männer angaben, nie zu kochen, schwangen 2005 fast zwei Drittel der Männer den Kochlöffel. 62 Prozent der Männer wollen der *Focus*-Markt-Media-Studie »Communication Networks 11.0« zufolge in Bezug auf Mode ihren eigenen Stil entwickeln (1999: 52 Prozent). 43 Prozent wollen auch in ihrer Freizeit gut gekleidet sein (1999: 38 Prozent).

Vier Königswege im Marketing für den neuen Mann

»Männer weinen nicht, sie schwitzen aus den Augen.« Mit diesen und ähnlichen halbtrockenen Claims versucht der TV-Spartensender Dmax, Männer und Werbekundschaft an sich zu binden. Doch dieses Stadium der Ironie ist längst überschritten: Denn moderne Männer suchen nach neuen Rollen jenseits des uralten Gegensatzes Macho versus Metrosexueller.

1. Auch Männer können zickig sein: Sie wünschen sich genuin für sie entworfene Produkte und keine abgeleiteten Kreationen aus der Damenabteilung
   Genauso wenig, wie Frauen mit rosa gefärbten Männerprodukten abgespeist werden wollen, sind Männer offen für maskuline Klone von Frauenprodukten. »Sie wollen lieber männliche als weibliche Produkte«, bestätigt Marian Salzman in *The Future of Men*. Die US-Marktforscherin hat in einer umfangreichen Studie zusammen mit Ira Matathia und Ann O'Reilly die Zukunft der Männer untersucht. Und in diesem Kontext werden dann auch »Frauendomänen« wie die Kosmetikindustrie zu neuen Männermärkten – aber nur, wenn die Vorzeichen stimmen. Der Megamarkt Wellness war jahrelang Sache der Konsumentinnen. Doch das Bedürfnis nach Entspannung ist bei beiden Geschlechtern vorhanden, nur Ansprache und Angebot müssen entsprechend zugeschnitten werden. So ist laut den Branchenexperten von der Wellness-Reiseagentur Beauty24 wichtige Voraussetzung für zufriedene Männer ein eigener Wellnessbereich – etwa mit der Atmosphäre eines luxuriösen Herrenclubs. Die Buchungszahlen der Agentur bestätigen den Erfolg solcher Angebote: Rund 38 Prozent der Buchungen kamen 2006 von Männern – das sind 9,5 Prozent mehr als im Vorjahr. Männer wollen ehrlich, offen und direkt in ihren individuellen Bedürfnissen angesprochen werden. Weder profunde »Vermaskulinisierung« weiblicher Produkte noch seichte Feminisierung männlicher Domänen sind zukünftig gefragt.
2. Männer werden konsumkompetenter: In einer von weiblichem Kaufverhalten dominierten Welt avancieren zukünftig auch Männer zu willenlosen Shopping-Victims
   Der »neue Konsum-Hedonist« (also auch Stand-up-Consumer und männliche Neo-Noblesse-Parteigänger) legt größeren Wert auf sein Aussehen und kauft gern ein. Das ist das Ergebnis einer Umfrage zu männlichem Konsumverhalten, die die Axel Springer AG gemeinsam mit der Bauer Verlagsgruppe und weiteren Medienunternehmen für die »Verbraucheranalyse 2007« hat erstellen lassen. Wie die Umfrage ergab, lassen sich mittlerweile 16 Prozent der Männer zwischen 18 und 65 Jahren dieser Gruppe zuordnen. Das sind mehr als 5 Millionen Männer, 2003 gab es erst 3,85 Millionen Männer mit dieser Grundhaltung. 18,8 Prozent von ihnen kleiden sich nach der neuesten Mode, während das bei den übrigen Männern nur 5,6 Prozent tun. 17,4

Prozent der neuen Genießer bummeln oft ohne Kaufabsicht durch Geschäfte, nur 8,1 Prozent der anderen Männer können sich für so etwas begeistern. Sie legen Wert auf die Verschönerung ihrer Wohnung und Geräte mit modernster Technik, mögen Produkte mit einem Hauch von Luxus und bevorzugen Markenartikel.

Unter den neuen Männer befinden sich immer weniger so genannte Mission-Shopper: »Ich weiß genau, was ich will und wo es das gibt, bitte keine Werbebelästigung.« Sie gehören in den Shopping-Welten der Zukunft immer mehr der Vergangenheit an.

3. Die Idiotisierung des Mannes in den Medien geht zu Ende, deswegen sollten sich auch Marketing und Vertrieb von den Schablonen der Softies und Metrosexuellen verabschieden

   Tony Blair, lange Zeit von der galligen Regenbogenpresse aufgrund seiner Vorliebe für Chardonnay als typischer SNAG (*S*ensitive *N*ew-*A*ged *G*uy) bezeichnet, vollzog im Zusammenhang mit dem Irakkrieg einen dramatischen Imagewandel und mutierte zu einem klassischen RAMM (*R*esurged *A*ngry *M*acho *M*an). Gerade die metrosexuellen Männer, so Marian Salzman, seien ein Produkt der »Marketing-Tyrannei«. Frauen und Homosexuelle erwarten Gegenmodelle zum klassischen Männerbild. Werbung und Marketing liefern diese Gegenbilder – mit dem Ergebnis, dass Männer fast ausschließlich als grenzdebile Vollidioten durch die Spots geistern. Kommen sie nicht so rüber, so Salzman weiter, dann werden sie als Opfer dargestellt – Opfer ihrer Gefühle, ihrer Obsessionen, ihres Geschlechtsteils. Der ironische Mann, der verlegen nur über sich selbst und seine eigene Unzulänglichkeit lacht, ist eine Kopfgeburt der Werbeindustrie.

4. Männermarketing der Zukunft funktioniert zielsicher über das Internet: Männliche Alltagsnöte lassen sich so auf spielerische Weise mit Produktneuheiten verknüpfen

   Auf der Seite www.shaveeverywhere.com wirbt Philips höchst erfolgreich mit einem extrem witzigen Film für einen neuen Rasierer. Dabei geht es nicht um einen normalen Rasierer, sondern ein Produkt, das auch lästige Nasen- und Ohrenhaare entfernt: Ein schicker Mann im Anzug präpariert sich auf der Toilette für ein Meeting. Plötzlich entdeckt er ein Nasenhaar, das Haar wird lang und länger, er zieht und zieht (»Oh no, I'm too successful for that«). Von draußen schiebt ihm sein Vater einen Hinweis unter der Tür durch, wie Männer mit solch intimen Problemen umgehen sollten. Die Idee, mit Männern über einen komischen Kurzfilm ins Gespräch zu kommen, zahlte sich mehr als aus. Der beworbene Trimmer für Nasen- und Ohrenhaare stand nach dem Launch im Mai des vergangenen Jahres für zwei Monate auf Platz eins im Healthcare-Ranking bei Amazon. Der Hintergedanke: über Problembewusstsein die Aufmerksamkeit auf Produktneuheiten lenken.

Männer nutzen E-Commerce und den Trend Social Shopping nicht zuletzt auch deshalb gerne, weil sie hier diskret bedient werden, sich sicher fühlen beziehungsweise leichter auf Distanz gehen können. Shoppende Männer brauchen das Gefühl, dass sie konkrete Antworten auf konkrete Probleme erhalten, wenn sie zum Kaufakt schreiten – am besten mit einem kumpelhaften Augenzwinkern.

Fazit: Wann ist der Mann (in Zukunft) ein Mann? Wir leben unter der Herrschaft von Männlichkeitsstereotypen (für die Frauen trifft natürlich das Gleiche zu), die wenig mit den spezifischen Bedürfnissen der Männer zu tun haben. Zwischen traditionellen Geschlechterklischees und vom Marketing inszenierten Pseudo-Männern ist noch viel Spielraum für fantasievolle Männerprodukte und Männerkonsumwelten. Männer müssen von den Marken und Märkten zweifellos erst noch entdeckt werden. Es gibt jedoch erste Anzeichen, die darauf hindeuten, dass hier ein Zukunftsmarkt entsteht.

Neue Männermärkte: Einige Marketing- und Produktideen

- Bolide in den eigenen vier Wänden: Nach Toaster und Wasserkocher gibt es jetzt endlich eine komplette Küche für den Mann. Luxus-Küchenhersteller Poggenpohl hat mit Porsche Design zusammen die P'7340 geschaffen. Ein Audio-Video-System darf in der ab 2008 auf dem deutschen Markt erhältlichen Küche natürlich nicht fehlen (www.poggenpohl.de).
- Männer-Immobilien von Martha Stewart: Die Königin des amerikanischen Wohnzimmers, Martha Stewart, verkauft Häuser für alleinstehende Männer. Die Möbel sind aus dunklem Holz, die Arbeitsplatten aus schwarzem Granit, in der Küche funkelt jede Menge Edelstahl. Küche und Esszimmer sind riesig, graue Wände herrschen vor, die Duschkabine ist doppelt so groß wie normal und das Spülbecken deutlich erhöht. Von bislang 28 verkauften, eher maskulinen Wohnträumen gingen 11 tatsächlich an männliche Singles (www.kbhome.com).
- Fleischliche Genüsse im Männergarten: Ausgefallene Männermarketing-Ideen sorgen für volle Plätze im Restaurant Panthera Rodizio im Hamburger Portugiesenviertel. Das gastronomische Konzept des Drehspießes aus Brasilien ist etwas für echte Fleischliebhaber – eine klassische Männerdomäne. Ehefrauen, die mit dem Bus auf Shopping-Tour in der Hansestadt unterwegs sind, können ihre Männer im »Männergarten« des Panthera Rodizio abgeben. Neben kulinarischen Highlights können die Herren in der Zwischenzeit aber auch Brauereien oder Zigarrendrehern einen Besuch abstatten (www.panthera-rodizio.de).

- Shopping für Vater und Kind: In New York betreibt Yoya-Mart zwei Läden, die speziell für die Bedürfnisse von Vätern mit ihren Teens/Twens im Schlepptau gestaltet wurden. Yoya-Mart bietet hippe Klamotten für Kinder und Jugendliche sowie spezielle technische Spielereien für die Väter. Auch die Shop-Inneneinrichtung ist sehr vaterfreundlich: Den Vätern wird die Wartezeit, während der Sohn oder die Tochter aussucht, durch riesige Fernsehbildschirme sowie Musik aus den siebziger und achtziger Jahren verschönert (www.yoyashop.com).

These 4: In dem Maße, wie unser Einkaufsverhalten immer stärker auf unübersichtlichen Weltmärkten stattfindet, suchen wir verstärkt nach markanten Orientierungspunkten. Im Fashion-Retailing werden Gewinne über starke Marken, Markenexpansionen in benachbarte Branchen – und »Globalkolorit« gemacht.

Wie sieht konkret die Zukunft des Fashion-Shopping aus? Mode, Textilien und Lifestyle-Accessoires, das galt lange Zeit als unumstößliches Gesetz, sind die Branchen, in denen sich Globalisierung und Lohndumping am stärksten auswirken werden. Tatsächlich geben die Deutschen seit Jahren immer weniger für Mode aus, gerade noch 5,1 Prozent ihres Einkommens. Trotzdem beginnt sich in der Fashion-Branche hierzulande einiges zu bewegen. Dabei spielt die Globalisierung eine positiv verstärkende Rolle.

- Globaler Erfolg mit Lokalkolorit: Schillerndstes Beispiel hierfür sind die Blutsgeschwister aus Stuttgart (www.blutsgeschwister.de). Angetreten ist das Kult-Label im Jahr 2001, um persönliche Mode für eine handverlesene Community aus Freunden und Fans zu machen. Der Vertrieb funktionierte über einen Laden vor Ort und vor allem online. Mittlerweile hat sich das Frauen-Label in mehrere Sublabels aufgespaltet (»Blutsbruder«, »Blutsbaby«) und ist zu einem Global Player geworden: Via Internet stellt die ehemalige Zwei-Frauen-Firma den Händlern ein B2B-Portal zur Verfügung. Schnitte und Entwürfe werden mit den chinesischen Produzenten ebenfalls via Internet in Echtzeit ausgetauscht. Versandkosten möchten die Blutsgeschwister (Jahresumsatz: zwei Millionen Euro) dadurch sparen, dass sie ihren Online-Shop demnächst als Franchise-Angebot zur Verfügung stellen. Offenbar ist bei all der digitalen Aufrüstung des Geschäfts das authentische Lokalkolorit nicht verloren gegangen.
- Kleines Comeback des Kaufhauses – Mode als Markenpolitur: Auch beim Comeback der Kaufhäuser spielt Mode eine zentrale Rolle. In den Karstadt-Filialen hatte Bekleidung bislang einen durchschnittlichen Anteil von rund 38 Prozent. Dieser wird in den neuen Nobelhäusern auf 50 Prozent erhöht. Bemerkenswert dabei ist: Der Anteil der Eigenmarken steigt von 30 auf 50 Prozent. Hintergrund dafür ist natürlich der riesige Erfolg von H&M mit der Lagerfeld-Kooperation und der Cheap-Chic-Marke COS (www.cosstores.com). Karstadt kauft führende Designer für die eigenen Kollektionen ein, was die Marke entscheidend pushen soll.
- Beispiel Hess Natur – Versender werden sesshaft: Hess Natur segelt nicht nur auf dem LOHAS-Trend, der Öko-Klamotten-Versender wird jetzt auch sesshaft und nutzt die solide Umsatzentwicklung für die Investition in eigene Stores. Gesucht werden Locations mit LOHAS-Charme: denkmalgeschützte Altbauten und angegraute Gewerbegebäude. Hess Natur schielt vor allem auf gute Lagen in Berlin, Köln, Bern und Zürich. Das Unternehmen, das zum

Karstadt-Quelle-Konzern gehört, hat seinen Umsatz 2006 um 10 Prozent auf 62 Millionen Euro gesteigert (www.hess-natur.de).

- H&M – Aufbruch ins Online-Zeitalter mit neuem Geschäftsfeld: H&M plant bereits die nächste Innovation für den deutschen Markt. Mit Rabattaktionen lockt der Vertikalist momentan Nutzer auf seine Website, um sie für einen Newsletter zu begeistern. Im vergangenen Jahr ging der hauseigene Online-Shop an den Start. Newsletter-Abonnenten durften schon im Juli reinschauen. Doch H&M wird nicht nur ein Online-Portal eröffnen. Mit dem Startschuss wird das Unternehmen auch in das Geschäft mit Heimtextilien einsteigen: »H&M Home wird kommen und die Modekollektion unseres Web-Stores vervollständigen«, so ein Sprecher des Unternehmens gegenüber *Horizont*. Was Gucci mit Tapetenkollektionen und andere bereits vorgemacht haben, wird H&M demnächst massentauglich machen: Mode für die eigenen vier Wände (www.hm.com).
- Modisches Teleshopping – von der Trash-Veranstaltung zur Cash-Cow: Der Shopping-Kanal Home Shopping Europe (www.hse24.de) avanciert immer mehr zum Modeschaufenster. Der Umsatzanteil von Mode und Textilien wuchs zwischen 2003 und 2006 von fünf auf zehn Prozent und HSE24 erreichte 2006 einen Bruttoumsatz von 33,2 Millionen Euro. Wer das richtige Produkt zur rechten Zeit in die Kameras hält, macht seinen Reibach. Der Designer Harald Glöckler hat kürzlich bei HSE24 in fünf Shows von je zwanzig Minuten Hosen und T-Shirts angeboten und dabei eine halbe Million Euro umgesetzt! Testimonials wie Sarah Kern tragen ihre modischen Neuheiten höchstpersönlich und live bei HSE24 über den Laufsteg.

Der globale Markt- und Marken-Dschungel ist eröffnet. Selbst kreative Kleinstunternehmen nutzen Digitalisierung und Globalisierung zur Effizienzsteigerung und Kundengewinnung. Mode findet ab jetzt nicht mehr nur im Laden statt, sondern 24 Stunden pro Tag auf allen Kanälen.

These 5: Wenn die Annahme stimmt, dass Shopping in unseren zukünftigen Lebenswelten ubiquitär wird, dann wird diese Entwicklung auch auf Branchen übergreifen, die bislang wenig oder gar nichts mit Konsumtrends und Marketing zu tun hatten. Finanzdienstleistungen beispielsweise werden sich künftig noch stärker als Lebensbegleiter und Servicedienstleister positionieren – wie ein guter Retailer.

Revolution des Kreditwesens: Wie sich alternative Vertriebswege für Finanzprodukte durchsetzen

Finanzkrise hin oder her: Die deutschen Großbanken überlegen gerade, mit wie viel Service und Individualleistungen sie künftig im Privatkundengeschäft aufwarten wollen. Gleichzeitig finden sich immer mehr Beispiele dafür, wie gerade kleine oder sogar branchenfremde Anbieter mit einem Maximum an Kundenorientierung und Flexibilität ihre Position am Finanzmarkt ausbauen.

- Geldgeschäfte werden zum Shopping-Erlebnis: Seit wenigen Monaten ist in Einkaufszentren und Fußgängerzonen ein neuer Ladentyp zu finden, der nur ein einziges Produkt verkauft: Kredite. »Seriös wie eine Bank und unkompliziert wie ein Shop« ist der Anspruch von Credit4me, ein Unternehmen des Finanzdienstleisters Fortis, das bis 2008 immerhin 135 Läden in Deutschland eröffnen will. Was die Läden von normalen Banken unterscheidet: Kredite haben hier nicht mehr den verlegenen Beigeschmack des Geldleihens – statt schlechtem Gewissen herrscht die Freude, sich problemlos einen Wunsch erfüllen zu können (www.fortiscredit4me.de).
- Bummel mit der Deutschen Bank: Banken versuchen heute mit Verbrauchernähe und Service-Konzepten, Kunden in die Bankfilialen zu locken. In der Pilotfiliale Q 110 der Deutschen Bank in Berlin darf sich der Besucher auf einen Trendshop und eine Lounge mit gastronomischen Service freuen. Ebenfalls in der Landeshauptstadt wurden innerhalb einer Sparkassenfiliale eine Bäckerei und ein Tchibo-Shop integriert. Ziel ist es, nicht genutzte Räumlichkeiten zu vermieten (Shop-in-Shop-Konzept) und neue Kundengruppen in die Bank zu locken. Noch einen Schritt weiter ist die Sparkasse im fränkischen Forchheim gegangen: Innerhalb eines Jahres wurden innerhalb des Sparkassengebäudes ein Internet-Café, ein Reisebüro, ein Laden für Computerzubehör und ein Handyshop integriert.
- Lounge-Banking: Vor zwölf Jahren war die amerikanische Umpqua-Bank mit sechs Filialen und circa 140 Millionen Dollar Einlagen eine ganz normale regionale Kleinbank. Gegenwärtig hat sie keine einzige Filiale mehr, dafür ein Netz von 127 Bank-Stores mit 7 Milliarden Dollar an Einlagengeldern. Die Lounge-Atmosphäre der Stores lädt zum Verweilen ein. Von bequemen

Sesseln aus können die Kunden per WLAN bei einer Tasse Kaffee ihre Bankgeschäfte abwickeln. Das Store-Sortiment umfasst darüber hinaus Mode, Küchen-Accessoires, Bücher und CDs. Doch damit nicht genug. Mit den für Ende 2006 geplanten Neighbourhood-Stores setzt Umpqua ganz auf das Community-Banking. Mittels einer interaktiven »Discover Wall« und »Daily Specials« wird nicht nur über neue Finanzprodukte informiert, sondern auch über Veranstaltungen in der Nachbarschaft (www.umpquabank.com).

- Mobiltelefonie – die Banken von morgen: Viele südafrikanische Bürger haben kein Bankkonto, dafür aber Mobiltelefone, und diese werden in erheblichem Maße fürs Banking genutzt. Die Fahrt zur nächsten Bank kann dort mitunter mehrere Stunden dauern. Kleinunternehmer fürchten, zu viel Geld im Laden zu haben (Südafrika ist leider Weltmeister in der Kriminalitätsstatistik). Und die Kunden zahlen mittlerweile gerne per Handy – selbst beim Frisör geht das schon. Anbieter wie Wizzit haben clever erkannt, dass 16 Millionen Südafrikaner (mehr als die Hälfte der erwachsenen Bevölkerung) kein Bankkonto haben, 30 Prozent von ihnen besitzen aber ein Handy. Wizzit (www.wizzit.co.za) hat deshalb so genannte Wizzkits (Berater, die das Mobile Banking erklären sollen) ausgebildet, die Handy-Banken populär machen sollen. Und siehe da: 80 Prozent der Wizzit-Kunden hatten kein Bankkonto, bevor sie zu Wizzit kamen.
- Vom Bankkaufmann zum Generalisten: Knapp 90 Prozent der Banken wollen bis 2009 stärker in den Bereich Kundenberatung investieren. Derzeit sind nur 30 Prozent der Retail-Kunden zufrieden mit ihrer Bank. Die Kundenwünsche sind individueller geworden; die Berater sollen in Zukunft nicht mehr nur als Bankkaufmann, sondern als Dienstleister und Generalist auf diese Bedürfnisse eingehen.
- Online-Banking allein reicht nicht mehr aus: Bis Jahresende 2007 hat jeder dritte Deutsche (35 Prozent) seine Bankgeschäfte übers Internet abgewickelt. Trotzdem bleibt die Filiale mit persönlicher Betreuung und Beratung nicht nur wegen der Senioren wichtigster Vertriebsweg der Kreditinstitute. Wie Booz Allen Hamilton in der Studie Global Retail Banking herausfand, ist die Filiale beim Einholen von Informationen für 67 Prozent der österreichischen Retail-Kunden nach wie vor die wichtigste Kontaktstelle.
- Mit dem Zasterlaster den Kunden dort abholen, wo er ist – unterwegs: Was in Ostfriesland schon seit 40 Jahren vor allem bei der älteren Generation Tradition hat, findet jetzt immer häufiger in urbanen Gebieten bei den mobilen Jüngeren Anklang. Die Commerzbank, die Sparda-Bank und die Berliner Volksbank bieten ihren Kunden eine mobile Bankfiliale. Der »Zasterlaster« der Berliner Volksbank beispielsweise, ein dreirädriger Piaggio-Minilaster, auf den ein Geldautomat montiert ist, wird seit 2006 überall dort eingesetzt, wo sich viele Menschen aufhalten: Volksfeste, Konzerte, Sportveranstaltungen et cetera (www.berliner-volksbank.de/zasterlaster).

These 6: Der Vertrieb der Zukunft wird vor allem eines beherzigen müssen: Wenn die Kunden nicht zum Händler kommen (können), sollten die Händler dorthin gehen, wo sich die Kundschaft aufhält. Das Stichwort dafür heißt Mash-up-Marketing.

Gerade Stand-up-Consumer sehnen sich nach Shopping-Angeboten zu jeder Zeit und an jedem Ort der Welt – am liebsten dort, wo sie sich gerade befinden. Längst geht nicht mehr jeder Buchkäufer in Buchhandlungen. Auch an anderen Orten (oder gerade dort) entsteht die Lust auf gute Lektüre. Bücher zu verkaufen ist auch längst nicht mehr das Privileg von Buchhandlungen. Genauso wie in Buchläden Kaffee und Kuchen angeboten werden, findet man Bedrucktes auf einmal an den verrücktesten Plätzen.

Was mit ein paar Kochbüchern am Laufband der Supermarktkasse und in Küchenstudios begann, hat sich längst zum Bestandteil neuer Retail-Strategien der Verlage gemausert. Abby Hoffman, verantwortlich für Sales & Marketing bei Chronicle Books in San Francisco, bringt die Sache auf den Punkt: »Jeder Platz, an dem gehandelt wird, ist ein Platz, um Bücher zu verkaufen.« So landen Bücher auch mal in Klarsichtfolie verpackt in der Metzger-Vitrine. Schlicht und ergreifend laufen die Verlage damit ihren potenziellen Lesern hinterher, die niemals eine Buchhandlung betreten würden. Die US-amerikanische Time Warner Book Group passt Schutzhüllen von Büchern farblich sogar an die Wünsche des Retail-Partners an.

- Mash-up-Marketing – nicht nur Produkte, sondern ein kompletter Lifestyle geht über den Ladentisch: Auch das Modelabel Martin & Osa legt in seinen vier US-amerikanischen Filialen Bücher aus, die ebenso jenseits des Mainstreams liegen wie die feilgebotenen Klamotten. Außerdem werden auf der Website Musiker promotet, die dem Sound der Marke nahe kommen. Verschiedene Musiktitel werden beim Besuch der Online-Präsenz abgespielt – samt Tourdaten und Informationen zu den Künstlern (www.martinandosa.com).
  Eine der spannendsten Neuerungen in London ist derzeit das so genannte Cross-Breeding (deutsch: kreuzen). So gibt es etwa auf der Fulham Palace Road einen erfolgreichen Hybriden aus Kaffee- und Blumenladen. Auch beim Ladenkonzept von Nicole Farhis Shop »202« in der Westbourne Park Road handelt es sich um eine kombinierte Design- und Klamotten-Boutique mit Café. Ein Konzept, das wiederum in der Nachbarschaft bereits seine Nachahmer gefunden hat. Ein paar Schritte weiter hat nämlich French Connection vor kurzem einen FCUK-Store mit Café eröffnet, der sich einfach »191« nennt.
- Berührungspunkte zwischen einzelnen Produkten lassen sich nutzen: Doch Konzepte, die allein auf die Fusion von Kleidung und Nahrungsmittel setzen, sind schon fast wieder out. Eine neue Idee stellt der Londoner Laden »Chair«

auf der Westbourne Grove dar. Hier ist der Verkaufsraum für zeitgenössisches Design gleichzeitig ein Restaurant, das hauptsächlich Bio-Food offeriert. Die Möbelstücke, auf denen man sich niederlässt, während man seinen Imbiss einnimmt, können anschließend gekauft werden. Besitzer Andrew Cussins berichtete dem Magazin *The Hill*, dass sein Konzept die Berührungspunkte zwischen Essen und Wohnen nutzt und für den Einzelhandel weiterentwickeln möchte, da Möbelläden nie genug Interessenten in ihre Läden bekommen. Aus seiner Sicht ist es nämlich das wesentliche Problem von Möbelgeschäften, dass sie nur selten Laufkundschaft in ihre Verkaufsräume locken, was über das kulinarische Angebot eher möglich wäre. »Ich erwarte nicht, dass jemand zum Mittagessen hereinkommt und mit einem Sofa den Laden verlässt. Aber vielleicht denken sie sechs Monate später, wenn sie sich ein neues Sofa kaufen möchten, wieder an uns«, so Cussins. Einer der Gründe für den Erfolg ist das hohe Qualitätsniveau. Das Unternehmen hat sich nicht nur einen guten Ruf für seine hervorragende Bio-Küche, sondern auch für sein interessantes Angebot an Produkten junger britischer Designer erworben.

- Anti-Tesco – wie sich eine Schriftstellerin den Laden ihrer Träume baute: Eine noch subtilere Entwicklung lässt sich anhand eines Ladenkonzepts erläutern, das in Londons Eastend angesiedelt ist. »Verdes« gehört der preisgekrönten Autorin und Geschichtenerzählerin Jeanette Winterson, die als Reaktion auf das, was sie als zunehmende Alleinherrschaft von Supermarktketten wie Tesco empfindet, einen kleinen Lebensmittelladen eröffnet, der verspielt wie ein Spielzeugparadies daherkommt. »Man fühlt sich hier wie in der imaginären Spielwelt eines Schriftstellers«, beschreibt ein Besucher die Atmosphäre. In erster Linie handelt es sich um einen Delikatessenladen, der spielerisch-liebevoll mit ausgesuchten süßen italienischen Vorspeisen in großen Gläsern und Orchideen in Zellophanfolie bestückt ist. An der Bar wird der Besucher zu einem Espresso eingeladen, während er Käse und Oliven verspeist. Der Laden ist weder langweilig noch billig. Denn seine Philosophie ist eine komplett andere: »Iss einfach, aber das qualitativ Beste, was du dir leisten kannst.« Die Besitzerin legt ihren Kunden gerne auch den Besuch eines weiteren ungewöhnlichen Crossover-Shops namens »Beedell« um die Ecke ans Herz. Dort kann man interessante Antiquitäten kaufen und ganz nebenbei sein Apple iBook reparieren lassen.

Cross-Breeding könnte sich schon bald als ein Crossover-Konzept erweisen, das – ganz auf die Freunde von Neo-Noblesse zugeschnitten – Einkauf mit Genuss verschmilzt respektive unterschiedliche Warengruppen und Branchen in einer gemeinsamen Inszenierung aufgehen lässt. Story-Telling wird in Zukunft eine weitere Schlüsselvokabel sein, die Ladenkonzepte auszeichnet, welche eine klare persönliche Handschrift tragen, ihre eigene Geschichte (oder die des Betreibers) mitverkaufen und so zu einzigartigen quasiprivaten Erlebnissen einladen (siehe Shopping-Trend Neo-Noblesse).

These 7: Gesundheits-Shopping ist schon heute ein Markt unter hohem Innovationsdruck.

Unser Gesundheitsbewusstsein verändert sich dramatisch. Gleichzeitig kommt der Markt der Gesundheitsprodukte in Bewegung. Was vor zwei Jahren mit einer kleinen Apotheke im Saarland begann, in die sich die Online-Apotheke Doc Morris einkaufte, hat durchaus das Potenzial, den ganzen Markt der Gesundheitsversorgung auf den Kopf zu stellen. Kürzlich ist die aufmerksamkeitsstarke Marke Doc Morris vom deutschen Pharmagroßhändler Celesio geschluckt worden, der auf diesem Wege in den hiesigen und mehr als verheißungsvollen Medikamentehandel einsteigen wird. Zudem hat sich vor kurzem der amerikanische Arzneimittel-Versender Medco für 120 Millionen US-Dollar in die Europa Apotheek im holländischen Venlo eingekauft (50 Prozent).

Die Absicht, so berichtet das *Handelsblatt* (9. April 2008), ist klar: Medco erwartet die rasche Liberalisierung des deutschen Arzneimittelmarktes und damit Zutritt zu einem der weltweit am stärksten wachsenden Pharmamärkte. Über besagte Europa Apotheek wickelt der Dm-Drogeriemarkt schon seit Längerem den Handel mit rezeptpflichtigen Medikamenten ab. Finanzinvestoren stehen ebenfalls vor Deutschlands Apothekentür und warten auf das Milliardengeschäft. Experten schätzen den europäischen Apothekenmarkt auf rund 250 Milliarden Euro, davon entfallen allein 70 Milliarden auf den deutschen Markt. Alles das geschieht gerade jetzt, weil sich in Deutschland nicht nur mit dem Medikamentverkauf hervorragende Margen erzielen lassen. Die Aufrechterhaltung ihrer Gesundheit werden die Menschen künftig immer stärker über proaktive und selbstverantwortliche Gesundheitsvorsorge sicherstellen. Eine Begleiterscheinung davon: Gesundheitsvorsorge wird zum Shopping, aus Apotheken werden Lifestyle-Läden.

Apotheken im Supermarkt: Neue Player auf dem Health-Markt

Klar ist, das Fremdbesitz-Verbot bei Apotheken wird fallen, möglicherweise sogar in naher Zukunft. Bislang jedoch dürfen Kapitalgesellschaften in Deutschland keine Apotheken besitzen. Gerade Drogerien haben vor dem Hintergrund dieser Rechtslage in den vergangenen Jahren abenteuerliche Kooperationen in Gang gesetzt, nur um auf dem Milliarden-Euro-Zukunftsmarkt nicht den Anschluss zu verlieren und vom margenträchtigen Arzneimittelmarkt zu profitieren. Die Positionierungskämpfe auf dem neuen Gesundheitsmarkt sind noch längst nicht ausgefochten.

- Mit Rezept zum Dm-Drogeriemarkt: Die erfolgreiche Wohlfühl-Drogerie wickelt seit einiger Zeit die Lieferung von rezeptpflichtigen Medikamenten über die niederländische Europa Apotheek ab. Bislang in rechtlich ungeklärter Situation, seit kurzem auf legaler Grundlage, können Kunden ihre Medikamente zu günstigen Preisen in einer der circa 80 Dm-Drogeriemarkt-Filialen in Nordrhein-Westfalen bestellen. Spätestens nach 72 Stunden erhält der Kunde seine Medikamente – auf Wunsch auch direkt nach Hause.

- Wal-Mart-Klinik: Die »Minute Clinics« bei Wal-Mart oder Target ziehen viele amerikanische Nicht-Versicherte an, aber auch allgemein Leute, die schnelle Hilfe suchen. Wal-Mart wird in den nächsten zwei Jahren rund 400 Minuten-Kliniken in den Einkaufszentren einrichten. Der US-Handelsriese Wal-Mart will langfristig bis zu 2.000 Polikliniken in seinen Filialen etablieren.
- Schweizer Gesundheitshäuser – Coop-Vitality-Apotheken: Die Schweizer Apotheken haben die Vertrauensmarke Coop im Rücken und bieten ein breites Spektrum an Produkten und Dienstleistungen: von Arzneien über Naturheilmittel bis zu Sportlerernährung, von Reiseberatung bis zu individueller Raucherentwöhnung. Die Retail-Apotheken konnten im Jahr 2006 ihren Umsatz um 57,5 Prozent auf knapp 30 Millionen Euro erhöhen (www.coopvitality.ch).

Gesundheits-Shopping: Die neuen Genusstempel der Health-Society

In Zukunft geht es nicht mehr darum, wer an der Gebrechlichkeit der anderen besonders gut verdient. Sondern es geht darum, gesundheitsorientierte Kunden bei der Optimierung von Wohlbefinden und Lebensqualität zu unterstützen. Klar ist schon jetzt: Wir befinden uns mitten in einem dynamischen Veränderungsprozess, der bereits in nächster Zeit die traditionellen Institutionen der Gesundheitsvorsorge vor neue Herausforderungen stellen wird: Apotheken werden stärker als quasiärztliche Beratungsinstanzen nachgefragt. Drogerien drängen schon jetzt auf den Apotheken-Markt, weil sie erkannt haben, dass viele »Kunden-Patienten« nicht nur punktuelle Symptombekämpfung betreiben, sondern vorausschauende Prävention anstreben. Auch der klassische Lebensmittelhandel hat gemerkt, dass Gesundheit *das* Verkaufsargument schlechthin ist, und drängt mit Vehemenz auf den Markt des rezeptfreien Gesundheits-Managements.

Dass auf diesem Terrain ein erbitterter Kampf um die Zukunft tobt, dafür stehen die fünf folgenden Beispiele:

1. Schwedens kleine Apotheken-Revolution im Internet: Hilfe für Mütter mit Social-Shopping-Affinität

   Bislang klingt es wie eine gelungene Marketingaktion. Aber der Online-Gesundheitsberater mit Schnelldiagnose-Kompetenz wird kommen. Die staatliche schwedische Apothekervereinigung »Apoteket« hat in Kooperation mit Ärzten eine interaktive Website entwickeln lassen, die mithilfe gezielter Fragen zu einer persönlichen Empfehlung führt – und am Ende sogar eine Liste mit frei verkäuflichen Produkten offeriert. Gerade für Hausfrauen, die weltweit immer intensiver das Internet sowohl als Kontakt- als auch Informationsmedium nutzen, zweifellos eine smarte Idee.

2. Elephant Pharmacy: Gesundheits- und Sinn-Shopping
   Wer proaktiv in das eigene Wohlbefinden investiert, setzt sich intensiv mit dem Thema Gesundheit auseinander. Und er definiert Gesundheit als Lifestyle, mit dem er gerne mehr Zeit verbringt. Viele Apotheken nutzen mittlerweile diesen Trend und machen aus ihren »Verkaufsräumen für Medikamente-Abgabe« regelrechte Wellness-Tempel. Vorreiter ist die kalifornische Elephant Pharmacy, die einen Mix aus östlich-spirituellem Lifestyle und klassischer Medizin an seine Babyboomer-Kunden verkauft. Neben ausgebildeten Apothekern und Krankenschwestern hat das expandierende Unternehmen auch mehrere fernöstliche Heilkünstler angestellt. Elephant Pharmacy möchte keine Rezeptannahmestelle, sondern ein natürliches Zentrum der Gemeinschaft (natural community hub) sein. Gegenwärtig expandiert das Unternehmen und hat im vergangenen Jahr dafür 26 Millionen US-Dollar von Kapitalgebern eingeworben. Die Elephant Pharmacy macht nur 30 Prozent des Umsatzes mit rezeptpflichtigen Medikamenten, andere amerikanische Gesundheitshäuser hingegen verdienen 70 Prozent mit verschreibungspflichtigen Arzneimitteln. Die Flächenproduktivität ist beachtlich: Der Gesundheitstempel in Berkeley verdient 800 Euro pro Quadratmeter – bei über 11.000 Quadratmeter Ladenfläche (www.elephantpharm.com).
3. Pharmazie-to-go (nicht nur) für Stand-up-Consumer
   Und auch wenn es die deutschen Apothekenbesitzer wenig begeistern dürfte: Die Automatenapotheke kommt. Unternehmen wie Asteres und Distributed Delivery Networks bringen die stumme Apotheke für den mobilen Kunden an den Start. Das Millionenheer der Geschäftsreisenden möchte sich jederzeit und an jedem Ort mit dem Notwendigsten versorgen können. Klar, dass dazu auch das schnell helfende Medikament gehört, das man unterwegs wie eine Schachtel Zigaretten aus dem Automaten zieht. Die Rowa-Automatisierungssysteme haben mittlerweile deutschlandweit mehr als dreißig Medikamentenautomaten in Apothekennähe installiert. Die Apotheke ohne Ladenschlusszeit mit einfacher Menüführung heißt »Visavia« und wird von einem externen Dienstleister gemanagt. An Wochenenden benutzen bis zu fünfzig Kunden das mobile Gesundheitshaus (www.rowa.de).
4. Center-Apotheke (St. Pölten, Österreich): Videokonferenz mit dem virtuellen Kunden
   Avantgardistische Architektur und modernste Technologie sind ein sicheres Zeichen dafür, dass Apotheken künftig mehr sein werden als nur Apotheken. Die Center-Apotheke in St. Pölten (www.centerapotheke.at) ist insofern schon ein Vorbote der Apotheke von morgen. Mit ihrem vollautomatisierten Lager werden Medikamente auf Knopfdruck von einem Robotergreifarm

herausgesucht und über eine Rutsche an die Kasse weitergeleitet. Die dadurch eingesparte Zeit, kann so ganz auf die Betreuung der Patienten verwandt werden. Der Mensch soll also wieder ins Zentrum rücken, so das (auch architektonische) Konzept. Die moderne Hightech-Apotheke macht zudem Ladenschlusszeiten unnötig: Unabhängig von Datum und Uhrzeit erhalten Kunden per Videotechnik Beratung und Medizin. Über Bild und Ton können die Apothekenbesucher mit dem diensthabenden Apotheker kommunizieren, der dann – auch von zu Hause aus – den Lagerarm bedient und das Medikament innerhalb weniger Sekunden über ein Ausgabefenster in der Fassade aushändigt.

5. 24-Stunden-Apotheke für die Silver-Generation

Die Pharmony im österreichischen Frechen ist Online- und stationäre Apotheke in einem. Und sie legt dabei großen Wert auf die optimale Begleitung ihrer Kunden: 24 Stunden pro Tag an 365 Tagen im Jahr ist eine Telefon-Hotline geschaltet – schließlich halten sich Gesundheitsprobleme gerade bei älteren Menschen nicht an die üblichen Geschäftszeiten. Die Website www.pharmony.de ist ein Paradebeispiel dafür, wie man Best Ager auf zeitgemäße Art und Weise anspricht. Sie ist einfach strukturiert: Themenbündelung, kurzer Scroll-Bereich und kompakte Informationspakete. Gerade für Best Ager gibt es eine eigene Rubrik, unter der die Älteren Tipps zur Gesundheitsförderung, zur Behandlung typischer Krankheiten und zu Veränderungen im Alter einholen können. Die Website beweist Feingefühl in der Themenwahl: Neben den üblichen Informationen zu Osteoporose-Vorsorge oder Gedächtnisschwäche finden sich hier auch Artikel über Haustierhaltung (3,3 Millionen der über 60-Jährigen haben einen Hund oder eine Katze) und Hinweise für Bestattungen.

These 8: Bei den Shopping-Trends der Zukunft ist der klassische stationäre Handel mitunter nur noch ein Player für Standardware. Innovative Retailing-Konzepte reüssieren durch eine spitze Zielgruppenansprache und Sortiments-Eklektizismus.

Was gibt es Neues auf dem Gebiet der Retailer? Hier sind vier erfolgreiche Verkaufskonzepte die aktuelle Trends aus der Welt des Handels, der Supermärkte und der Mega-Malls aufgreifen.

- Luxus-Shopping-Mall für Eltern: Die Leam-Einkaufswelten in Rom verkaufen Luxuskleidung für Männer, Frauen – und jetzt auch Kinder. Bereits von der »Erwachsenenwelt« aus sehen die Shopping-Victims gleich auf der Straßenseite gegenüber das neue Baby-Leam, das in der Designerauswahl der Erwachsenenvariante in nichts nachsteht (zum Beispiel Armani Junior, Baby Dior, D&G et cetera). Die Eltern müssen mit ihrem Nachwuchs nur den Zebrastreifen überqueren und befinden sich unmittelbar auf einer der größten Kinder-Shopping-Malls (350 Quadratmeter) von Italien. Kidfluence, also die Macht der jungen Konsumenten, ist es nicht, die Leam den Erfolg beschert. Stattdessen dehnt Leam sein Verkaufskonzept für die gleiche Zielgruppe weiter aus und kommt damit dem Shopping-Schlenderbedürfnis der Eltern nach (www.leam.com). Unter bestimmten Voraussetzungen ist es offensichtlich ratsam, bereits erfolgreiche Geschäftsmodelle um neue Sparten und Segmente zu ergänzen. Allerdings gelingt eine solche Line Extension nicht immer.
- Airport-Retailing – die neuen Shopping-Malls für unterwegs: Die Unterwegsmärkte werden immer bedeutender – in gesellschaftlicher wie auch in wirtschaftlicher Hinsicht (siehe noch einmal den Shopping-Trend Stand-up-Consumer). Insbesondere das Airport-Retailing profitiert davon. Lag der weltweite Retailing-Umsatz an Flughäfen 1989 noch bei 12,8 Milliarden US-Dollar, werden nach einer Prognose der Verdict Research Limited, London, für 2008 rund 29,4 Milliarden US-Dollar Umsatz erwartet. 2011 könnten es sogar schon über 40 Milliarden US-Dollar sein. Auch der Flughafen London-Heathrow will an dem Milliardengeschäft teilhaben. Mit dem neuen Terminal hat der Flughafen zugleich eine gigantische Shopping-Mall geschaffen, die die Einkaufskapazität am Großflughafen um 50 Prozent steigert. Harrods, Tiffany & Co., Dior, Gucci, Prada und Paul Smith sind nur einige der hier vertretenen Designer.
- Vertrautheits-Baumarkt – regionale Stiefmütterchen im Gartencenter: Der Trend zur Regionalisierung und Lokalisierung kennt keine Grenzen. Angefangen hat es im Food-Bereich. Das erfolgreiche Revival der Dorfbäckerei und des Bio-Lädchens um die Ecke ist längst kein Geheimnis mehr. Aber hier hört der Wunsch nach regionalen Produkten noch längst nicht auf. Inzwischen ist er auch im Baumarkt angekommen: Obi ist Partner der Nürnberger Initiative »Original Regional«, die sich um die Vermarktung regionaler Güter

bemüht. 18 Obi-Märkte verkaufen »Original Regional«-zertifizierte Nutz- und Zierpflanzen, die von lokalen Gärtnereien und Baumschulen gezogen wurden. Weitere Ideen für die Zukunft gibt es bereits: In absehbarer Zeit sollen auch Handwerksbetriebe oder andere Dienstleistungsunternehmen der Region zertifizierbar sein (www.marketingvereinmetropolregion.de). Die Integration lokaler Produkte in das Portfolio ist offenbar zukunftsträchtig.

Und wenn selbst Media Markt seinen Abschied vom Billig-Paradigma verkündet, hat sich etwas in der Shopping-Landschaft verändert. Hier weitere Konzepte, die eine neue Ära im Lebensmitteleinzelhandel einläuten:

- Schlaraffenland in Brooklyn – essbare Orchideen und 30 Sorten Eier: An vier Standorten finden sich in New York Fairway-Supermärkte. Was sie für Kunden interessant macht, ist die Mischung aus Discounter, Großmarkt und Delikatessengeschäft: Auf bis zu 5.000 Quadratmetern werden 24.000 exklusive Produkte angeboten. Ob essbare Orchideen, Patanegra-Schinken oder 30 unterschiedliche Eiersorten – Fairway führt eine riesige Auswahl internationaler Spezialitäten. Übersichtlichkeit sieht zwar anders aus, aber das Schlaraffenland-Konzept zielt konsequent auf die Vorratshaltung in der US-Konsumkultur. Mit Erfolg: 22.000 Kunden kommen wöchentlich allein in den Markt in Brooklyn, nehmen bis zu einer Stunde Anfahrt in Kauf und shoppen im Schnitt für 150 bis 300 Dollar. Die Kundenbindung ist jedoch ebenso ein Resultat von über 50 Jahren Erfahrung, Liefer-, Geschenk- und Catering-Service, Nachbarschaftsengagement sowie emotionaler Kundenansprache. Letztere ist zudem gewürzt mit einer ordentlichen Portion Patriotismus: Kunden können ihren im Ausland stationierten Angehörigen der US-Armee über Fairway »Care-Pakete« aus der Heimat zukommen lassen (www.fairwaymarket.com).
- 24-Stunden-Shopping für bewusste Konsumenten: Der Lebensmitteleinzelhandel klagt – entdeckt aber auch, dass wir nicht mehr in der Industrie-, sondern in der Dienstleistungsgesellschaft leben. Die Liberalisierung der Öffnungszeiten, E-Commerce beziehungsweise Social Commerce und der neue Regionalisierungstrend sorgen für Umsatz: Fresh'n'Friends ist Deutschlands erster Bio-Supermarkt, der unter dem Slogan »Endlich alles Good Food – und das sieben Tage die Woche« rund um die Uhr, die ganze Woche geöffnet hat. Einkaufen kann man in der Berliner Kastanienallee alles von To-go-Frische-Convenience-Artikeln bis hin zu Zahnpasta und Delikatess-Artikeln. 80 Prozent des Sortiments sind Öko-Produkte, darüber hinaus gibt es jede Menge Fair-Trade-Artikel.
  Montags von 6 Uhr bis samstags um Mitternacht gibt es auch in der Provinz: In Bremerhaven hat ein Edeka-Aktiv-Markt seit einigen Monaten 24 Stun-

den geöffnet – und konnte seinen Umsatz und die Anzahl seiner Kunden damit um mehr als 50 Prozent steigern. Kamen vorher pro Woche etwa 18.000 Käufer in den Laden, sind es nun bereits 28.000. Rund 40 neue Stellen auf 400-Euro-Basis wurden geschaffen.

- Renaissance der Genossenschaften – lokal, souverän und kundenorientiert: Wie sehr sich Konsumenten durch smarte Strategien einbinden lassen, zeigt sich an Konzepten, die auf die neue Lust am bürgerschaftlichen Engagement setzen. In Berlin eröffnete die LPG BioMarkt GmbH Anfang Mai 2007 die vierte Filiale von Europas größtem Bio-Supermarkt. Auf zwei Etagen werden hier 18.000 Bio-Artikel angeboten. LPG hat nichts mit DDR-Wirtschaft zu tun, sondern steht für »lecker, preiswert, gesund«. Gleichwohl erlebt hier die sozialistische Genossenschaftsidee ein modernes Revival: 7.000 Kunden sind LPG-Mitglieder und erhalten dafür 20 bis 80 Prozent Einkaufsrabatt. Im Gegenzug zahlen sie zu Beginn ein Darlehen von circa 50 Euro und einen Monatsbeitrag zwischen 10 und 20 Euro. Rabatte, auch bei Partnerunternehmen, sind aber längst nicht alles: So gibt es in der Filiale zum Beispiel Spielbereiche für Kinder und eine Lounge für stillende Mütter. Die LPG gehört zu den Gründern der »Fair & regional Charta Berlin-Brandenburg«, in der sich Bio-Läden und Bio-Bauern zu fairen Preisen sowie garantierter Lieferung und Abnahme verpflichten (www.lpg-biomarkt.de).
- Genia in Dresden – so funktioniert ein Wellness-Supermarkt: Konsum Dresden sorgt mit einem neuen Typ von Nahversorger für Furore: Mit seinem Genia-Markt setzt das Unternehmen so konsequent und erfolgreich auf den Lifestyle of Health and Sustainability (LOHAS) wie bislang kaum ein anderer mittelständischer Handelsbetrieb in Deutschland. Das Sortiment besteht vor allem aus Bio-, Regional- und Fair-Trade-Produkten. Darüber hinaus setzt Genia auf Gourmet- und Deli-Food mit Frische- und Convenience-Aspekten. Entscheidend für den Erfolg ist die Verbindung von Kundennähe, Nachhaltigkeit, Qualität und Genuss. Service wird großgeschrieben, die Mitarbeiter werden nach ihrer Affinität zu ökologischem Denken ausgewählt. »Wir wollen, dass die Kundschaft ein gutes Gefühl beim Einkaufen hat, also ›guten Gewissens‹ bei uns einkaufen kann«, betont Roger Ulke, Vorstandssprecher von Konsum Dresden, im Interview mit der *Lebensmittelzeitung*. Auch deshalb wird die Filiale als »Wellness-Supermarkt« vermarktet: Restaurierte Jugendstil-Architektur, Farben, Licht und Naturgeräusche erzeugen eine Wohlfühlatmosphäre. Noch ist der Markt ein Unikum. Finden sich weitere geeignete Standorte, steht der Expansion laut Ulke aber nichts im Wege (www.konsum.de, www.genia.de).

These 9: Werbung im klassischen Sinne wird auf den Shopping-Märkten von morgen keinen Platz mehr haben. Trotzdem wird sie nicht mit fliegenden Fahnen in den klassischen Medien untergehen. Auch Werbung wird allgegenwärtig und erreicht uns dort, wo wir gerade sind – in der Regel: unterwegs.

- Truckvertising – die Renaissance des fahrenden Händlers: Die Awareness-Level von Verkehrsmedien sind längst noch nicht ausgereizt. Mit dreidimensional anmutenden Objekten von Softdrinks wie Bionade bis hin zu Bücherregalen oder Aquaristik-Motiven für den Fischvertrieb lassen sich auch die oft von Verkehrsmonotonie gereizten Autofahrer für ein werbliches Tête-à-tête gewinnen.
- Artfields – alles Gute schaut nach oben: Auch der Blick aus dem Bullauge des Fliegers lässt sich verwerten. Ein Artfield ist eine außergewöhnlich gestaltete Landschaftsfläche im Großformat. Die Gestaltung kann auf unterschiedliche Weise und mit verschiedenen Materialien erfolgen. Nutzen lässt sich das Artfield zum einen als Kunstobjekt und zum anderen als Werbemedium in XXL. Im US-Bundesstaat Oregon gab es bereits das Emblem des Web-Browsers Firefox als sauber ausgefrästes Kornfeldmotiv.
- Strandwerbung – damit Werbung nicht im Sand verläuft: Selbst Umkleidewände, die an hochfrequentierten Strandabschnitten den schamhaften Schwimmern das Umkleiden erleichtern, werden hierzulande vermarktet – beispielsweise von Edgar Medien. Bestehende Verträge mit Kommunen und Kurbetrieben ermöglichen es auch, vernetzte Kampagnen durchzuführen: So können zusätzlich zu der Strandkabine auch Werbeflächen auf Beach-Fahnen, Plastik-Wasserinseln, -Eisbergen, -Wasserballtoren oder -Volleyballfeldern gebucht und mit Strandpromotion, Events und Sampling-Aktionen verknüpft werden.
- Smells like teen spirit? – Düfte als Verkaufsbooster: Von Rubbel- oder Aufreiß-Beilegern in Zeitschriften, die anschließend einen Parfumduft verströmen, ist Duftmarketing längst bekannt. Im Neuromarketing gehen Unternehmen jetzt den nächsten Schritt: In den USA testet der Getränkehersteller Aroma Water bereits den Einsatz von Duftschichten auf RFID-Tags, die den Produktgeruch beim Passieren eines Einkaufswagens freigeben.

Unzweifelhaft ist auch: Die Werbung der Zukunft zielt stärker auf die Befindlichkeiten des Konsumenten. Wer emotionales Involvement für seine Produkte erzielt, generiert Consumer Insights und wirbt richtig:

- Werbung in Online-Filmen schlägt TV-Spots mit der Aufmerksamkeitskeule: Werbung innerhalb von Videos im Internet überflügelt Fernsehwerbung in Sachen Effizienz. Das hat eine neue Studie der US-Marktforschung Simmons ergeben. Auf 47 Prozent der Befragten wirkte Werbung in Online-Filmen stärker als über TV-Spots. Offenbar interessiert man sich im Internet wirklich für die angesehenen Inhalte. 25 Prozent der Anwender begeisterten sich sogar mehr für eine online zu betrachtende Sendung, als wenn sie dieselbe Sendung am Fernseher verfolgten. Websites, die zu Marken aus anderen Medienkanälen gehören, besitzen demzufolge offenbar ein großes Potenzial hinsichtlich engagierten Publikums. Das passt gut zur These, dass Web-2.0-Angebote, innerhalb derer die User heftig und ernsthaft interagieren, für die Platzierung und Vermarktung statischer Werbemittel kaum geeignet sind: Wer 2.0-Kommunikation im Netz betreibt, achtet nicht auf Werbung.

- Faktenorientierte Werbung löst stylische Atmo-Werbung ab: Die Verbraucher wollen wissen, was ihr Nutzen bei einem Produkt ist. Das macht es aber zum Problem, überhaupt noch ein Aufmerksamkeitsfenster für komplexe Aussagen zu finden. Werber müssen beispielsweise wissen: Wann kann ich einem Konsumenten in Ruhe etwas über Inhaltsstoffe erzählen? Die Zeiten atmosphärischer Slice-of-Life-Werbung neigen sich ihrem Ende entgegen. Auch hier gibt das Internet wieder den Takt vor: In Meinungsportalen diskutieren und entlarven die Konsumenten gnadenlos jede noch so kleine Schwäche eines Produktes.
- Marken treffen endlich das Konsumentenhirn: Doch wie kann sich eine Marke so anpassen, dass sie den gewachsenen Ansprüchen der User gerecht wird? Ein Ansatz dazu ist Engagement-Marketing: Marken müssen raus aus der beengten Welt der Werbezeiten und rein ins wirkliche Leben der Konsumenten. Sie verstärken ihr Bestreben, ihre ureigenste »Value Proposition« umzusetzen: das Leben der Menschen zu erleichtern und nicht zu stören. Marken werden so also endlich – via Engagement-Marketing – zum ersten Diener des Konsumenten. Man kann dies auch als den Beitrag des Herstellers zur neuen Welt des Konsums bezeichnen. Und auch die Nachfrageseite hat etwas beizutragen: Das massive Produktionspotenzial der Konsumenten wird anhand des User-generated Content unserer Tage deutlich.
- Virales Marketing – simpel, aber unschlagbar wirkungsvoll: Kampagnen und Aktionen, die im Internet Menschen mit ihrer Community verschweißen, gehört die Zukunft. Ein bizarres Beispiel: Persönliche Fotos auf tanzenden Elfenkörpern – diese Idee faszinierte 110 Millionen Internetnutzer aus aller Welt. Der amerikanische Büroausstatter OfficeMax schaffte mit seiner vorweihnachtlichen Kampagne »Elf Yourself«, auf der Internetnutzer Fotos ihrer Gesichter auf tanzenden Elfenkörpern platzieren und so persönliche Weihnachtsgrüße verschicken konnten, den imageträchtigen Spagat zwischen emotionalem Involvement und einfacher Botschaft.
- Mobile Kanäle – global-lokal, zielgenau und mehrwertorientiert: Werbung auf mobilen Endgeräten erreicht jeden Endverbraucher und kann nicht zielgenauer eingesetzt werden. Fast jeder ist im Besitz eines Handys, viele nennen einen MP3-Player und ein Laptop ihr Eigen, manche bereits eine

mobile Konsole. Stößt schließlich noch eine massenhafte und finanziell erschwingliche Verbreitung des mobilen Internets hinzu, ist Werbers Glück perfekt! Wer Google an der Straßenecke nach dem besten Frisör durchkämmt, lässt sich auch von location-basierter Werbung und Angeboten der sukzessiv in den mobilen Markt vordringenden Medienmarken ansprechen. Unternehmen wie Heinz Ketchup experimentieren bereits mit dem Versand von Rezepten an Supermarktkunden, die den Barcode einer Flasche abfotografieren und einsenden. Doch auch hier bringt beim sensiblen Konsumenten Überfluss schnell Verdruss: Nach Erkenntnissen der Agentur Universal McCann wird Werbung nur dann akzeptiert, wenn sie für den Endverbraucher einen Vorteil bringt, wie beispielsweise Freiminuten zum Telefonieren oder, was Coca-Cola erfolgreich praktiziert, Gratis-Songs über das Portal iTunes. Denn: Die Endverbraucher lehnen Mobilwerbung speziell dann ab, wenn sie sich in irgendeiner Weise in ihren Aktivitäten beeinträchtigt oder unterbrochen fühlen.

- Hochwertig, digital, interaktiv – Out-of-Home-Media mit neuem Vorsprung: Das Kommunikationsgewitter in gedruckten und elektronischen Medien hat es selbst verschuldet – nicht selten reagieren Konsumenten auf die tagefüllende Dosis mit Ignoranz. Eine der wenigen Push-Gelegenheiten für Werbung werden künftig Outdoor-Aktionen und intelligente Außenwerbeträger sein. Immer häufiger entstehen in Einkaufsmeilen interaktive Plakatwände, die vom lokalen Einzelhandel oder überregionalen Werbetreibenden mit Mehrwertangeboten für die mobile Gesellschaft bestückt sind: vom SMS-Gutschein für die Rabattaktion beim Jeans-Shop bis hin zum Download-Goodie einer deutschlandweiten Werbekampagne.

These 10: Die Autoindustrie und vor allem der Autohandel werden nachdrücklich durch Klimawandel und Ressourcenknappheit zu Innovationen gezwungen. Wer in Zukunft noch »Ja« sagt zu einem Neuwagen, verlangt möglichst CO_2-neutrale Technologie, die ihn aber von seinen Cocooning-Bedürfnissen beim Fahren nicht abbringt. Mobilität wird zum Luxus und zum knappen Gut – und die Endkunden verlangen vom Händler der Zukunft Partnerschaft auf Augenhöhe sowie Life-Assistance.

Das verbeulte Autohaus um die Ecke ist tot. Im Neuwagengeschäft von morgen prägen vor allem große Mehrmarkenhändler das Geschehen. Sie geben ihre Kostenvorteile in Form eines besseren Service an die Kunden weiter. Schon Ferdinand Piëch, der Pate der deutschen Automobilindustrie, wusste: Der Autokauf ist ein hochemotionaler Vorgang. Nur der Rahmen lässt häufig zu wünschen übrig. Lieblose Ausstellungsräume und aalglatte Verkäufer vergrätzen so manchen Kaufinteressenten. Für viele Händler ist die Lage lebensbedrohlich. Sie laufen Gefahr, im von der EU liberalisierten Markt unterzugehen. Denn die Werke verlangen immer höhere Standards und forcieren so die Konzentration der Händler. Nach Schätzungen des Instituts für Automobilwirtschaft der Fachhochschule Nürtingen wird sich die Zahl der Autohandelsunternehmen in Deutschland zwischen 2001 und 2010 auf etwa 8.000 halbieren. Dagegen werden die Outlets lediglich um ein Zehntel auf dann 23.500 schrumpfen.

Unsere Gesellschaft wird immer mobiler. Auch künftig werden wir noch einmal mehr in unsere Mobilität investieren. Aber tun wir das tatsächlich auch beim Kauf von Autos, Neuwagen, Benzinschleudern? Einstweilen ist die Fortbewegung mit dem Auto unverzichtbar. Und sie macht nach wie vor Spaß. Dennoch stagnieren die Verkaufszahlen seit Jahren: Gegenüber dem 1. Halbjahr 2006 gingen die Verkäufe im gleichen Zeitraum 2007 mit nur 1,57 Millionen um 9,2 Prozent zurück. Auto-Guru Professor Ferdinand Dudenhöfer hat ein durchschnittliches Rabattniveau bei Neuwagen von 17,5 Prozent errechnet. Beginnen wir, uns von der Autogesellschaft zu verabschieden? Den eher ernüchternden Zahlen stehen positive Beispiele gegenüber: Autohändler, die mit Kundenfreundlichkeit und neuen Strategien dem Abwärtstrend entgegenwirken.

Das Autohaus der Zukunft ähnelt deshalb eher einem Vergnügungspark mit angeschlossenem Show-Room. Hier geht man auch hin, um sich die Zeit zu vertreiben. Entsprechend ist es eingerichtet: mit Café-Bar, Hüpfburg, Kino- oder Theatersaal. Der Mix aus spontanen und permanenten Besuchsanlässen prägt künftige Autohäuser und wird auch dem komplexen Entscheidungsvorgang eines Autokaufs besser gerecht. Das neue Autohaus ist daher auch Treffpunkt für Privatleute und Unternehmen, Ruhe- und Erholungsraum, sowie Bühne für Kultur und Unterhaltung et cetera.

- Mehrmarkenstrategie – Kunden suchen nicht nur Marken, sondern Lösungen für ihre aktuelle Lebenssituation: Konsumenten sind längst nicht mehr so markenloyal wie noch vor 20 Jahren. Sie schauen nach Preis und Lebenssituation. Nicht welche Marke, sondern welcher Wagentyp passt zu mir, das ist heute wichtig. Diese Einstellung fördert den Trend zum Mehrmarkenhandel und wird künftig vor allem den großen Autohändlergruppen nutzen. Im Schnitt verkaufen die Top 50 des deutschen Automobilhandels sechs Marken, wobei einzelne Gruppen bis zu fünfzehn verschiedene Marken führen. Deutschlands Händlerkrösus, die Emil-Frey-Gruppe, verkaufte 2006 allein 43.423 Neuwagen. Die fünfzig größten Automobilhändler hierzulande machen bereits 14 Prozent des Neuwagenumsatzes.
- Händler als Marke: Im neuen Zeitalter des Autoverkaufs versuchen Händler aber auch selbst, zur Marke zu werden. Das ist bislang allerdings nur den wenigsten gelungen. Einer, der daran grandios scheiterte, ist der schillernde Helmut Becker, der in Düsseldorf mit »Auto Becker« vor allem gebrauchte Luxuskarossen unters Volk brachte. Becker hat seine Person zur Marke gemacht. Weil er glamourös und unterhaltsam daherkam, wurde Becker rasch zum Liebling der Medien. Jüngst schlitterte er jedoch in die Insolvenz und macht heute eher mit Affären von sich reden.
- Von der Insolvenz zur Umsatzverdoppelung durch Kultmarketing: Aber es geht auch kleiner. Die Hamburger Niederlassung von Chrysler & Jeep setzt auf lokales Kultmarketing und kluge Mitarbeiterführung. Erfolg kann so einfach sein: Kunden wurden zum Weihnachtsbaumkauf auf dem Lande eingeladen, Mitglieder und Fans des Hamburger Sportvereins bekamen saftige Rabatte. Die Mitarbeiter kommunizieren via Intranet mit der Geschäftsführung über neue Entwicklungen auf dem Markt und die aktuelle Lage des Unternehmens. Alle Geschäftsabläufe sind für die Mitarbeiter einsehbar. Michael Struck und Sven Wiedbrauk übernahmen Anfang 2005 den insolventen Betrieb und verdoppelten innerhalb eines Jahres Umsatz und Ergebnis.
- Vom Autohaus zum Kulturtempel: Das Autohaus Mothor in Brandenburg an der Havel hat 2006 seinen Umsatz um 30 Prozent gesteigert. Ein Grund dafür: In die Verkaufsräume, in denen möglichst viele Skodas, VWs und Mitsubishis verkauft werden sollen, holte Geschäftsführer Frank Motejat die Kulturszene. Autoren lasen aus ihren Romanen vor, Weltenbummler erzählten von ihren Reisen, selbst Hardy Krüger trat auf. Autokauf wird so zu mehr als einer puren Männerangelegenheit zwischen Motoröl und Gummigestank.
- Neue Zielgruppe Frauen – ein New Yorker Händler macht den Verkauf weiblicher: Weibliche Kunden besser anzusprechen ist zweifellos eine weitere Lösung für Absatzprobleme. In den USA setzt die New Yorker Händlergruppe Asbury Automotive ganz offensiv auf Frauen – vor allem auf Verkäuferinnen. Headhunter gehen in die Bekleidungs- und Schmuckbranche und

werben weibliches Personal ab. Das beste Argument: Beim Autohändler wird doppelt so viel verdient, bis zu 80.000 Dollar pro Jahr sind möglich. Wie *Der Handel* (7. Juni 2007) berichtet, wurden in den USA im vergangenen Jahr 81 Prozent aller Autokaufentscheidungen von Frauen mit beeinflusst – eine hochinteressante Veränderung gegenüber 65 Prozent im Jahr 1995 und 44 Prozent im Jahr 1985. Ob Mercedes jedoch ausgerechnet mit seinem Marken-Fernsehen »Mercedes-Benz-TV« neue Begeisterung auslöst, wird sich zeigen. Wie sich die Konsumenten im Web 2.0 längst aktiv über Autos und Händler verständigen, zeigt eine Analyse von Ethority, die Blogs und Portale zum Thema Automobilität analysiert hat.

- Kathedralen der Automobilität: Die Mercedes-Niederlassung am Berliner Salzufer bietet schon jetzt einen Einblick in den künftigen Autoverkauf. Dort hat der Konzern DaimlerChrysler für seine wichtigste Marke einen 160 Meter langen, 46 Meter breiten und 22 Meter hohen Glaspalast errichtet, in dem er vielen etwas bieten will. Das wuchtige Gebäude soll Besucher wie Kaufinteressierte anlocken und setzt dabei auf eine Mischung aus Technikmuseum, Spielhölle, Betriebsfeierstätte und Verkaufsraum. In dem weitläufigen Bau lassen Unternehmen Events steigen. Hier finden sich natürlich auch alle 87 aktuellen Mercedes-Modelle. In der Werkstatt kann der Kunde selbst miterleben, wie die Mechaniker Hand an sein Gefährt legen; Neuwagen warten unter dem Dach auf ihre Käufer et cetera.
- Frauen-(Auto-)häuser: Bereits heute wird gut ein Viertel aller Neuwagen in Deutschland auf Frauen zugelassen. In der südkoreanischen Hauptstadt Seoul wurde mit MizCar sogar ein Autohaus ausschließlich für Frauen eröffnet. Dort wechseln zwar vorwiegend Gebrauchtwagen die Eigentümerin, doch will der Händler auch ins Neuwagengeschäft einsteigen. Kontakt zu seinen Kundinnen hält er über die Website www.mizcar.com. Wer dort seinen Kilometerstand hinterlässt, wird von der Werkstatt regelmäßig über anstehende Wartungsarbeiten informiert.

  Auch deutsche Händler wollen sich das Orientierungsbedürfnis der Frauen im Umgang mit ihrem Auto zunutze machen. So tritt beispielsweise der Nissan-Händler Römer aus Münster als Autohaus für Frauen auf. Männliche Mitarbeiter sind hier eindeutig in der Minderzahl. Das Autohaus Römer berät potenzielle Käuferinnen »von Frau zu Frau« und möchte so die Hemmschwelle im Umgang mit dem Auto senken. Die Sache mit dem Autohaus für Frauen hat nur einen Haken: Es passt nur zu Marken oder Modellen, die vorwiegend von Frauen gefahren werden – BMW, Mercedes oder VW möchten aber nach wie vor nicht gern als Frauenautomarke wahrgenommen werden.

These 11: Shopping und Konsumieren wird künftig nicht mehr auf homogenen Massenmärkten stattfinden. Was mit dem hungrigen Konsum des 20. Jahrhunderts ausstirbt, ist die Fixierung auf den Besitz von Produkten. In Zukunft wird es auch eingefleischten Shopping-Fans mehr um Sein als um Haben gehen.

Nach den Zeiten des Massenkonsums, in dem es vor allem um das Anhäufen von Besitz ging, erlebt die gesellschaftliche Bedeutung von Eigentum derzeit einen dramatischen Wandel. Nicht mehr »*Kann* ich mir das leisten?«, sondern die Frage »*Will* ich mir das leisten?« steht häufiger im Vordergrund bei Konsumentscheidungen. Der Gedanke der Nachhaltigkeit spielt dabei eine ebenso große Rolle wie der Wunsch nach maximaler Flexibilität oder die Suche nach einem intensiven Erlebnis. Aus diesen neuen Bedürfnissen heraus generiert sich gegenwärtig ein neuer Markt, der vom Tauschen, Leihen und Borgen lebt:

- Bewusste Konsumenten – Pioniere der Mitbesitz-Ära: Die LOHAS (Lifestyle of Health and Sustainability), für die das gute Gewissen beim Kauf maßgeblich mitentscheidend ist, wollen verantwortlich handeln, gleichzeitig aber auf keinen Komfort und Luxus verzichten. Der Gedanke der Ökologie prägt immer stringenter die Ökonomien der Zukunft, und so geben LOHAS gerne Geld für unbeschwerten Genuss aus. Besitz wird zweitrangig, und Recycling bekommt neue Impulse: Über 4,5 Millionen Mitglieder bieten und suchen weltweit gebrauchte Konsumgüter über die Non-Profit-Organisation Freecycle (www.freecycle.org). Dass sich mit Recycling auch Geld verdienen lässt, zeigt »Hire Things« (www.hirethings.co.nz). Im Zeitalter von steigendem Umweltbewusstsein, so das neuseeländische Unternehmen, ist das Verleihen und Mieten von Produkten die schlaueste Geschäftsform, um Ressourcen zu schonen und diese Dinge trotzdem möglichst vielen Menschen zugänglich zu machen. Ähnlich wie bei Ebay fällt auch bei Hire Things nur eine Gebühr bei erfolgreicher Vermittlung an.
- Pleasure-Markets – Besitz auf Zeit ermöglicht Luxusmomente für alle: Luxus wird künftig nicht mehr über Statussymbole verkörpert, sondern über persönlich definierte Glücksmomente. So entscheiden nicht mehr Prestigegedanken, sondern vielmehr das emotionale Erlebnis und der immaterielle Mehrwert eine Anschaffung. Dieses neue Käuferdenken verändert grundlegend über die Konsumentenbedürfnisse und hebt Shopping auf eine situative Ebene. Immer mehr clevere Anbieter ermöglichen den temporären Besitz klassischer Luxusgüter und somit Luxus für alle: Bei »Luxusbabe« (www.luxusbabe.de) können weibliche Fashion Victims ein Handtaschenabo buchen. Je nach Abo (Babe, Glamourbabe oder Luxusbabe) können Designertäschchen von Bree bis Dior geliehen werden. Bei »Partial Owner« (www.partialowner.com) finden Geschäftspartner zusammen, die sich gemeinsam etwa eine Yacht, eine Villa oder einen Weinberg kaufen wollen. Kunst für alle

ermöglicht »Artvest« (www.artvest.co.uk) und vereint Sammler, die über einen Zeitraum gemeinsam in Kunst investieren und sich die Werke gegenseitig weiterreichen.

- Mobilitätsgesellschaft – virtueller und flexibler Besitz: Ein weiterer wichtiger Faktor, der die neuen Mitbesitz-Ökonomien pusht, ist der nach wie vor steigende Mobilitätskonsum unserer Gesellschaft. Der klare Vorteil: Wer sich nicht mit Besitztümern überlädt, bleibt flexibel und kann spontan auf alle neuen Lebenssituationen reagieren. So erleben vor allem immaterielle Güter – wie Musik oder Erlebnisse – einen Bedeutungswandel. Beispiele: Wer trotz Ein-Zimmer-Wohnung und mangelnder Freizeit nicht auf ein Haustier verzichten möchte, kann sich via »Flexpetz« (www.flexpetz.com) mit anderen Tierfreunden einen Hund teilen. In New York und Los Angeles werden bereits Rassen von Pinscher bis Dogge angeboten, Anlaufstellen in Boston, London, San Francisco und Washington folgen bald. »Ezmo« (www.ezmo.de) ermöglicht es, gemeinsam mit zehn Freunden weltweit, legal und kostenfrei untereinander auf die Musiksammlung zuzugreifen. Über SMS kann auf den Philippinen das eigene Telefonguthaben gemeinsam genutzt werden (www.globe.com.ph).

Register

24-Stunden-Apotheke 150
24-Stunden-Kaufhaus 31
24-Stunden-Shopping 152
7-Eleven-Supermarktkette 13

A

Accenture 7
Affiliate-Store 96 ff, 106
Airport-Retailing 151
Aldi 7, 15, 46, 130
Alnatura 30, 57
Amazon 58, 80 f., 85, 98, 102, 119
American Apparel 78, 112
Apriori 73
Arcandor AG 7, 22, 51, 66
Artfield 154
Auction-Action 96, 101 f.
Authentic 66
Automat 114 f.
Automatenapotheke 149
Automatenküche 121
Automobilindustrie 157

B

B2C-Online-Umsatz 19
Balenciaga 62 f.
Beck, Ulrich 55
Behrends, Wolfgang 27
Bender, Wilhelm 110, 113
Biba 73
Bio-Markt 134
Bio-Produkt 47, 134
Bio-Ware 131
Blog(-) 33 f., 69, 81
-Monitoring 33 f.
-Spying 33
Blogger 92, 94, 104
Boffi 73
Bolz, Norbert 14
Boss, Hugo 73
Brigitte-Mode 119
Browsegoods 119

C

Cartier 69
Checkout-System 117
Clip-Kultur 123
CO_2-neutral 134, 157
Coca-Cola 135, 138,156
Communication Networks 11.0 136
Connectivity 93, 111
Conscious consumerism 9
Consumer-Community 80, 95 f.
Convenience 2.0 37 f., 45 ff., 56
Convenience-Food 120
Convenience-Konzept 48
Coop-Vitality-Apotheke 148
Creative Cities 52
Cross-Breeding 145 f.
Crossover-Konzept 146
Crossover-Shop 146
Customized Commerce 83

D

Datamonitor 136
Deal-of-the-Day-Shops 93, 96, 102
De-Branding 65, 67, 69, 71
Desinflation 67, 71
Dialoghandel 10, 81, 104
DIY-Shops 96 f., 99
Dm-Drogeriemarkt 44, 51, 54, 147 f.
Dm-Philosophie 51

Dongtan City 52
Duftmarketing 154

E

Ebay 10, 60, 81, 85, 102
E-Commerce 10, 31, 42, 78 ff., 90, 104
Einkaufserlebnis 20, 37, 48 f., 103
Edeka(-) 27, 46 f., 122, 135
  -Aktiv-Markt 27, 153
Engagement-Marketing 155
Escada 64, 73

F

Flughafen-Shopping 114
Forbes 62
Fraport AG 110, 113
Freelancer 111
Future London 52

G

Gastroboutique 70
Gegenwelt 50
Geldgeschäft 143
Geldvermögen 21
Gesellschaft für Konsumforschung
  (GfK) 20, 134
Gesundheitsmarkt 38, 43, 132, 147
Gesundheits-Shopping 147 f.
Glamour 50, 61, 67 ff., 160
Globalkolorit 141
Glokalisierung 13, 43
Goods-Guide 96, 100
Google 90, 95, 107, 117, 119
Gourmet-Shopping 46
Green-Glamour 69

H

H&M 141 f.
Harms, Ingeborg 63
Haushaltseinkommen 22
Hayek, Selma 69
Hermès 62 ff., 68
Hertie 7
Hess Natur 141 f.
Hieber, Jörg 47
Highend 14, 45, 60, 69
Home Shopping Europe (HSE24) 142
Home-away-from-Home 67, 73
Home-away-from-Home-Hotel 72
Home-away-from-Home-Shopping 75
Home-Delivery-Service 43, 134

I

Individualisierung 8 f., 43, 64 f., 75
iPhone 59, 105 f., 117
iTunes 85, 156

J

Join-Shop 96 f.
Joop, Wolfgang 64, 73

K

Kaiser's Tengelmann 47, 135
Kanal, mobiler 155
Karstadt 7 f., 24 ff., 50 f., 57, 107, 141 f.
Kaufentscheidung 21 f., 41, 79, 84
Kaufhof 7 f.
Kompetenz 60, 65
Konsum
  –, bewusster 39, 43 f., 57
  –, ethischer 39
Konsum-Hedonist 137
Konsumverhalten 10, 25, 137
Krisch, Jochen 79 f., 83, 87 f., 93, 96
Kwik-E-Mart 13

L

Laurèl 73
Lebenskunst 60 ff., 66 f., 71, 75
Lebensmittelkonsum 45

Lekkerland 135
Lifestyle of Health and Sustainability (LOHAS) 9, 39, 55, 130, 141, 153, 160
Likeness Search 119
Linda Loudermilk 69
Live-Shopping 93, 96, 102
Living Divani 73
Louis Vuitton 62, 68
Lounge-Banking 143
Lunch-Clubs 120 f.
Luxus(-) 60 ff., 131, 160
-konsum 63, 69, 86
-kunden 64, 66
-Shopping 61, 63, 67, 69, 72 f., 75,
-Shopping-Mall 151

M

Männergarten 139
Männer-Immobilien 139
Männermarkt 137, 139
Männermarketing 137 ff.
Marketing, virales 155
Mash-up-Marketing 145
Marks & Spencer 134
Marktforschung 10, 33, 95
Marktplatz 13 f., 30, 79, 83, 96
Marquard, Odo 15
McCartney, Stella 62, 69
McKinsey 20 f., 26, 46
McQueen, Steve 62, 68
Medien, neue 88, 90 ff., 166
Mediennutzung 64, 81, 88 f., 91 f.
Medienkompetenz 79, 81
Medienwandel 90 f.
Megacity 28
Mehrmarkenstrategie 158
Metro Group 7, 20, 39, 115
Micro-Communitys 69 f.
Middelhoff, Thomas 7, 22, 25, 66
Minute Clinic 148
Mobile Marketing 93, 122 f.
Mobilitätsgesellschaft 161
Mobilitätsverhalten 134
Mohr, Reinhard 24
Mpreis 130
Mundpropaganda 42, 79

N

Nahversorgung 37, 46, 56
Naturfabrik GmbH 53
Neckermann 78
Neo-Dandy 61, 64, 66, 75 ff.
Neo-Ökologie 42 f., 134
Neo-Spiritualität 65
Neo-Village 28 f.
New New Economy 86
No Logo 70
Noir 69, 77
Non-Aviation-Umsatz 114
Non-Consumer-Experience 67 f., 72 f., 75
Norintra 50 f.

O

Öko-Laster 135
Öko-Produkt 153
Öko-Stadt 52
Online(-) 19, 33 f., 94, 141
-Apotheke 147
-Boutique 50, 130
-Handel 19, 78, 88, 98
Otto-Group 119, 121, 135
Otto-Normal-Konsum 123
Out-of-Home-Media 156

P

P2P-Lending 84
Peer-to-Peer-Economy (P2P-Economy) 82 f., 101
Peer-to-Peer-Netzwerk (P2P-Netzwerk) 79, 88
Pfeiffer, Heinz 39
Philips 138

Andreas Haderlein, Jahrgang 1973, ist seit 2002 Mitarbeiter des Zukunftsinstituts. Bis 2007 war er Leiter der Online-Redaktion und maßgeblich am Aufbau einer branchenübergreifenden Trenddatenbank beteiligt. Neben seiner Referenten- und Autorentätigkeit mit den Schwerpunkten neue Medien, Wissenskultur und sozialer Wandel leitet er nun die angeschlossene Zukunftsakademie, in der Seminare zu Themen der Trend- und Zukunftsforschung angeboten werden. Er ist unter anderem Autor der im Zukunftsinstitut erschienenen Trenddossiers *Marketing 2.0* (2006), *Die neue Business-Moral* (2007) und *Social Commerce* (2008). Außerdem moderiert und konzipiert er das Unternehmensradio Future News. Er studierte Kulturanthropologie/Europäische Ethnologie in Frankfurt am Main und Rom.

Bereits seit Ende der neunziger Jahre beschäftigt er sich mit Fragen zur veränderten Konsumentenrolle vor dem Hintergrund neuer Kommunikations- und Produktionstechnologien. Für ihn steht fest: Shopping im Netz wird immer mehr zum Erlebnis und sozialen Ereignis.

Patrick Mijnals studierte Kognitionswissenschaft und künstliche Intelligenz in den Niederlanden und erforschte die neuronalen Grundlagen von Meditation am Bender Institute of Neuroimaging in Deutschland, bevor er Autor und Berater am Zukunftsinstitut wurde.

Warum eigentlich ausgerechnet Zukunftsforschung? Seine Faszination für das Themengebiet erklärt Patrick Mijnals mit folgenden Worten: »Zukunftsforschung, wie ich sie verstehe, ist nach vorn gerichtete Archäologie: da gilt es, soziale Artefakte aufzustöbern und aus den Bruchstücken des Zeitgeschehens Theorien über die Zukunft abzuleiten. Ein Abenteuer für multidisziplinär veranlagte ›Infovoren‹ (hungrige Erkenntnissucher).«